U0053002

現代社會學叢書

文崇一
葉啓政　主編

本書獲行政院新聞局
八十四年重要學術專門著作補助出版

歷史社會學

從歷史中尋找模式

文崇一　著

三民書局

國立中央圖書館出版品預行編目資料

歷史社會學：從歷史中尋找模式／文
崇一著．--初版．--臺北市：三民，
民84
　　　面；　　公分
參考書目：面
ISBN 957-14-2296-7（平裝）

1.社會學—研究方法

540.12　　　　　　　　　　84011525

© 歷 史 社 會 學
—— 從歷史中尋找模式

著作人　文崇一
發行人　劉振強
著作財產權人　三民書局股份有限公司
發行所　三民書局股份有限公司
　　　　地址／臺北市復興北路三八六號
　　　　郵撥／〇〇〇九九九八—五號
印刷所　三民書局股份有限公司
門市部　復北店／臺北市復興北路三八六號
　　　　重南店／臺北市重慶南路一段六十一號
初版　中華民國八十四年十一月
編號　S 54099
基本定價　陸元陸角
行政院新聞局登記證局版臺業字第〇二〇〇號

ISBN 957-14-2296-7（平裝）

現代社會學叢書序

　　自 1903 年嚴復出版史本塞的「羣學肄言」以來，社會學在我國也有七十年的歷史了。七十年不是一個短時間，照理，我們應該早就建立了具有本土色彩的理論和方法，不必仍然高度仰賴西方的研究模式。可是，實際並不如此，一直到今天，我們不僅在理論和方法上依靠西方（尤以美國為最），即使在教科書方面，也以美國為主要來源。這種情形，對於國家的學術獨立發展來說，相當不利。不利至少牽涉到兩方面：一方面是，我們的許多研究淪為驗證美國社會學理論的結果，毫無創意，即使有些新的發現，也不過是多一點異文化的注解；另方面是，一般中國學生直接從英文教科書學習，總有隔靴搔癢的感覺，不僅語文能力有困難，進度慢，而且由於思想方式的不同，難以獲得啓發性效果。

　　為了這樣的緣故，也為了教學和研究，我們希望能夠逐漸擺脫西方學術上一些不必要的羈絆，建立自己獨立的教學與研究環境。我們認為，這當然不是說做就可以做到，但總得有個起點，然後一步一步的做下去。也許第一步就是先編一批互相有關聯的教科書，讓讀者可以直接從這裡獲得有關的社會學知識，並且可以做些有系統的思考。這樣做也許並不能完全擺脫西方社會學的傳統，但是希望至少可以做到兩點：一是建立一種從社會學觀點瞭解本社會所需要的架構，不必但事模仿；二是儘量使用研究本社會所得資料為例證，以解釋現象。我們相信，這樣的處理

和編輯社會學中文教科書、參考書，研究專書越多，對於中國社會學的發展將越為有利。

這並不是說，我們要排斥外國學術，關起門來談社會學；相反，我們不僅要繼續吸收來自國外的新知識，還必須加強介紹和學習，無論是古典的、現代的，或美國的、歐洲的，因為只有在接受、轉化、創造的過程下，才能產生屬於自己文化特色的社會學，也才能進一步發展為世界性的社會學，一如今天美國的學術市場。

話雖如此，事實上目前臺灣的社會學界還面臨許多不易克服的困難。第一是教師的課業過重，準備功課的時間過多，教課之餘，往往抽不出時間做研究或撰寫教科書；第二是社會學者於教課之外，還得做一些社會學的推廣工作，如寫雜文、演講，或參加座談會之類，占去不少時間；第三是相同主題學術人數太少，不僅無法相互問難或批判，連交換意見的機會都沒有，自然就影響某一部門的發展；第四是不易安排較為深入的學術研討會，提出較具創見的學術論文，以為進一步發展的依據，一般論文多流於陳述資料或驗證假設而已。諸如此類的問題，使社會學界表現一種無力感，何況由於待遇太低，有時還不得不兼顧生計。

這次能夠有計畫的出版這套叢書，一方面固然要感謝三民書局董事長劉振強先生的鼎力支持，另方面更感謝社會學界諸位先生的排除萬難，慨允相助。否則，還不知要拖到什麼時候才有可能出版這樣一套較有系統的中文社會學教科書。

「現代社會學叢書」目前並沒有訂定嚴格的編輯方針，大抵遵循兩個方向：第一步是出版社會學主要範圍內的教科書，以便於教學上的使用或課程上的發展；第二步是出版社會學的專門著作，以提升社會學的學術水準。至於出版的方式和程序，以及其他有關出版事項，完全按照三民書局原有的辦法辦理。

以單一學科出版叢書是一件值得提倡的事，我們盼望經由本叢書的

出版，不僅對社會學的發展有些貢獻，就是對中國學術界也有點幫助。
這才是我們大家工作的目標。

文　崇　一
葉　啟　政
七十三年二月於臺北

自　序

　　對於歷史社會學，我有較多的偏好。我覺得，把個人的想像力馳騁在歷史中，有它比較廣闊的空間；但歷史畢竟偏重史料，不能多發議論，社會學理論正好可以彌補這方面的缺陷，用推論去填充歷史所遺留的空間。

　　歷史社會學顯然牽涉到歷史學和社會學兩個學門，但並不是要把兩個學門的特質結合起來，而是利用歷史資料去處理社會學的問題，建立社會學的概念、理論，或模式。社會學有把觀念和行為模式化的傾向，使社會現象成為可推衍或解釋的指標。建構新的理論也不過是為了另一種解釋的依據。歷史社會學在這方面具有比較廣闊的發展時間和空間。

　　個人曾有相當長時間從事歷史上的文化研究，也有相當長時間從事實地的經驗研究，深知兩者在研究技術上的差異，以及個別的優缺點。實地的經驗研究，容易從問卷、觀察中獲得結果，卻往往難以推論，使模式或理論具有更大的包容力；歷史的經驗研究，不易驗證假設，卻因為可以拉長時間和擴大空間，使建構模式或理論的機會增加。其實，兩者最大的差別，只在於資料的來源，前者可以用主觀方法操縱資料，後者則必須仰賴資料的客觀存在。如果能在研究設計上避重就輕，事先瞭解資料的來源和性質，則在研究過程中應該沒有特殊的困境出現，或如某些人的想像，把歷史社會學當作有別於社會學的特殊學科。

　　歷史事件，有的需要較細微的資料去說明，如我們要驗證唐代已經舉辦科舉考試，但官僚組織仍為許多世家大族所把持，就必須找出相當

多的例子去證實。如果討論西周的貴族社會、魏晉南北朝的世族社會，則問題不在有多少世家大族把持官僚組織，而在貴族與世族的內部或外部衝突，以及這種衝突所造成的社會危機，或對既有社會秩序所帶來的混亂。從更大的角度去看，以家族為核心的社會組織，為什麼在中國社會能維持幾千年而不衰，並且享受政治特權達二千年之久（自西周至唐）？歷史社會學者利用社會學知識，應該可以從權力、財富、價值觀、地主、官僚、知識分子等方面，提出與結構或行動有關的解釋。

中國歷史上的治亂循環體系，有些觀察家認為是分久必合，合久必分的命定的趨勢。這是秦以後所塑造出來的大一統的觀念，認為統一就是治，分裂就是亂。如果從社會、政治本身的衝突與整合去觀察，事實並不如此。朝代的循環，只是家族統治的更迭，政權的本質幾乎沒有什麼改變，仍然是統治者剝削被統治者，為統治階級與被統治階級間的衝突。無論是漢唐的統一時期，或魏晉南北朝的分裂時期，社會上地主和農民的衝突，政治上皇權與官權的衝突，從來沒有停止過，除了不同時代有些程度上的差異。這是一種典型的權力與財富分配上的衝突，為了爭奪稀有資源，統治階級在競爭過程中，總是占據支配的地位，而取得絕對優勢。朝代或家族的循環，正象徵這種支配性格的轉移。循環的模式只表現在後者推翻前者，政權的易手的過程，並非朝代或家族本身的循環。這就是歷史社會學的問題，權力與財富的重分配，才是循環模式中的焦點。

歷史過程基本上是人類活動的特殊紀錄。人類在每一個單位時間，都在進行無數種類的行動，歷史紀錄上看得見的，卻只是極少的一小部分；即使是國家大事、國際要務，仍然只是留下一點點的紀錄，絕大部分都隨著時間湮沒無聞了。以最近的兩次世界大戰、中日戰爭、韓戰、越戰，以及中國歷史上多多少少驚天動地的大事為例，究竟留下了多少可供閱讀的歷史？甚至在戰爭中死了多少人、損失了多少財產，我們都

搞不情楚，不要説其他的細節了。利用文獻資料的最大缺陷在此，不僅是掛一漏萬，簡直是人類活動的千百萬分之一而已。不過話又得説回來，即使有意願，我們也不可能把人類所有活動都紀錄下來，更没有必要全部加以紀錄。就是做實地的抽樣調查，雖技術較爲嚴謹，也仍然靠推論去擴大研究的成果。這就是爲什麼，只要研究方法、研究設計的可行性提高，利用歷史資料去從事社會學的研究，仍不失爲一種可行的途徑。不僅可行，而且由於空間和時間的限制較小，建構大型理論的機會反而增加，就像馬克斯、韋伯、司馬遷、司馬光曾經做過的一樣。

我們都知道，現在的社會是由歷史演變而來的，人有歷史感，社會也有歷史紀錄。現存的許多制度、行爲規範、價值觀等，都是我們祖先的遺留，有的是幾千、幾百年前，有的是一、兩年前，都有文字可以查考，或有記憶可以追溯。研究有文字社會的現象，就不能不考慮它的歷史性，而不能只從居民的口傳記憶去描述，像無文字社會那樣，用訪問去建構歷史。以研究中國人的家爲例，臺北市的某一家族歷史，可能與西周、秦漢的家族有相當密切的關係，你就無法僅由臺北的橫斷面去做判斷，家的結構、功能，權利與義務，財產的分配，祖先崇拜，分家與繼承等，這一連串的結構性現象，都與歷史有關，必須從歷史的面向去觀察、理解，才能獲得比較完整的解釋，實地訪問、問卷調查，可能都只是片面的理解，因爲基本上這是一個歷史性的問題。價值觀的瞭解，如家的重要性、家庭教養，更牽涉到儒家傳統以及儒家傳統中五倫的道德價值，就不只涉及孔孟學説，還跟漢、唐、宋的不同解釋有關聯。這也是不能脱離歷史範疇去尋求解釋，而是價值的歷史發展。中國人在長期的行動中建構了這樣的社會結構,這個結構又限制中國人的某些行動，人們必須在結構內行動，直到某種行動有力量打破原有的結構。中國人之所以受制於儒家傳統那麼長久，就因爲跨不過這條鴻溝。這可能就必須從非常長遠的歷史去觀察和理解。

　　中國歷史上很早就提出陰、陽互補或對立的變遷觀念，從這種觀念又觀察到天地、乾坤、剛柔、盛衰、終始之類的互補或對立的循環現象，加上後來發展出來的五行、天干、地支，就建構成一套有系統的循環體系。等到盛衰、終始的觀念深入人心，就成爲判斷事物的準則了。所謂否極泰來，物極必反，變成在觀察現象時，每個人必須注意的尺度，這就是中庸之道，過了頭，就會有反效果。這個臨界點在那裡呢？全憑行動者個人的主觀度量，可以説找不到客觀標準。作爲一個成功的行動者，必須感覺得出來，否則，就會面臨失敗的命運。從春秋戰國以來，我們並不知道有那些人因遵守這個原則而獲得利益，或因違背這個原則而失敗，但二千多年來，它已經成爲行動的普遍指導原則。一般都會相信，事情的盛衰是循環的，禍福也是循環的，未必能強求。這種循環變遷的概念，正代表中國人對宇宙、對人生的理解，行動也依照這個方向去進行。早期塑造了這種循環的意識形態，所謂往復、終始，後來又被這種意識形態所左右，視爲這個世界的事物，就是這樣往復循環的變來變去，而變化無窮。

　　從這裡可以看得出來，歷史固然沒有記下每一種活動，可是，從一種長遠的趨勢去觀察，多數人的行爲方式，還是可以獲得瞭解，甚至建立模式，如親屬關係、政權轉移、循環的變遷觀念等。其實這就回答了歷史社會學的一個疑問，有限的史料，是否足夠用以建構行爲模式或社會學理論？答案當然是肯定的，並且比實地的抽樣研究，可能還有較大的解釋力。以家族爲例，我們也許不能從現在姬姓推溯到西周，然而，就歷代大家族而論，從西周歷經秦漢晉唐而至宋元明清，家族結構都有其極大的相同處，即使到了現代，家族仍然有它的作用。相對西方社會，這是一個最大的差異處。它對於現代中國人的行爲和觀念，都有不小的影響，甚至影響投票行爲。這是建構行爲理論一個非常有利的機會。

　　基於這樣的理由，近年來頗讀了一點史書，發覺可以研究的主題實

在不少，並且具有中國文化的獨特性。如果説，馬克斯、韋伯、涂爾幹的理論都得力於對本國和西方文化的瞭解，那麼，瞭解本土文化，正是建構另一種理論的途徑。理論的國際化必然是對國際社會文化的瞭解，未必能完全由本土文化推衍出去。世界體系理論正有這樣的企圖，但目前已碰到阻礙，如何補充，就在於對不同地區文化、社會的更多瞭解。我們現在雖然在提倡地球村，但地球村並沒有真正形成，文化也沒有統一，就像有人説，回教文化、儒家文化、基督教文化的衝突，未來可能日益激烈。這種臆測雖然有些危言聳聽，並且有故意誇大儒家文化的霸權主義之嫌，但對地區間文化現象的差異，卻是一種真實的描述。東西方文化雖不一定對立，彼此存有差異卻是事實。其實，無論東方文化或西方文化，內部也有差異，一樣是不爭的事實。我們瞭解差異，就知道全球性概化通則的不容易。這也説明，就目前情況而論，先建構本土化理論，可能比較易於操縱。

　　這本歷史社會學的最大目的，就是想提供一些有關這方面的想法，所以副標題是「從歷史中尋找模式」。本書包括三大部分：第一編討論歷史社會的性質、理論，與方法，這對於進一步瞭解歷史社會學也許有些幫助；第二編討論中國歷史上的變遷問題，從社會觀點分析中國歷史上的循環論；第三編討論中國歷史上的行為與結構問題，用歷史資料分析價值衝突、交換行為，以及家族與權力間的結構關係。這樣的安排，主要是先説明一些概念上的相關問題，然後從歷史的經驗研究上去觀察它的可行性。我們試著去研究一些歷史上的問題，不只是為了研究，也由於這些問題曾經影響我們的社會，甚至現在還在影響我們的生活，例如盛衰的循環觀念，三十年河東三十年河西，塞翁失馬焉知非福；追求富貴，富與貴是人之所欲也；報恩與復仇，禮尚往來，父仇不共戴天；以及家族內共相扶持，都是一些明顯的社會現象。當然，也還有許多別的現象值得研究，這裡只是舉幾個例子，説明歷史社會學可進行的途徑，

似乎相當寬廣。

　　本書中有幾章曾經發表過，特在此加以說明：第四章經驗研究與歷史研究：方法與推論的比較，發表於中研院民族所專刊乙種 11 號（1982）；第五章易傳中的變遷觀念，發表於中央研究院國際漢學會議論文集（1981）；第六章循環論：中國文化中的社會變遷理論，發表於中國社會學刊第 7 期（1983）；第七章循環論的比較研究：社會學理論的文化差異，發表於中國家庭及其變遷（1991）；第八章中國變遷觀念的探索：模式的分析，發表於中研院民族所集刊 62 期（1987）；第九章道德與富貴：中國人的價值衝突，發表於中國人的價值觀（1992）；第十章報恩與復仇：交換行為的分析，發表於中研院民族所專刊乙種第 10 號（1982）。特在此向上述初次發表機構謹致感謝。其餘各章，則均為初次發表。我把這些論文放在一起，是由於它們的性質相近，在同一主題下表現歷史社會學的傾向。雖然西方不少社會學理論都是藉助於歷史而完成，或者根本就是歷史的社會學理論，但歷史社會學作為一門學科，或社會學的分支學科，是比較晚期的事。在我國就更晚一些。就歷史社會學的發展而言，我們的路應該比西方還寬廣些，因為我們具有多面向性的歷史資料，更適合社會學研究的需要。無庸諱言，我們對於歷史上一般居民的調查資料並不多見，可是，個人著述、地方志之類，可能比任何國家都多。這對歷史社會學和建構社會學理論都有利。本書只是一個開端，不完整的地方一定不少，尚請讀者多多指教。最後，並感謝三民書局給予本叢書出版的機會。

文　崇　一

1995 年 3 月於南港

歷史社會學
從歷史中尋找模式

目 次

圖目錄

表目錄

第一編

歷史社會學的 特質與理論

第一章 關於歷史社會學：
性質與出路

一　資料與理論的特性

　　歷史社會學，顧名思義，是運用歷史上的文獻資料，來做社會學研究。通常的社會學研究，總是調查或觀察現代社會，無論英、美兩國所代表的實徵社會學，法國所強調的人文主義社會學，或德國所提倡的結構主義與批判論社會學（文崇一，民 80：4-7），多半都是研究現代社會，建立概念或建構理論，以達到社會學理論的普化原則。這種調查或觀察現代社會的方法，可以從量化著手，也可以從社會實質著手，都可以用問卷、訪問、觀察之類的技術，達到收集資料的目的，然後進行研究、分析，並得出結論。

　　歷史社會學就不能這樣做，它的對象是歷史事件，我們既不能訪問，也無從觀察，唯一可運用的資料，是現存的文獻和一些零星的考古、文物材料。這些資料的限制是顯而易見的：偶然的機會，缺乏連貫性和系統性，沒有假設的依據，更沒有事件與事件間的關聯結構等等。總之，每一個歷史事件好像都是孤立的或獨立的，研究者必須從長時間的許多事件或現象中，去尋求它們的關聯或因果關係。這種研究，便經常由於資料不足，而成爲沒有結果的懸案，歷史上這種事非常多。社會學家對於這種研究，更是無能爲力，因爲既不熟悉史實，又難以判斷真偽。

　　不過，社會學家處理史料，也有擅長的一面。把許多看起來不相干的資料或史實，透過長時間的安排，就不難獲得一些新的解釋，或建構一個新的模式。在長期的發展下，因不同地區或不同文化（或次文化），又可以建立不同的模式，或模式的比較研究。就如 Tilly 所強調的，「許多相關理論都有其歷史基礎。歷史基礎意思是加深時間觀念，集中焦點在歷史的特殊環境或過程」（1981：26）。這種概念其實也早已反映在美國的實徵社會學上，特別是一些小型研究，由於缺乏歷史的時間觀念，往往不易建立普遍理論，甚至 Parsons 的社會體系理論，也在時間上受到挑戰。

　　儘管歷史上所保存下來的資料不是有意的，更不是爲了研究或建構理論的需要，但從長期觀點而言，它的連續性和演變趨勢，還是可以找得到。就是某些重要的獨立主題，經過長期的歷史觀察，仍然可以從不連續的資料中，獲得令人可以接受，乃至滿意的解釋。Weber 的權威類型，Marx 的疏離，Durkheim 的自殺論，Braudel 的地中海模式，Frank 的中心與邊陲，Wallerstein 的世界體系，都是從零散的、不連續的歷史資料中拼出來的概念。既沒有人爲他們設計保留資料，也沒有人預設某種研究的可能性。不管我們願不願意接受馬克斯的社會發展模式，或 Wallerstein 的世界經濟發展體系，我們都不得不承認，這些理論或多或少都受到歷史的支持，或者說，都是從歷史過程中建構出來的，因而不僅概化的幅度比較大，概化的程度也比較深。反過來看，許多現代社會的經驗研究，如小羣體、社區、家庭、失秩等，所能解釋的現象都非常有限。這也許就是美國所領導的實徵社會學的困境，無怪乎 Mertin 要倡導建立中程理論，以挽救這種研究在理論上的缺失。

　　歷史社會學有機會突破這種困境，尋求在較寬廣的歷史基礎上，建構理論。相對於人的生命來說，兩百年或兩千年，就有較豐富的史料，以說明一些社會現象。當我們利用一個家庭或一個社區（或族）來做研

究時，可能難以獲得普遍性的概化結論，但是，若從明、清以來，或周、秦以來，中國人的家或族的發展做研究，概化的可能性就很大，例如家和族所凝聚的集體意識，家族結構在社會結構中的支配力量，階級結構與階級意識的不對稱性等。

　　就如 Abrams 説的，歷史社會學並不是過去到現在間關係的演化發展，也不是只承認爲現在的歷史背景，而是要瞭解，一方面是個人活動和經驗間的關係，另方面是社會組織因時間而存在的持續性建構。這種過程都是歷史社會的課題：個人的傳記和事業；整個文明的盛衰；革命、選舉的特殊事件；福利國家、勞工階級的形成；或社會的過渡到工業化。所以，在這個基礎上，我們可以説：第一，社會學者與歷史學者没有必然的差別；第二，嚴格的説，社會學就是歷史社會學（Abrams,1982: 17; Hamilton,1987：95-6）。在這一大段話裡，他要表達的，實際就是：(1)社會學必須以歷史過程爲基礎，否則，將失之於過去和現在的關聯；(2)所有個人和集體的行動與結構，都跟歷史有關，不是現實的獨立事件或現象；(3)一些看起來彷彿是某些社會單一的現象，如革命、選舉、工業化等，也是牽涉甚廣的歷史過程及其過程的持續發展；(4)所以社會學不能在歷史之外去建構理論。是不是所有的社會學都跟歷史有關，是一個可以爭論的問題。以現代的工業社會爲例，不論是已開發國家，或開發中國家，不論是自己創造技術，或輸入外來技術，顯然都是從農業社會過渡而來。在研究這類問題時，必然涉及本身的歷史過程，工業化的成功或失敗，也必然與歷史有關，因爲它與政策、決策過程、決策者，以及接受政策的可能性，都有直接的影響關係。研究社會價值，也定然與歷史過程有關，因爲價值觀都從早期沿襲下來，或爲了適應環境需要而加以改變的，即使是接受外來價值，也因傳統阻力的大小，而決定其拒絕的程度。如果只是研究一種現象，如組織的大小、羣體的關係、個人的成就動機、犯罪的種類等，而不討論它的因果關係、過程等，

就未必與歷史有關。可見歷史社會學還是有它的限制，不必所有的社會
學都是歷史社會學。

　　Abrams 之所以把所有社會學都認為必須是歷史社會學，他認為社
會學所有的變異都是強調社會世界的「兩面性」(two-sidedness)，就是，
我們是創造者，又是創造物（both the creators and the creatures）；
是製造者，又是俘虜（both makers and prisoners）；是一個我們以行
動建構的世界，又是一個以力量壓迫我們的世界（Abrams, 1982：2）。
從這個角度來看，人類社會的確是充滿了矛盾與衝突，正如結構學派的
說法，我們透過長時間創建了一種結構，結果，這個結構反過來又限制
了我們的行為，這就是所謂，人的行動「是觀念的底層結構的產物」
（Craib, 1984：165）①。就像人類塑造了一些不同類型的家庭制度，
東方的和西方的，反過來，人的行為又被這些家庭制度所束縛，某些事
情可以做，某些卻不能做。社會規範也一樣，表面看起來，真的如
Abrams 所說，人類自己建造了一個世界，又被這個世界所壓抑。可是，
人為了彼此能夠溝通，避免衝突，必須有一些共同瞭解和遵守的承諾與
約定，以構成可以維持和延續的關係；否則，也許我們可以降低約束，
卻無法保持社會的秩序與和平，甚至永遠陷於動亂或戰鬥的恐懼中。這
不是人類所需要的社會。

　　結構論雖然受到「非歷史」或「反歷史」（李幼蒸等，1986：47-48）
的批評，但是，如果把結構定義在一個基礎上，即「作為一個整體的對
象是由諸成分組成的，這些成分之間關係的總合就是結構」（李幼蒸等，
1986：43）。這裡所說的「成分之間的關係」，跟一般把「結構」固定在
「關係」的層次上去做分析，並沒有什麼兩樣。關係非事物或現象本身，

---

① 這和結構主義所強調的以「語言結構為深層結構」的意義是一樣的；與
　　Althuser 所說「結構的因果性」略有不同。一般批評結構主義的「非歷史」
　　的缺點，在 Althuser 的理論中似乎也不是問題（李幼蒸等，1986：3-6, 22-29）。

而是事物間或現象間的聯結機制，也是一般的結構概念。結構本身的非歷史性，是毋庸置疑的事，但結構的辯證邏輯，從正、反、合的過程，到新的結構形成，已經不只是空間的問題，而需要時間因素加以限制或延伸，這就具有歷史的意義了。

　　這就是說，我們要研究結構的歷史，或從結構與行動兩個層面（two-dimention）去從事歷史社會學的研究，跟研究現代社會是同樣可行的。不僅可行，而且更有利於作社會學的大型研究（macro-study），以建構大型理論（grand theory），就像韋伯、涂爾幹、馬克斯曾經做過的一樣。關於這一點，Lloyd, Sckocpol, Abrams 等人，有過差不多相同的說法。Lloyd 認爲，從把社會當作結構，以變遷的經驗解釋爲目的來看，所有經濟史、社會史、歷史社會學都應該是相同的東西，結構的歷史，因爲社會本來就是歷史和結構的脈絡，又是人類行動和思想的產物（Lloyd, 1989：452）。Sckocpol 認爲，歷史社會學在做歷史分析時，多注重有意義的行動和結構脈絡的相互作用，使各種不同社會結構和變遷模式的形貌顯得「特別」和「多變化」（Sckocpol, 1984：1）。Abrams 則認爲，歷史社會學是把歷史當作社會行動和社會結構，彼此互相創造與包容的一種方式（Abrams, 1982：108）。他們三人很明顯的都把行動和結構作互動或互補的解釋，而歷史社會學正是要從事這種研究工作，從歷史的結構和行動中，以尋找社會結構和社會變遷的模式，乃至模式的因果關係和變遷過程。這種分析方式，應該是相當整體的，在過程上注意細節的（micro）轉換、調整，與關聯，在結果上注意整體的（macro）結構與變化。這就是歷史社會學所關心的主題。歷史社會學對於一些小的歷史現象，由於資料的未必足夠，往往不易進行分析，但對於大社會的現象，從長時間的角度去觀察、瞭解，無論個體的或集體的行動與結構，都比較容易獲得事實上的解釋或理論上的支持，可能真有一種「從行動到結構的獨立創造」（Abrams, 1982：108）的境界

存在。假定這個假設可以成立，則歷史社會學將是結合社會行動與社會結構的重要學科，以及建立大型社會學理論的最重要工具。這種結果，不僅可以從馬克斯、韋伯、涂爾幹等的工作看得出來，也可以從Braudel, Wallerstein, B. Moore 諸人的著作獲得證明。

二　歷史社會學的困境與出路

　　歷史社會學畢竟是一門結合歷史資料和社會學技術而成的學科，如何使資料能靈活運用，像自己設計所得的一樣，又如何使資料的相關性提高，對建構理論具有積極的作用，的確是歷史社會學家的一大難題，也是歷史學與社會學在比較條件之下的一種突破，使兩種學科的利益能夠互補，而把不利的因素降到最低點。但是，有人對兩種狀況都不滿意，似乎不僅沒有收到利用優點之效，反而呈現了嚴重的缺點，因而有人說，「社會學是未下苦功的歷史，歷史是不用腦袋的社會學」(Cahnman & Boskoff, 1964：1)。顯然，他們認爲，兩個學科都沒有盡到最大的努力，和做出最好的成績。一般的社會學家都會強調，歷史是研究和解釋過去曾經發生的特殊事件，社會科學是陳述和解釋人類／社會行爲的普遍規則 (Wallerstein, 1987：313)。特殊和通則似乎成了兩個學科的分界點②，是不是真的如此，社會學不研究特殊事件，歷史學不建立通則？當然不是。許多社會學的經驗研究，都是特殊事件，如社區事務、犯罪個案、貪污、失業之類，未必能建立通則；許多歷史學的研究，卻已經建

---

② Lipset 也從社會學的普遍假設與歷史學的特殊事件加以論辯 (Tilly, 1981：5) ；涂爾幹則從社會學的類型和規律，歷史學的特殊事件去分辨 (Cahnman & Boskoff, 1964：86) ；柏克 (Burke) 則認爲就研究人類社會這一點說，差異不大 (1980：13, 33)。

立通則，如司馬遷的變遷理論，Spengler 的西方文化衰落理論，Toyn-
bee 的文化成長理論，涉及的都是一個文化或多個文化的歷史發展。這
樣，我們就可以同意這樣的說法，歷史學和社會學「在特殊法則
（idisgraphic）與普遍法則（nomothetic）之間的獨特和通則，並不矛
盾」（Cahnman & Boskoff, 1964：4-5）。歷史社會學在這個命題上自
然更不至於有任何矛盾，除了涉及的範圍較廣、時間較長外。歷史社會
學家並不是有什麼特別任務，一定要在歷史學和社會學之間作一選擇，
或在其間劃出一個清楚的界線。不過，從嗜好以及學科的基本要求來說，
兩者確實有些差別，歷史學家喜歡把事情弄清楚，找出真相，用證據去
確定史實的真偽，或研究它的因果關係；社會學家比較喜歡建立模式，
以建構概化原則，並追求它的解釋的普遍效果，以及其過程和因果律。
這種現象也只是程度上的比較，並非必然。如前面所說，有些研究顯示，
結果可能正好相反。

　　在美國經驗研究支配世界社會學的趨勢之下，歷史社會學一向缺少
發展的空間。儘管在法、德諸國有不少有成就的歷史社會學家，如
Somebart, Bloch, 韋伯、涂爾幹等。但一直到 1960 年代，美國一部
分社會學家，在歷史社會學上獲得較大的成就後，這一學科才受到較多
人的重視，這可以從 Bella, Smelser, Lipset, Tilly, B. Moore 等人的著
作得到證實（Burke, 1980：23-30）③。這種研究，明顯的涵蓋了較長
的時間和較大的社會面，因而也獲得了較大的涵義，或建構新的概念，
模式，或理論。這比研究「一個」社區或「一個」工廠要難得多，但結
果的成就感也大得多。是不是所有的研究都與歷史有關，是一個可以爭
論的問題。不過，許多與歷史傳統有直接關聯的主題，就不能不考慮歷

---

③　這裡指的是：Bella 的 *Tokugawa Religion* (1957), Smelser 的 *Social Change
in the Industrial Revolution* (1959), Lipset 的 *The First New Nation* (1963),
Tilly 的 *The Vendée* (1964)。當然，還有許多別的著作，這裡只舉幾個例子。

史因素，如社會階級、家庭結構、官僚組織之類。這就跟歷史社會學難以分開，或根本就是歷史社會學了。

以研究家庭爲例，社會學多從現在的社區作深度調查，或大社會的抽樣調查，或多社會的比較研究。這類經驗研究，曾提供我們許多有意義的事實和瞭解，如核心家庭增加，男女平權觀念逐漸普遍，家庭對社區疏離，傳統規範日趨薄弱等。可是，這種現象究竟是現代社會或工業社會的特性，還是本來就是這樣，或另有原因？我們並不清楚，跨社會研究也無法解決這個難題。那就是，這樣的研究只能做到知其然，而不知其所以然。如果我們看看英、美等國的家庭研究，就會發現，有些現象是文化的不同，如夫婦平權是西方社會原有的特質，工業化並未使其產生太多的轉變，在非西方社會則是一種移植。有些現象則只是可能與都市化、工業化有關，如家庭人口的減少，但在英國，農業社會時代就是以核心家庭爲主。這就產生不同的解釋。這類例子甚多，它的發展往往有歷史因素，僅從現實狀況作分析，難以獲得真正的瞭解（文崇一等，民 78：1-8）。建立模式固然不一定要走歷史的路線，但要獲得充分的瞭解和解釋，在一個具有長久歷史文化的社會，則非從歷史的角度去觀察不可。這也是社會學在概念和理論上擴大視野和基礎的一種方法。

我們並不強調，所有的社會學研究，都該有歷史的深度和意義。可是，對於建構一個解釋力較強的模式或理論，特別是一種大型理論，就不能忽略歷史上的現象。反過來也可以這樣說，從長時間觀察和分析現象的穩定和變遷，比較容易瞭解現象的實質狀況。馬克斯把社會發展分作幾個階段，韋伯把權威體系分作幾個類型，西方和中國的各種循環論，都是因幾十年、幾百年或幾千年的資料分析而成。如果時間過短，則這種概括性較高的概念便無法形成；同樣，地區太小的話，也不易滿足建構大型理論的條件。這表示，歷史社會學比較適用於通過相當長的時間，使用較龐大的資料，試圖建立大型理論。依照司馬遷的看法，天運三十

年一小變，百年中變，五百年大變（史記卷 27．天官書）。那時候他已經看出，長時間才能觀察到社會事物的變遷之跡，才有機會究天人之際、通古今之變。從現實社會來研究變遷，十年的時間已經不容易掌握，在研究設計上很難控制變項，無論是受訪者或受訪機構，十年間的變化難以估計。三十年就幾乎不可能。然而在歷史社會學中，三十年只是一小段時間，百年、千年也隨手可得，並把這些資料安排成可以理解的趨勢，乃至建立模式或理論。

　　我們從中國歷史統一、分裂的現象來看，一般人都覺得「統一」是天經地義的，「分裂」是不得已的事；但是，我們也常常說，天下事分久必合，合久必分，好像是一種循環的現象。即統一經過一段時間會分裂，分裂了一段時間又會統一，這很合乎中國歷史，特別是政治朝代史發展的事實。這就是一般所說的治、亂循環，治指統一，亂指分裂。政治上治亂並不能說明社會上的治亂，統一可能是一個相當亂的社會，如漢、唐時期，社會內部的衝突仍很尖銳；分裂也可能是一個相當不亂的社會，如東晉、南宋的人民，有一個時期，生活相當不錯，也很安定。儘管如此，但在中國人的心目中，「大一統」的正當性，似乎是一個不能置疑的潮流，否則就會被指責爲具有分裂意識，歷史意識其實並非全然如此，我們先看下面的圖。

	統一時期			分裂時期	
	年			年	
約 300	（1122～842BC）	西周———→春秋戰國	約 600	（841～222BC）
400	（221BC～8AD）	秦漢←———三國	50	（220～265）
50	（265～316）	西晉———→東晉南北朝	300	（317～580）
300	（581～907）	隋唐———→五代十國	50	（907～960）
150	（960～1126）	北宋←———南宋	150	（1127～1279）
100	（1280～1368）	元		
300	（1368～1644）	明		
250	（1644～1911）	清		
50	（1912～1949）	民國———→中共	50	（1949～1994）
約 1900 年			約 1200 年	

說明：上列朝代均以 50 年約數爲單位，或進爲百，或留爲五十。以朝代所統治的
版圖大小而論，北宋很難視爲統一，但在觀念上，它仍代表大一統。自元以
後 700 年的長期大一統，正與春秋戰國 600 年的長期大分裂相似。臺灣之於
中共，面積相差甚多，幾不能視爲分裂。本圖與幾年前的治亂圖，計算方式
稍有不同（文崇一，民 72：11）。

圖 1·1　中國歷史上的統一與分裂

這個圖的左邊，除西晉只維持 50 多年，元近百年外，其餘各朝時間均
較長，約二至三百年，而元至民國則有約 700 年的長期統一，版圖最大，
最穩定。其實，除特殊例外，王朝的壽命都不長，約300年左右。也許
這就是一個王朝的彈性壽命，前幾個皇帝作比較有效的統治，中後期便
積弱不振，引起野心家對權力的覬覦，推翻前朝、建立新朝。這個模式
沒有什麼變化。每個朝代的末期，幾乎都有多年的動亂，爭戰不已④。
亂得太久，便成爲一個長時期的分裂，如上圖 1·1 右邊的狀況，除 50
年的亂象外，其餘爲 600 年、300 年、150 年遞減。大致是分裂一段時

---

④　除了南宋以前各代較長期分裂外，元末有徐壽輝、張士誠等十多人連續作亂；
　明末有徐鴻儒、張惟元等數人作亂；清末有藍大順、龔春台等人作亂。這些人
　如果能長期持續下去，就會像三國、五代一樣。

間以後，出了個強人，又把它統一，分裂時期的長短頻率，較統一爲高，也許這就造成中國人視統一爲重要的正當性。實際上，中國自西周以來三千多年的歷史，統一約 1900 年，分裂約爲 1200 年，相差實在不大，前者占 61.3%，後者占 38.2%。這個模式就成爲：統一屬於長期，分裂屬於長、短期。這是中國政治「治亂」的標準模式，早期有 600 年的大亂，後期有 700 年的大治，中間爲間歇性的治亂相續，治的時間一般較長，亂的時間一般較短。三國演義「話說天下大勢，分久必合，合久必分」，跟這個模式的一致性相當高，只是它沒有內部分析。

　　歷史社會學走這種路線，可建構的模式或理論相當多，不只是馬克斯的生產關係、韋伯的理性、布勞岱的地中海經濟、華勒斯坦的國際市場、穆爾的專制和民主而已。以中國統一／分裂模式而論，那也只是統治王朝姓氏的轉換，就像張三做老闆換成李四一樣，經濟結構沒有什麼變動，依舊是地主小農經濟；政治上依然是皇帝專制和封建官僚的統治；社會變動也不大，親屬關係、知識階層一直是社會的動力來源，雖然偶爾有些程度上的差異；平民階級永遠是一羣貢獻最大、生活最壞的被剝削者，也不知如何及從何反省。假如把這些都算作文化，則中國自秦以來一直是統一的，分裂只表現在王朝的統治權上，即朝廷族姓的更替，社會的實質改變不大，跟治、亂幾乎沒有甚麼關係。

第二章　中國歷史的特殊性

一　史料龐雜多樣

　　歷史社會學自然是以歷史題材爲主要研究對象，這包括研究主題和研究資料兩方面。研究題目比較簡單，凡是社會學可以研究的，幾乎都可以用之於歷史社會學，只要在資料上不成問題。資料的問題比較麻煩，中國的歷史資料尤其麻煩，這就是我們所説的，中國歷史的特殊性。

　　中國歷史資料，大致可分爲三大部分：第一部分爲官文書。這部分的資料相當多，如二十六史中的大部分①，歷代皇帝起居注、檔案等。這部分資料由於撰寫人或主持機構有官方身分，我們必須注意它的立場和價值判斷，可能引起的不公正記載和評論。如後代爲前朝修史，就可能對某些敏感事件加以迴護；起居注也可能故意保護皇帝的私生活。一般而言，由於作者多爲歷史名家，可信度還是相當高。第二部分爲私人著述。這部分的資料更多，尤其在唐、宋以後，私人寫作之風特盛。這類資料雖没有官方意識，但記述者的臧否，仍然是使用資料時的一大隱憂。另一種隱憂是假託古人的「僞書」，這種資料對於社會學家而言，

---

① 一般説的二十五史，没有包括清史稿。二十六史除少數爲私人著述，多爲後代
　政府爲前代修史。這是一種很特殊的現象。

特別需要慎重。僞書並非不能用爲分析的依據，而是需要瞭解它的時代
意義②。私人著述不僅有眞僞、時間的問題，還有版本、轉述之類的問
題，即需要設法用到最好的版本，找到最初的記述者，因爲轉述的人往
往不提資料出處③。第三部分爲歷代文物。這包括歷代保留下來的器物
和文獻，如考古發掘、碑銘、文化遺產等。不管是有形的繪畫、遺物，
或無形的典章制度，都可以作爲分析的對象，或分析的輔助資料。例如
從後期出土的秦俑、楚漆器資料，可以重新解釋秦代的某些制度與楚的
文化成就。一些晚期出現的春秋戰國、漢唐時期的文物，也可以讓我們
重新檢討那個時期的文化和社會現象④。

　　這三類資料的量非常龐大，古人就有「一部二十四史，不知從何讀
起」的困難，加上歷代稗官野史、雜著、文物，眞是多得不可勝讀。不
僅是多，系統性也相當不夠，簡直可以説是混亂。任何一個問題，幾乎
都得從頭開始，而不是繼續前人的工作。這不僅增加搜集資料的困難，
也使許多研究得不到累積上的效果，對建立理論模式是一種損失。以中
國的社會文化變遷觀念爲例，在易傳中的象傳和繫辭傳是相當有系統的
創作，把變遷的概念定位爲二元論，把變遷的過程視爲互動，把變遷的
目的或結果視爲建立社會的秩序與和諧。這已經是一種很好的循環理論，
可是其後的著作，非但沒有繼續加以發揮，而且多只是承續這種説法.
三言兩語，完全沒有系統，以致中國循環論的後期發展，遠不如西方⑤。
這都説明，資料雖多，卻相當龐雜，沒有連貫性和系統性，很不容易使
用，間接影響建構概念或理論甚大。

---

② 例如列子是晉人僞託雜集而成，自不能視爲戰國時作品而加以解釋。
③ 如今本老子與出土漢初帛書老子，有許多差異，應設法處理。漢書轉述史記的
　　事實，應找史記原書對照，或逕用史記資料。
④ 近年大陸考古出土新資料，將改寫中國古代文化社會史的不少部分。
⑤ 關於變遷理論和循環論方面的研究，可參閱本書第二編有關各章節。

　　史料多而没有系統，壞處是不易控制，作什麼研究，都得從頭開始。
但也有不少好處，只要找到一個線索，就有機會建立一個模式，甚至一
個理論，因爲所有的分析、討論都是第一次，或至少是第一次系統化。
何炳棣（Ho，1962）、張仲禮（Chang，1955）幾十年前討論中國士紳
的論文，雖連模式都没有建立，但由於把許多零散的資料系統化，到今
天仍爲大家所引用。同樣，瞿同祖的兩本有關中國封建社會和法律的書
（民 73a，民 73b），均爲五十多年前的著作，也没有建構模式或理論，
但由於對這兩部分資料作了高度的系統化整理，使我們增加了不少清晰
的概念，到現在也還是學術界的參考書。韋伯對儒家倫理與資本主義興
起間的關係，雖然爭議頗多，卻超越了一般人對儒家規範的瞭解，使後
人不得不正視儒家學説與經濟、社會間的關聯，不管是正面的或負面的。
這也使我們有機會進一步整理那些看起來雜亂無章的龐大資料。

　　有許多資料也有很高的系統性，只是運用的人太少，以致到現在還
埋没在故紙堆中，没有發揮它應有的作用。封建官僚組織就是一個很好
的例子，從史記到清史，保存了相當完整有關政治人物、選舉、職官的
資料，還有各種相關的稗官野史、朝野雜記之類，都提供了不少這方面
資料。這對於分析中國封建官僚組織的成分、功能、權力分配、統治的
角色、結構關係等，都是很好的題材，足以建構社會的階級模式，結構
模式，或行爲模式，甚至是相關的理論。從統治階級的官吏，相對於被
統治階級的平民來看，無論從行動或結構去理解，官民的階級模式是可
以成立的（文崇一，民 82）。這種模式行爲，顯然有別於馬克斯學派的
階級理論。有關官僚組織的研究，還可以和親屬關係作出更有意義的結
果，以瞭解兩者間的相互依賴和權力分配。

　　從歷史的觀點去瞭解，往往只看到歷代官僚體系的制度面及其效率
狀況；而從歷史社會學的角度去觀察，就比較容易看到制度以外的一些
現象，例如皇帝、官吏、平民間的三角結構。皇帝以王、侯和百官的職

位收買官吏，以爲統治天下的工具；官吏則以忠誠、服務爲皇帝效命，作爲取得報酬的手段；平民在受到官吏的恐嚇、威脅、剝削下，貢獻勞力、財產，以保全身家性命。這樣的關係，維持了兩千多年。其間雖有程度上的差異，但本質不變。最受壓迫的當然是平民。平民在無知的環境中，一直無法自覺。有時跟著別人喊打，推翻了前朝，接著而來的王朝，並沒任何改善，仍然繼續前朝的威脅與剝削。歷代王朝大都如此。主要是這種封建官僚制度，具有權力交替的效果，內部衝突雖然常常升高，個人爲了爭奪權力與財富資源，不惜使用排擠的手段，以鞏固自己的利益，所以朝廷內總是派系鬥爭不已。皇帝則利用這種情勢，作爲制衡的工具，彼此排擠的效果愈大，則愈容易控制。

事實上，這種封建官僚制度，也受到當時的地主、小農經濟和儒家價值的影響，它不是孤立於傳統的家族社會中。也許可以把這幾種關係，作爲一種結構性的解釋如下圖。

圖 2·1　影響官僚組織的因素

這四個變數可能互爲影響，也可能產生間接影響力，此處只討論三者對封建官僚組織的影響面。這一類的問題，在中國歷史資料中俯拾即是，要在我們如何運用方法，去爬梳看起來沒有關聯的一些資料。用這樣的觀點去理解和運用中國歷史上的資料，則許多原本不相干的歷史文獻，都可以在某種概念或理論體系下聯接起來。

二　幾個重要特點

所謂浩如煙海的中國歷史文獻資料, 也並不如想像中那麼難以處理。如果能掌握其中幾種特性, 就可以避免陷入困境, 而能充分運用。

個人多於社會

無論正史、稗官野史, 或雜記, 都以個人資料比較多, 記述一般社會生活的比較少。正史中的列傳固然以人物爲最多, 即使是筆記小説, 也以陳述個人事蹟爲最多。這些事蹟又偏重於個人的政治、軍事行爲, 或官吏、文人的特殊表現, 大抵都是一些政治、軍事上的成功或失敗經驗, 以及一些趣味性的掌故。這類資料, 對於瞭解當時的社會現象, 只有間接的作用; 但對於研究社會流動, 卻有很大的用處。許多傳記中, 對個人的出身、經歷、貢獻等, 均有詳細的記述與討論, 甚至對個人的言論, 也有相當細緻的説明。例如我們讀宋史王倫傳, 王倫只是一個在京師混日子的無業遊民。當時汴京 (今河南開封) 爲金軍所陷, 秩序大亂, 竟無人敢出面設法維持。王倫於欽宗前自告奮勇, 竟撫定亂象。自此爲宋使金數次, 頗有功蹟⑥。後賜同進士出身, 端明殿學士、簽書樞密院事, 朝廷的二品官。最後爲金所拘押, 不肯降, 自殺死。這個人的故事相當戲劇化, 由無賴到朝中高官, 到死節。中國歷史上這類故事也許很多, 不足爲奇。可是這個社會流動的故事還沒有完, 再探索下去,

---

⑥　二帝北擄以後, 訊息相當隔絕。王倫至才見到二帝, 二帝始知高宗已即帝位, 並設法恢復若干土地及停止戰爭, 朝中大臣卻無人能爲此功 (宋史卷 371 王倫列傳: 11522-6)。

王倫的祖先卻相當顯赫，如下表。

表 2·1　王倫世系

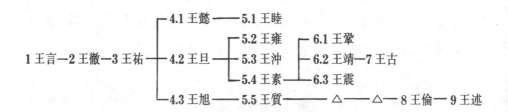

說明：1 王言，爲唐黎陽令，從六或七品；2 王徹，進士，爲後唐左拾遺，從八品；3 王祐，爲北宋兵部侍郎，從三品；4.2 王旦，進士，太尉兼侍中，正一品；4.3 王旭，蔭補，兵部郎中，正六品；5.4 王素，進士，工部尚書，從二品；5.5 王質，蔭補，進士，天章閣待制，從六品；6.2 王靖，蔭補，太常少師，從五品；6.3 王震，進士，吏部尚書，從二品；7 王古，進士，戶部尚書，從二品；8 王倫，爲南宋簽書樞密院事，從二品。以上資料俱見宋史，卷269：9242-5；282：9542-53；320：10402-7；371：11522-6。本傳及附傳。

這個表，王倫這一系除六、七代不清楚及第九代未做官外，其餘從八品到二品不等；加上旁系，則最高的有一品，爲宰相（王旦做過 12 年宰相）；做尚書的有好幾個。其中歷代兄弟，有的仍然在官僚組織中工作，有的則可能改行從事其他行業，王倫本人則是從無業遊民高升到中央的高官（二品）。這種事實，顯然爲流動研究提供了很好的材料，把它擴大，就可能成爲一種社會流動模式。在王氏九代十七人中，也還透露出一些與流動有關的訊息：其一，其中六人從官僚階級中流出，成爲沒有權力的平民，可視爲向下流動；其二，蔭補的只有三人，其中一人後來仍成爲進士，實只二人，在比例上來說，不能算太高，這與我們一向所瞭解的宋蔭補較多的說法不一致；其三，宋代王氏九人爲官，五人爲進士出身，比例相當高，這也可以看出科舉的重要性。這樣的例子

史書中俯拾即是，對研究社會階層／社會流動很有用處。相對的，一般社會生活的資料，不管是農民、商人，或工人，描述的卻很少。今天，我們要想瞭解歷史上農、工、商之間的社會流動，固然非常困難，就是他們的一般生活方式，資料也不多。在正史中，我們經常讀到饑荒、戰爭的歲月，人相食的悲劇，卻沒有敍述那些可悲的慘狀，或農村的蕭條景象。許多野史、雜誌，也多半偏重故事、趣味性的描寫，而不討論鄉村、城市問題。像夢梁錄（吳自牧）、武林舊事（周密）這樣緬懷舊日風光之作，已經算是對都城最詳細的描述了，對我們瞭解南宋都城的生活，有極大的幫助，不過，仍然偏向於上層階級生活的紀錄。都城紀勝（耐得翁）是比較一般的著作，又相當簡略⑦。這對於歷史社會學的進一步發展，不能不說是一種限制。

官吏多於平民

中國的二十六種正史，除少部分記載一些制度外，主要的就是皇帝、皇室和中央官吏的傳記。這些傳記，又都是說明他們在位置上的政治、軍事工作，如何效忠皇室，以及如何統治人民。民國初年的評論家，曾經把這部歷史叫做「相砍書」，就是所記載的，無非是一些打打殺殺的事蹟。後來有些所謂編年的或紀事的史書，也不過換一種說法，或換一個方式而已，內容並沒有改變。這種歷史，不要說一般老百姓進不去，就是地方官吏和沒有做官的讀書人也輪不到。所以這種歷史，其實是統治階級，即包括皇帝在內的官吏階級的流水帳。

因為是官吏階級的紀錄，以及維持這種階級的一些制度，如選舉志、

---

⑦　這些著作都是事後追憶當年的臨安（今杭州），大約成於 1230～1280 年代之間，南宋末年或稍後。可參閱東京夢華錄（外四種）（上海：中華書局，1962）。

職官志、禮樂志等，對於作爲瞭解中國傳統社會的科層組織，卻甚爲有用。我們從這類歷史，包括稗官野史所記的官僚人物，可以看得出來，官場文化所塑造的社會，因產生的背景不同，而使不同時代的官吏，具有若干不同的行爲方式。中國三千多年來，雖然都是官吏統治平民，形成兩個截然不同的階級，但統治的方式仍有差別。早期是貴族統治平民，後來是世族統治平民，再後才是官吏統治平民。不同時期的官吏，其行爲的性質和方式，都有很大的不同。貴族的權力來自宗法組織下的親屬關係，世族的權力來自世家大族間的親屬關係，後來官吏的權力來自官僚組織。可見，用歷史社會學的觀點去研究官僚和官僚組織，由於這方面的資料豐富，必然可以獲得很高的成就。西方歷史缺乏這方面的資料，不易產生具體的成果。

比如說，用宋史的選舉志（卷 155～160）、職官志（卷 161～172）和本紀、列傳綜合起來做研究，就可以對宋代的官僚制度獲得充分的瞭解，即使不能建構中國官僚制度的模式，也可以建構宋以後官僚制度的模式。相對而言，對一般平民的資料就非常少。正史固然只紀錄皇室、高官的言行，筆記、小說也多半是官員、文人的遺事，老百姓幾乎沒有機會登場，除了偶爾一兩個孝子、貞婦之外。即使是地方志，也不討論平民及其社會的狀況，這顯然受到當時社會重官吏、文人，而輕勞動人民的價值觀的影響。中國的官吏，一向是居高臨下，作爲皇帝的工具，統治平民階級。這種官民階級的兩極化現象，不僅表現了社會的對立關係，還形成了一種官民文化模式（文崇一，民 82：87，99）。官吏利用特權，爲所欲爲，把重要的政治、經濟資源據爲己有，還不准人民提出異議，這就是通常所謂「只准州官放火，不許百姓點燈」的道理。官吏統治階級的飛揚跋扈，正好提供歷史社會學家一個分析的途徑，看看如何官逼民反的情形。

政府多於民間

在政府組織中任職的人，無論是中央或地方官吏，雖然大部分都來自農村，甚至多半是農家子弟，待到他們發跡，或有能力著作的時候，卻很少提到他們的家鄉，寫的總是政治事務，或與自己有關的政治事務和文化事務。以歐陽修爲例，他自幼孤貧，出身於農家，後來做到中央高官，頗有政績，著作甚多，修過新唐書、新五代史，詩、詞、文亦復不少，然而對民間和農村社會的著作卻不多⑧。當時的封建官僚組織的政府體系，控制了所有的國家及私人資源，它可以用行政命令，改變財產的所有權，强迫徵收財物，或强迫個人服從。一個縣令，可以集民政、司法、財政所有大權於一身，在不違反皇帝獨裁大權的前提下，幾乎可以爲所欲爲。政府體系完全操縱了社會的運作，和平或戰爭，富裕或饑餓，仁慈或殘暴，都在於獨裁政府的一念之間。碰到一個軟弱或比較理性的政府領袖，就全國和平；碰到一個企圖心極強的皇帝，就挑起戰爭。賦稅輕一點，人民就比較富裕；天災、人禍多一點，人民就只好忍饑挨餓。這類行動，都是政府體系在主導，民間完全無能爲力，連抗拒和抗議的力量都沒有。

當時的民間團體，大抵只有少數的幾種，如宗族、地方、宗教之類，但這類組織通常都是聯誼性的，沒有任何政治意識，連經濟的意義也極少。早期的貴族階級，後期世族大姓，的確具有龐大的組織力量，足以與政府體系相抗衡。但這些人的利益都建立在政治的特權上，不僅不會反政府，而且與政府相勾結，把政府作爲獲得私人利益的工具。農民戰

---

⑧　歐陽修不僅有清譽，文學造詣亦甚高，提攜後進尤力，曾鞏、王安石、蘇洵、蘇軾、蘇轍都因其推荐而顯於宋（宋史卷 319 歐陽修列傳：10375-81）。

爭有時也可以發揮摧毀性的力量，歷次王朝革命，幾乎都是靠農民參戰，而以後代推翻前代的姿態出現。但這種農民力量總是爲投機分子所利用，等到奪得政權，建立了新的王朝，農民仍然淪爲被統治、被剝削的對象，並沒有使民間社會有建構的機會。

對社會發展而言，這是一種損失，但對歷史社會學者去研究政府組織，或以政治社會學的觀點，去研究權力分配與重分配，或以階級結構的概念，去分析政府與民間的階級化趨勢，都是很有意義的題材和主題。這種資料在正史中尤其多，如漢書的刑法志、食貨志、郊祀志、禮樂志、地理志，新唐書的宰相表、方鎮表、選舉志、百官志⑨。Weber 所提出的官僚組織，傳統的經驗資料實不多，主要還是在分析官僚組織的類型、功能，及分工諸問題⑩。中國的歷史資料，有十分充足的理由，可提供觀察傳統官僚組織的運作模式及其結果。無論埃及或西方歷史，都沒有這樣多和這樣複雜的史料可資運用，這也就是爲什麼，Weber 在分析官僚組織時，比較偏向於近代。中國多樣的史料，對政府組織與官僚身分有特多的描述和解釋，對歷史社會學家建構傳統官僚組織的模式和理論，具有極大的推理作用。

由於政府所在地總離不開城市，以及城市的複雜性，許多官員和讀書人的回憶錄、筆記、野史，也多是以城市爲重心，很少寫鄉野雜記，如描寫長安、洛陽、開封、杭州、南京、北京之類的著作非常多，寫鄉村景色或農民生活狀況就很少。這也不足爲奇，這些人通常都住在城市，甚至都城，他們所熟悉的就是這種地方。雖然來自農村，自從獲得功名後，只要可能，他們就不會回到農村。即使是爲地方官，如知州、知縣

---

⑨　在 26 種正史中，表、志的選擇並不一致，詳略也有差別，有的可能僅有列傳，此處只舉二例。

⑩　有的也把 bureaucracy 譯爲科層組織，在美國社會學界，這種研究非常多。韋伯在這方面是理論的開創者 (Weber, 1978：958-1002)。

之類，仍是住在城市，一種較小的城市。只有極少數人才會到窮鄉僻壤
去觀察，觀察了也未必會留下紀錄，因而記述鄉村的作品，相對的便少
得多。地方志中保留的可能多一點，但仍以物產、古蹟、有名的人物占
重要成分。這對於研究歷史上的鄉村及其生活頗為不利，但對研究城市
和城市化甚為有利，也許還可以建立有別於西方的城市化過程與模式。

可運用的空間

上述各種特點，只是舉出幾種比較明顯而可運用的空間。其實，可
以發展的地方還很多，例如，極多的古典著作，經、史、子、集，是建
構知識社會學理論的最好資料；相當多的詩話、詞話、瑣讀之類，是研
究文學社會學非常有用的資料；甚多的筆記、野史、雜記，對於分析不
同時代的意識形態、信仰體系，必然有很好的成績；各種人物間的關係，
及其相互支援的過程和結果，對於分析親屬關係和權力關係間的分分合
合，以及對政治運作的影響，必可在政治社會學上建立極好的模式或理
論。這些問題，在西方社會學上都已有其概念或理論，但從中國歷史社
會學的觀點去觀察，使用這些比較特殊的資料，將可取得一些特殊的成
就。

以制度為例，就有非常大的空間可供發揮，經濟制度、政治制度、
社會制度、家族制度、宗教制度、考試制度、官僚制度、禮儀制度、法
律制度、選舉制度，都可以從行動和結構兩方面去觀察。一般的制度性
分析，多半只從制度本身去瞭解它的組織與功能；其實，制度的功能在
於實踐的程度，如果沒有執行，或執行不徹底，組織也就失去意義。這
就是說，沒有行動或未付諸行動的制度，等於沒有制度；制度必須配合
行動的研究，才顯示它的重要性。一個制度與另一個制度，往往不是孤
立的，而有其結構性關聯，如家族制度與祖先崇拜、政治承襲，乃至與

選舉、地主經濟都有關係，表現一種網狀的結構性連結，彼此間有很高的互動。制度本身只是一個象徵體系，就像祖先牌位擺在神龕上一樣，必須有具體的孝思和孝行的表現，才能產生社會功能，才是制度的實踐；這種實踐就和家族結構、經濟體系、宗教信仰等產生結構上的互爲影響。這是制度在行動和結構上所反映的現象，跟一般的制度分析，有很大的差異。

從家族制度去瞭解官僚制度，我們就更容易明白，這是一種從西周宗法制度遺留下來的行爲方式，把政治資源乃至經濟資源，用家族原則去支配。封建的貴族制度瓦解後，便轉移到由皇帝及皇室主宰，而由官僚組織中各大族瓜分，漢、晉、南朝尤其如此。科舉以後，家族的支配力稍減，但反過來，官僚體系中的人進行支配家族的運作。前後三千年間，不論是家族支配政治或政治支配家族，兩者都是一種結構性共生體系。人在這種結構下的行動，往往難以超越，一直到西方價值觀念的輸入，才打破了原有結構，試圖重組一個新的結構體。這個新的政經結構體，可能就是表現工商社會中的選民行爲。

這就是說，從歷史社會學的角度去瞭解中國歷史和史料，由於社會學理論與方法的幫助，對中國歷史上政治、經濟、社會等各方面，都可能獲得不同的理解和解釋。這種差異，並不在於產生或製造新的歷史，這是不可能的；而是發掘一些原來不明顯，或不爲人知的潛在涵義，足以增加對人類行爲的瞭解，以及結構間的共生模式。這種研究空間，比現實社會的經驗研究要大得多。

第三章　歷史社會學的
　　　　　理論與方法

一　歷史建構理論

　　歷史社會學既然以歷史上的文獻資料作爲分析的依據，在理論和方法上，便必須注意它的特性：其一是，歷史上所留下來的資料，多半是沒有系統的、偶然的。在討論和分析問題時，如何把這些各別的、沒有連貫的史料，加以有意義的串聯，使它在整體的社會現象上，產生解釋性的作用？其二是，歷史事件比較注重事實的真僞，而忽略它在事件中的解釋力，尤其無意建立所謂解釋的通則。往往在史料與史料之間，找不到一致的共同性，如何理解這種特性，以達到社會學分析的目的？其三是，如前所說，中國歷史富於官僚傳記和政治史料，而缺乏一般社會及生活的記載和描述。這種資料，對於瞭解統治階級、知識階級比較有幫助，而不利於對被統治階級或農民階級、市民階級的瞭解，如何在分析和解釋上取得平衡點，以達到不偏頗的目的？其四是，從社會學的觀點而言，必須從歷史事實作出解釋或推理，以建立社會學的概念或理論，才具有社會學的意義。如何利用非設計所得的歷史資料，以獲得社會學的理論的意義，可能是一大挑戰？其五是，歷史社會學的研究範圍伸縮性很大，可以小到一個社區，也可以大到幾個國家或幾個時代的比較。那就必須在研究的方法和理論上，同時具備宏觀社會學和微觀社會學

（macro-and micro-sociology）的條件，而如何利用廣泛的歷史資料，打破這種界線，以建立新的理論，作爲解釋歷史／社會發展的線索？這是對歷史社會學家的一大挑戰。

從這種角度來看，歷史社會學所涉及的層面相當大，所要求的條件也比較多，但也有比較多的機會去尋求建構通則或理論。所以韋伯把歷史社會學當作一種「發展的」（developmental）理念類型（Abrams, 1982：79），是可以某種程度接受的。歷史資料不僅可以提供較多的選擇，也可以提供較大的發展空間，這不是一般經驗研究做得到的。這也就是企圖從史料中找尋建構社會發展理論的道路。因而就離不開社會的變遷與發展，正如 Kane 所強調的，「社會變遷與發展是歷史社會學的中心關注點」（Kane, 1991：53）。這有點像 Moore 企圖從不同農村階層的歷史研究，以建構解釋西方議會民主、右翼法西斯主義和左翼共產主義專政（Moore, 1991：ix）的模式一樣。他希望從英、法、美、中、日、印（度）幾個國家的歷史演變，找出民主與獨裁的因果關係，他甚至認爲，暴力對民主有積極作用，「最早的一條資本主義和議會民主攜手並進的道路，是經由清教徒革命、法國革命和美國內戰一系列革命而問世的」（Moore, 1991：417）。這個意思很明顯，如果不是經過劇烈的革命，把舊的結構破壞，重新組織，則建立民主架構的可能性便很低。他並且提出了一些反證。我無意在這裡討論民主的起源，但從長期的歷史分析和觀察，的確可以增加對某些問題的瞭解，乃至建構新的理論，無論是宏觀的或微觀的。

Lloyd 認爲，許多社會學者，「他們試圖建立一種連接微觀（micro）與宏觀（macro）之間的分析方法，去解釋社會的結構歷史」。他接著說：「Giddens的結構化理論是想在馬克斯主義、現象學、詮釋學及語言理論的空際間架一座橋；Touraine 是想把社會世界結構起來；Elias 是想結合個人與角色、規則、與位置的網絡之間的辨證關係；Abrams 是從

個人活動、經驗、與社會組織的相互關係去建立歷史社會學；Bendix
是相信社會過程的歷史結構」（Lloyd, 1989：475）。這些人，不論是
結構理論，或行動理論，或企圖把結構與行動理論連接起來，多半是希
望從全部和部分的社會現象加以分析，以建構自己的概念或理論。事實
上，韋伯的行動論和馬克斯的結構論，都是從歷史過程中尋找理論根據。
韋伯的權威理念和資本主義起源，馬克斯的下層結構和社會發展過程，
全是建立在歷史發展的過程和結果上。他們的推論未必完全令人滿意，
值得進一步研究和爭論的地方仍甚多，然而，就分析史實而論，顯然得
力於觀察長時間事件發展的現象①。

　　從這種情形來看，明顯的是用歷史去建構理論，而非用理論去解釋
歷史，這跟 Stinchcombe 的說法，寧願用歷史去發展理論，也不要把
理論應用到去解釋歷史（Tilly, 1981：7），想法是一樣的。事實上，
現在有不少歷史學家批評社會學家在做歷史分析時，往往以史料去遷就
理論，即把史實填到理論架構中，曲意解釋。例如用韋伯的傳統權威
（traditional authority）或神性權威（charismatic）去解釋中國歷史上
的人物及其行為，有時候就難免不入於圈套式的論證，不易瞭解其過程
和因果關係。可是，反過來，先尊重歷史事實，不論是政治的，經濟的，
或社會文化的，分析它的發展過程及因果現象，必然可以獲得一種結果。
這個結果也許與韋伯的觀察一致，可以叫做傳統權威或神性權威；但也
許根本不同，就可以得到新概念或新理論了。從史實的角度來觀察，中
國有權的、有名的皇帝和大臣（如宰相），多半不能純粹歸類於傳統權
威或神性權威，甚至不只是兩者，而是包括法定權威（legel authority）

---

① 馬克斯對中國歷史的觀察雖有其缺點，如所謂亞細亞生產方式，但對西方歷史
　有其獨到之處；韋伯對中國歷史的理解也有其缺點，如家族與資本的關係，但
　對西方社會結構觀察入微。

在內三者的綜合體或混合體②。他們在某種程度內受到法律的保護和約束，可是也有個人的專權特色和個人魅力。在這種條件下，如漢武帝劉徹具有傳統與神性二種權威特質，而蕭何就具有三種權威特質③，無法把他們泛稱之爲傳統權威。這跟韋伯的説法有出入，因而研究中國權威體系，可能必須另起爐灶。中國人對權力、財富、知識的權威，這些方面具有高度成就的人，不僅給予肯定，而且相當崇拜。對他們的發言和行爲，總認爲具有權威性，這種權威可以叫做強勢權威。另一方面，中國人對道德、家族、長輩的權威給予尊重，不論在別的事業領域有無特殊成就，只要是高度道德情操，一族之長，或地方上的長者，都在言論和行爲上具有一種權威性，這種權威可以叫做強迫權威。不過，這只是一種試探，也許還有更合適的辦法。可見，從歷史的考察，的確可以找到一些在現實社會中不易獲得的知識。這可以説是從歷史事實建構新的概念或理論，而不是用歷史去驗證社會學假設。

二　理論途徑

用歷史事實去建構概念或理論既然有它獨特之處，是不是就可以完全不管既有的社會學概念？事實上，從觀察現象到建構概念，也未必可能完全避開既有概念或理論的影響，無形中仍有驗證假設的意義，不管是結構功能論者、現象學派，或批判理論者。完全没有概念，可能任何

---

② 韋伯三種權威類型，各有其定義，而以神性權威可能同時存在傳統社會和現代
　　社會 (Weber, 1978：212-99)。

③ 中國的官僚組織受到法律的約束很大，相當類似韋伯所説的合法理性權威
　　(legel-rational authority)。劉徹和蕭何俱見漢書卷 6 武帝紀：155-212；漢
　　書卷 39 蕭何傳：2005-13。

事情都看不清楚，不要說建構新概念了。以現有的社會學理論而言，大致可分爲三類：一類是行動理論，以人類行爲作爲觀察的對象；一類是結構理論，以社會結構作爲研究的依據；一類是批判理論，以社會批判作爲分析的工具。前兩者均跟經驗研究有密切關係；後者則較强調認識論和哲學基礎，特別是馬克斯的辨證法和疏離概念。

　行動理論最重要的創始者是韋伯（Max Weber）。自行動理論發展爲 Parsons 的結構功能論，就得上溯到人類學的功能論者 Malinowski 和社會學的功能論者 Durkheim。這樣就構成一套比較有系統的功能理論。衝突理論和交換理論，其實只能算是結構功能論的另一面，同樣是强調行動的可觀察性。與行動理論有非常密切的關係，卻經常批判行動論的有象徵互動論和現象學派，以及受兩者影響而產生的俗民學派，他們都强調日常生活的重要性，並用日常生活作爲描述行動的重點。這樣的結果，實際已把行動理論劃分爲二大派別：一派傾向於宏觀（或總體）理論，如結構功能論、衝突論；一派傾向於微觀（或個體）理論，如交換論、現象論、象徵互動論、俗民方法論。其中衝突論也可能成爲微觀層次，而交換論也可能成爲宏觀層次。這要看研究的對象而定。解釋或理解的方式雖有不同，對於行動的社會意義，韋伯的理念仍具有相當高的原創性作用（Weber, 1978：4-26；韋伯，1993：19-52）。對於中國歷史資料來説，無論是用現有社會行動理論去瞭解現象，或建構新的行動理論，都有它的可行性，因爲這類史料特別多。個人的傳記和讀書人的各種筆記，都屬於這類題材。

　我們可以瞭解，用 Parsons 的價值取向（value-orientation）的模式變項（pattern-variable）④架構，的確可以解釋儒家倫理影響下的某些社會現象，特別是規範性行爲，都强調社會秩序的穩定與和諧，似乎

---

④　Parsons 的行動的價值取向爲認知、評價、和道德；他的價值取向的四組模式變項，則甚爲複雜（1966：57, 101-111）。

有很多相似之處。可是，Parsons 的理論是針對美國社會結構所提出的
分析和解釋，與中國社會有其根本不同的基礎，很難完全移植，雖然有
時可以利用部分概念作爲研究的變項或假設⑤。又如衝突的概念，對於
分析中國官僚階級內的權力鬥爭，有它一定的工具性作用，但是，作爲
衝突的團體，中國跟西方的差異相當大⑥，不適合整體理論的運用。使
用別的社會學理論去解釋中國歷史和社會發展，多少會遭到一些類似的
困境，主要就由於社會文化本身的差異，而導致的行動上的差異。我們
的最終目的，是要利用歷史上的社會文化變遷，去建構新的概念或理論，
非僅因襲陳說而已。

　　結構理論的早期工作自然以馬克斯的上層結構和下層結構理論爲起
點，然後是 Althuser 和 Polantzas 所強調的以經濟爲基礎，與政治、
意識形態互動的結構理論。結構理論多多少少把人的行爲視爲受限於結
構，個別的自主性降低，因而階級在結構理論中便扮演了比較重要的角
色。由於經濟結構、政治結構、意識形態結構的不同，就產生不同的結
構性行動。結構論也可以從兩方面去了解：一派是以語言結構爲基礎的
結構論，所謂社會結構的深層研究，即以語言結構理論爲分析的基礎。
這一派理論也影響到哲學、文學、人類學、社會學等的研究，不過，對
社會學理論的實際影響，不如其他學科之大。另一派就是社會學比較常
用的馬克斯主義的結構理論，對後來的新馬克斯學派有比較大的影響。

　　結構化（structuration）理論雖然強調主動力和結構（agency and
structure），在生產與再生產的時間與空間的過程中，結構化現象如何
發生（Giddens，1982：8），其實是尋求結構在過程中的一些現象，加

---

⑤　如Smelser（1959）用 Parsons 的模式變項去研究英國的紡織工業，是一個很
　　有名而成功的例子；文崇一（民 61：47-75）用 Parsons 的行動價值取向分析
　　中國人的國民性，也是一種作法。
⑥　中國官僚組織中的派系衝突，跟 Coser（1991）所使用的羣體，性質上很不相
　　同，使用時就必須特別小心。

以理性化的解釋。我們通常批評結構理論缺乏歷史觀，甚至是反歷史的，Giddens 卻相當重視歷史，他認爲，人類知識就是通過歷史而得。社會科學與歷史，沒有邏輯和方法上的差異，只有結構化理論脈絡的構想。結構化是一種歷史過程，這種過程就是社會學理論的真正焦點和社會學調查的真正主題（Hamilton, 1987：94）。結構理論基本上偏重因果關係，結構化卻偏重過程，兩者也許正有可以互補的地方。從不重視歷史或反歷史，到以歷史過程爲主軸，也是一重要發展。

　　批判理論對行動論和結構論都提出強烈的批判，尤其不滿意 Parsons 學派的結構功能論。它的哲學式思考相當濃。最重要的在於批判當前的資本主義社會，因權力的宰制，而把工具理性的作用發揮到極點，使人類失去了自主性。對資本主義社會的批判以及理性化思考，實際是承襲馬克斯和韋伯的兩個傳統，Habermas 可能想在這兩個社會學傳統中，尋求新的出路，擺脫工具理性的束縛，爲實質理性提供策略，以建構一種以「人」爲主體的理想社會。這種理想，當年馬克斯也提出過，不過，所提出的策略大爲不同，他是要打倒資本家，起用工人。可是作爲一種社會學理論而言，仍然是以解釋現在或過去社會的全部或部分爲重點。批判理論到現在爲止，它的成就似乎還是集中在對現在社會及社會學理論的負面批判爲主；不管是危機理論還是溝通理論，仍難以使人運用爲解釋社會現象的理論依據。這可能涉及兩方面，一方面是經驗研究（包括行動論與結構論）仍爲現存社會學的主流，一時不易轉換；另方面是批判理論含有過多的哲學意味，對社會學者不易適應。事實上，也可能是批判理論的非經驗性、非歷史性、非經濟性的特質，使社會學者不願輕易嘗試。

　　這三類理論，可以說只是彼此不同的觀點，而強調社會的不同層面，行動論以行動爲主，結構論以結構爲主，批判論以批判爲主，並不能否定對方的存在價值，都只是社會現象的一部分而已。所謂人以行動改變

或創造結構，結構又反過來支配人的行動。資本主義和社會主義體系，正是這樣一種過程。批判論把箭頭指向資本主義的非理性行爲，製造了宰制的空間。目前社會主義的全面崩潰，倒向資本主義運作方式，也不過驗證行動與結構之間的互動關係。將來恐怕仍然會延續這種趨勢，只是結構論的非時間因素，必須作適當的調整。這也合乎行動與結構互相「創造和包容」的概念（Abrams, 1982：108），使歷史社會學在理論上突破行動和結構的限制，創造一個新的理論環境；並在所謂整體（宏觀）理論和個體（微觀）理論之間的障礙，作一點清除的工作。究竟人是在既存的大社會中行動，爲了保證社會的秩序化，不可能不設置一些規範行爲的價值與規則，以防止混亂；人，不論是個別或集團，對大社會而言，都只是一小部分。人的行動的大小，對結構的大小，顯然不是絕對的，這就可以在理論或邏輯上擺脫一些限制，而建構另一種理論模式。以歷史社會學的觀點來看，現有社會學理論，均可以從歷史的角度去瞭解或應用，只要注意到歷史資料及其解釋的時間性，就不致有問題。

三　方法的運用

從理論推衍到方法，只是技術層面，已經比較具體多了。我們在前面曾經提到過，歷史社會學與社會學在使用資料上的差別，只在於「實地調查」（field study）這一點。歷史分析只能利用文獻資料，實地調查不但可以依需要設計問卷，還可以參與、觀察。可是，對於已掌握的資料，無論歷史遺留，還是調查所得，除部分統計技術略有不同外，分析、了解的方式，差別不大。社會學上一般所用的大型／小型研究（macro/micro），量化／質化研究（quantitative/qualitative），多社會／多國家比較研究（cross-societal/-national），都可以應用到歷史社

會學的研究。這些研究方法，自然也可以綜合起來使用，如作大型的量化多國家庭比較研究，或某歷史人物的深度分析。可以研究行動，也可以研究結構，或行動、結構同時運用；可以研究穩定，也可以研究變遷，或研究穩定、變遷的交互過程與結果；可以是描述的，也可以是解釋的，或描述、解釋同時進行；可以用經驗方式，也可以用批判方式。這些方法，完全視研究者需要而定，有時候也是偏好，因爲任何一種理論或方法，都只是瞭解或解釋現象的一部分。至於你的研究究竟是企圖建構概念，模式，或理論，這就要看個人的能力和機會了。Tilly 認爲，目前的歷史社會學研究，由於客觀的社會學方法，忽略了行動，不僅注重體系的重要性高於行動者，而且注重秩序的重要性高於失序，延續高於驟變，整合高於衝突，合法高於挑戰（Badie，1992：325）。也有人認爲，許多社會學的歷史研究都只是描述的，沒有特殊的理論成績。許多有名的歷史社會學者，都還沒有得到任何普遍性的理論（Hechter，1992：367）。這表示，目前的歷史社會學研究，一方面是重結構而缺乏行動的研究，彷彿是在一個歷史的大架構去討論問題；另方面是重描述而缺乏分析性、解釋性的研究，似乎把一些事實說完了就是結束。這跟我們所提出來的目標，結合行動與結構、加強分析和瞭解，尚有一大段距離，有待我們努力。事實上，中國歷史對於人物行動或集體行動的描述非常多，細節也非常週詳，正有助於對行動的理解和建構新的模式。

　　Skocpol 不分行動與結構，從三個方向來建立歷史研究的策略：⑴演繹式的把普遍模式應用到歷史研究；⑵歸納式的分析因果規律；⑶發展有意義的歷史解釋（Brown，1990：185）。這是典型的實證研究和韋伯傳統的研究策略，從演繹或歸納的研究結果，以獲得有意義的解釋或瞭解。其實，從事歷史資料的研究，是一種次級分析，有可能建構新的模式或理論，受到的限制卻比一般驗證模式或理論假設的實地調查（field study）爲多。通常都是在閱讀衆多資料後，瞭解其間的可能關聯，再提出假設，以謀求新的解釋和理論發展。韋伯的宗教研究，實在是次級分析中一個最好的例子，不僅牽涉世界上幾個有影響力的宗教，而且層面甚廣，因而它所發展出來的線索也就非常多，與行動、制度、結構、文化都產生很大的互動關係。基本上，這是對歷史社會一種綜合性的瞭解和解釋。我們對行動、結構，或綜合性的研究策略提出一些討論，也許仍有必要。

行動論並不是不管結構，通常是把它當作一個既存的實體，在一定的結構下產生行動，或結構與行動形成一種互爲影響的關係。例如現象論根本不理會結構，功能論則把結構與功能視爲兩組互相作用的因素。中國歷史人物的行動，實際就是在農業經濟、封建官僚組織、和儒家規範的結構下，發生各種各樣的行爲。最明顯的是 Kane 所强調的「文化自主」的方法。他認爲，「把文化分析用到歷史社會學中，使文化分析的理論與模式和歷史社會學的理論與方法結合，消除一些因混亂的理論與方法所產生的障礙，而使文化分析倂入歷史社會學中」（Kane, 1991：54）。他所説的「混亂的」狀況，實際是指馬克斯學派的物質論和韋伯學派的觀念論，兩者對文化和經濟、政治的不同立場。解決這種糾紛，最好的辦法就是承認文化的自主性。社會無論在穩定或混亂時期，文化都有它的基本功能，文化是行動的指南（Kane, 1991：53-55）。不過，最後他又建議，歷史社會學者應該放棄輕視對方的態度，要去瞭解，歷史社會學中，文化與結構分析的關係，而文化自主的方法，便提出了一個概念的起點（Kane, 1991：68）。整個看起來，他是結合行動和結構兩者的分析方法，而以行動爲研究的主軸，以達到他所謂的從文化去瞭解實際的生活經驗。這是十足的從涂爾幹到韋伯的模式，只是在陳述方式上有些改變。

假定把文化自主性界定爲「文化形式的自主結構」，爲一種獨立的

意義（Kane，1991：54），顯然把文化作了「孤立」的解釋⑦。文化是人類行爲的一種遺留，各種文化現象，都象徵某羣人曾經或現在從事這樣的活動，它不僅不是一種獨立自主的結構，而且牽連甚廣，除非把文化的包容性擴大爲所有的思想與行爲。這樣的話，就是一種非常簡化的文化化約論了。一般而言，文化是指一些特殊的行動象徵，如語言、價值觀念、儀式行爲、性格表徵、戲劇、建築、藝術之類，把它從政治、經濟、社會的領域中分離出來，比較容易探索各種相關的問題。如行動論的支持者派深思，把人格體系、社會體系、文化體系作爲結構與功能互動的解釋，就是一個例子。觀察歷史上的社會現象，文化是一個值得注意的因素，但不一定要把它孤立起來，它是行動的集體表現，和結構、制度間存在著很高的關聯。歷史社會學者把行動的一部分轉移到文化現象，是一種可行的策略，但仍應關照到政治、經濟、社會諸體系的各個層面。文化的意義，不必化約到一切的行爲，如果這樣的話，就很難從事研究，也很難瞭解文化了。

　　對於社會結構的分析，我們在前面說過，阿圖色的經濟、政治、意識形態結構分類，有相當高的代表性，特別是在新馬克斯學派的領域中。但是，也有把角色／地位，或角色羣／地位羣視爲結構，如 Linton, Merton；或把關係視爲一種結構，如 Blau, Coleman。這可能也只是一種理論上的派別，我們在討論結構時，既離不開政治、經濟，也離不開身分、地位，以及因這些因素建立起來的種種關係。所謂政經地位，其實就是稀有資源的不平等分配，是一種階級關係，也是馬克斯、韋伯社會學傳統的結構類型。研究歷史結構的方法，Stanford 把它分爲五種：一是理念方法（ideal approach），用一個理論爲基礎，如 Braudal 的「地中海經濟研究」，Wallerstein 的「現代世界體系」；二是文獻方

---

⑦　Kane（1991：54）同時也承認，文化相對於社會體系又不是獨立的。這在邏輯上顯然產生矛盾。

法（literary approach），以歷史文獻爲研究基礎，如 Toynbee 的「歷史研究」；三是選擇方法（selective approach），在歷史事件中作選擇性的研究，如 Bloch 的「封建社會」；四是基礎方法（fundamental approach），以歷史爲基本結構的研究，如馬克斯的研究；五是多元方法（pluralist approach），以多種重要結構爲研究對象，如 Furet 的「量化歷史」（Stanford, 1987：159-161）。他提出這五個方法之後，並提出解釋説，歷史對社會科學起碼有三種功能：一爲用「事實」（facts）支持理論；二爲對變遷研究提供幫助，如方法、概念、模式；三爲提供更敏銳、深入的瞭解與認知，特別是社會學方面（Stanford, 1987：165-166）。其實在這些方法中，没有一個是屬於社會學結構論的（他用不同的方式去瞭解馬克斯），五種方法加起來也不是結構論。不過，上述這些作者，都是從歷史結構中找尋過去的現象，重新解釋，並建構了各自獨特的解釋方法，甚至理論，如華勒斯坦的中心／邊陲，湯因比的挑戰／回應。相當符合史坦伏本人的説法，用事實加深瞭解，建立變遷模式。

結構論的歷史研究，其實也不必拘泥於政治、經濟、意識形態的三角互動關係。以中國歷史來説，如果把政治結構解釋爲皇室與官僚組織，把經濟結構解釋爲小農與地主的生產關係，把意識形態解釋爲儒家價值和規範⑧，顯然還有許多重要的變數没有納入，以致無法獲得充分的瞭解。最重要的是家族組織和親屬關係，這種屬於基礎性的結構變項，無法在上述三角關係中反映出來。從權力觀念來看，政治、經濟都必須透過親屬結構，才能獲得滿意的答案，因爲三者是經常鉤連在一起的。如宗法制度下的政治體系，選舉制度下的世族社會，都是用親屬關係去作權力分配,也可以説是把權力關係建立在親屬關係上(包括家族和姻親)。

---

⑧　這個架構是 Althuser 提出來的,金觀濤、劉青峯曾用它來分析中國社會結構(金觀濤、劉青峯, 1987)。

　　另二個重要變數是知識人和軍人。他們的人數並不多，卻在中國社會的結構變遷中，扮演舉足輕重的角色。知識人表現在官僚體系中的工具性角色，替皇帝治天下；軍人表現在軍事體系中的工具性角色，替皇帝打天下。有時候，這兩種人也會反叛過來奪權，或跟叛軍聯合起來把現政權推翻，成立一個新王朝。這也只是表示，知識階層和軍人階層的重要程度。歷代的中國皇朝，無論是重武輕文或重文輕武，這兩個組織都具有相當決定性的影響力。這兩種人有機會進入官僚階級，但究竟不完全屬於這個階級，能進入的只是少數，多數人仍留在原來的羣體中，起著知識人和軍人的作用。這和 Mills 分析美國社會，以官僚、軍人、企業家（Mills, 1956）爲最重要，具有差不多同樣的意義。不過，中國社會，特別是傳統社會，以官僚、知識人、軍人、地主爲最重要（文崇一，民 82：82-87）。這當然也是結構上的問題。所以研究中國社會的整體結構變數，至少應該包括官僚組織、地主經濟、親屬關係、知識階層、軍人階層，和意識形態（儒家價值和規範）。但是，中國傳統官僚體系人員多來自地方豪門和知識階層，軍官也是官僚體系中的一部分，所以這兩分人員也可以合併在官僚組織中討論。這樣，結構變數可以簡化爲四個，即親屬關係、封建官僚組織、小農經濟、意識形態。四種結構互爲影響，使中國社會在這種結構形態之下，自秦代開始，維持了二千多年。如果改變爲抽象概念，則四個變數應爲親屬、權力、財富、知識、價值五種，知識成爲一個獨立的重要變數。封建官僚組織中，在唐以前，雖然充滿了世族子弟及各種各樣的人，仍然以較有知識的人充當官吏，以統治人民。

　　批判理論至少到了哈伯馬斯時代，已經具有綜合行動與結構兩種理論，而另闢新徑的意圖。他在討論結構論、行動論、現象學、詮釋學、符號互動論之後，把自己的主張，稱之爲原創的結構主義（genetic structuralism），用以分析所謂組織化資本主義及官僚式社會主義。不過，

在實際的研究設計上，似乎沒有太好的成績（Bottomore, 1984：118-120）。這可能是由於不重視經驗研究，又忽略經濟分析，所造成的結果。批評者認爲，批判論的非歷史傾向，只適合於對現實社會作批判，並且負面多於正面。不過，從另一個角度看，如果把歷史時間切開來，或把某一時期當作一個整體去處理，用批判理論作爲處理負面資料的方法，用結構、行動理論作爲分析正面資料的方法，則方法的綜合性就可能成功了。

個人對社會的批判，往往由於對現象的認知、價值觀、或哲學瞭解，而產生強烈的反應，例如資本主義企業的國際化經營，使一些社會學家認爲是對經濟弱國的剝削體系。然而這終究只是一種表面現象的觀察而已，實際情形並不清楚；假如我們知道進出口的貿易數量、就業狀況、對產業的利害、生活程度的高低等等，就時間和地區作不同的比較，作出的批判就可能更爲中肯。如果能從決策過程、產業結構、社會體系的綜合現象加以觀察和分析，然後提出批判，將可以獲得更爲有效的結果。也就是說，如果不把經驗資料僵化的停留在數據分析、因果解釋，而擴大到行動、過程、結構、批判層面，不僅是方法的靈活運用，也是社會學研究的進一步發展，似乎沒有必要只作理論和方法間的互相批評。

從上述行動、結構、批判三種方法而論，本身並不互相衝突，不僅不衝突，而且可以互補。每一種方法都有它的缺點，但也不是沒有優點。行動的歷史性似乎有較大的擴展空間，但結構和批判方法也不是注定爲非歷史的，只是使用者忽略了歷史因素所造成的結果，我們仍然可以從時間的角度去瞭解現象。所以，利用三者的綜合性方法去分析、瞭解歷史社會和現在社會的現象，顯然是可行的。這對歷史社會學理論與方法的發展，都會有很大的幫助。

中國歷史學者研究中國史時，比較強調事件的真實性及其相互間的因果關係。歷史社會學家當然也要注意這方面，但還有不同的任務，就

是分析個人行動和集體行動的方向，是爲了爭取私人稀有資源（主要是權力和財富），還是爲了國家安全和社會秩序？這是歷史社會學家第一個追求的目標。其次是，不同行動方向所產生的結果，如家族關係、官僚組織、宗教信仰、道德體系，它們之間的結構關係如何？是行動影響結構，還是結構影響行動？或兩者互爲影響？在這樣的前提下，研究者便必須懂得將行動分析和結構分析結合起來，以達到研究的真正目標。有時候，從批判論的觀點出發，也許更能反映出研究的效果。批判論的最大優點，便是把研究者有意、無意忽略的地方顯現出來，以補救行動論和結構論的缺點。批判論者可能不承認這種思考方式，但我們仍然可以從這個方向去理解，在分析事物時，它不是　種方法，卻可以糾正某些方法。

　　從另一個角度看，也許我們暫時可以抛開不同的理論立場，去瞭解方法的運用，並解決方法和理論的可能矛盾。Skocpol 在編輯她的歷史社會學方法時，就將許多不同的方法提出討論，並檢討它們的得失、優點和缺點，其中最值得注意的，除 P. Anderson, E. P. Thompson, B. Moore 外，就是 Charles Tilly 的歷史資料的經驗研究（Skocpol, 1984）。他從假設到結果，都有相當高的變項設計和控制。你無論從行動或結構的理論出發，有變項或無變項的設計著手，顯然都可以從事歷史社會學的研究，爲社會學的發展提供了另一種選擇。

第四章　經驗研究與歷史研究：
方法和推論的比較

三十年前，我寫了一篇有關匈奴文化的文章①，那是我的第一篇所謂學術論文。那時，我讀了一些歷史，總覺得國人在以自己的文化價值去批判邊疆民族，深不以爲然。企圖用歷史的相對觀去解釋不同文化的社會現象，用句術語，就是把歷史還諸歷史。我的確花了不少死工夫去讀史料和史書，以爲替匈奴文化顯現了一些本來面目；可是，後來有人告訴我，那篇文章使若干邊疆人士不快，説我誤解了一些現象。這就是「瞭解」的不易處。

以後，差不多寫了十多年的歷史文章，都是屬於文化方面的，並且比較偏向於古文化。那真是一條艱辛的路，幾乎每天都在「動手動腳找東西」，至於找到的是什麼東西，我自己也不敢肯定。歷史研究者似乎注定了沒有選擇性，企圖從塵封的故紙堆去找尋真理。我曾不止一次的待在書庫裡，想：只有這樣才能找到真實的歷史，還是真實的歷史都藏在這裡面？不管真理在那一邊，畢竟每個人都在這樣工作，特別是乾嘉以來的中國史學家。我就是在這種一邊懷疑、一邊努力的情況下，寫了十多年的歷史文化論文。

十幾年前，我有機會到異文化圈中去看了兩年。對我的研究工作來說，那是一大轉變點。倒不是學了什麼，而是看到了什麼。我深深爲那種大量的圖書產品，幾乎完全自由自在的學術的理性批評所感動。當時，

---

① 該文即漢代匈奴人的社會組織與文化形態，後來發表於邊疆文化論集（中），
　　1953：139-186。

我又一次待在龐大的書庫裡，想：這就是學術，這就是國強民富的動力。當我回到工作崗位的時候，就試著去瞭解自己的社會，在現代工業文化衝擊之下，究竟產生了些什麼變化。於是，我在實地經驗研究上，差不多花費了十五年的時光。

這樣的兩種研究過程，也彷彿是人生或生活過程，對我究竟有什麼用處呢？這很不容易估計。也許可以這樣說吧，歷史只給予有限的資料，卻給予無限的思考以及漫長的時間②，在這樣的環境下，每個人對他的文化都可能產生深厚的歷史感，和對於生活方式的領悟。實地經驗研究可能有用不完的資料、數不清的解釋，卻未必能符合整體文化發展的軌道；有時候就不敢肯定，新的發現究竟能說明整個文化或社會現象到什麼程度。就我的經驗來說，兩者不偏廢，對於瞭解一個具有長久歷史文化的社會，乃至建立某些理論，將是極為有用的研究方式。

一　假設與研究架構

無論從事歷史研究或經驗研究，總不外是對某種客觀現象或問題，提出一些解釋，或驗證解釋的真實性。經驗研究在這方面有比較好的設計，可以控制變項，設定影響或互為影響關係，以驗證假設。從變項關係的統計量上，大致可以判定兩個變項間的相關程度。結果可以說明，接受假設，或拒絕假設③。

作為一個經驗研究者，為了要從特定的理念上去瞭解事實，通常的

---

② 司馬遷把歷史的責任放在「亦欲以究天人之際」，實際是西周以來的一貫思維方式，只有他才開始用來解釋歷史法則。文崇一，1962：25-26。

③ Popper 並不完全接受這種做法，或者說，只是有條件的接受驗證假設。參閱 Popper, 1968：84-92。

研究架構，不外從下列三個方向去建立假設：(1)把已有的概念或理論，轉變爲自己的研究假設，加以驗證。這種研究在臺灣最多，可以説，我們的大部分研究成果都停留在這個階段。例如，用美國人的職業聲望量表來測量我國的職業聲望，用他們的各種結構理論來解釋我們的社會結構，用測量美國人的價值量表來測量我國人的價值觀念等等④，真是俯拾即是。(2)修改現有的概念或理論，成爲自己的研究假設，予以驗證。這可能是一種自覺的想法，從社會和文化的異質性著眼，把某些不適合於異文化的條件加以控制，做有限度的修正。這種研究在臺灣也有不少，但比前一類少得多了。修正工具比較容易，修正概念和理論就必須有許多重複研究，臺灣的學術環境還沒有發展到這個地步。(3)把某些現象作爲相關因素，成爲研究假設的基礎，從事累積性的研究，以建立新的概念或理論⑤。這可以説是一種創新的研究方式，不論來自推翻前人成説，抑從現象建立假設架構。這種研究，在臺灣可以説極少，因爲要冒完全失敗的危險。

　　經驗研究的最大好處是容易獲得結果，不過這種結果相當程度是屬於主觀的。這有幾個原因：第一，研究者假定只有某些事項跟概念或特定現象有關，而提出假設；第二，研究者假定所有受訪人對於某些概念的瞭解，相當一致，與研究者本人也相當一致；第三，研究者相信這種經由觀察、訪問所獲得的知識就是真的知識，或就是事實。所以，這種研究所謂的事實的客觀性，實際是從主觀的假設和研究架構中所取得⑥。

④　社會學和心理學方面的許多測驗，多半都用這種現成的量表，酌加修改後即用來調查。如文崇一、張曉春，1979：623-675。

⑤　民族所多年前的北部研究計畫，原有此企圖，但因研究人員的流動率太高，控制變項不夠嚴謹，結果並不理想。

⑥　這裡也牽涉到價值中立或客觀與主觀的問題。不過，本文不打算討論這個問題。可參閱 Weber, Ranke, Gouldner, Collingwood 諸人的著作。前二人比較強調客觀，後二人比較強調主觀。

　　歷史研究是以過去的史料和事實爲研究對象，受到的限制相當大。研究者無法任意利用某些概念或理論做假設，而設立變項關係，因爲歷史上未必有那種資料，即使有，也未必能量化。歷史研究者由於受題材的約束，大抵只能從三方面去從事研究：一是重新鑑定資料的可信度或真實性，如果發現資料有可疑之處，能做的文章就多了，例如，清代的考據之學，民初的古史辨正，都屬於這一類；二是重新解釋史料或史實，由於新的資料出現，不同的思想與方法，都可能會有新的解釋，例如，甲骨文之於殷文化，兩晉士人之於孔孟之學，社會科學方法之於史學，都產生了新的結果；三是原有史料或史實的重新安排，產生新的意義、概念、或理論，例如，把祖先崇拜、宗教制度、封建政治當作一個社會體系去研究，就可能對瞭解中國社會結構會有些新的成就，就可能發現是它們間的內聚力，使中國社會穩定於農業的經濟基礎上，垂幾千年。

　　歷史研究者假如也有假設和研究架構的話，也是非常鬆懈，不可能嚴謹的控制變項，進行驗證工作。通常都是提出一個題目或問題，確定需要研究的層面，然後視資料的分配狀況，加以瞭解，獲致結論。例如，研究「王安石與北宋的改革運動」，研究者可以把王安石當作主題，也可以把改革運動當作主題，或兩者並重，彈性相當大；即使決定了主題，也可以因資料的多寡而調整寫作方式。這仍然是主觀的：第一，誰都不知道資料是在什麼情況下留下來的，爲什麼留下這些，而不是那些（已消失的）？第二，留下來的資料是主要的還是次要的，能做爲瞭解的依據到什麼地步？第三，研究者瞭解的真實度與事實的真實度，究竟有多大的差距⑦？

　　從假設和研究架構上著眼，經驗研究有較強的能力去控制結果；歷

---

⑦　Croce, Collingwood, Carr 都有不同程度的承認歷史的主觀解釋。可參閱 Collingwood, 1956：pp.1-10, 190-204；Carr, 1967：22-35（同時討論了 Croce, Collingwood 和 Carr 三人自己的歷史觀點）。

史研究卻有較多的機會，因通過長時間的安排，而獲得較具說服力的結果；兩者都是依靠客觀存在的資料進行分析、認知，而瞭解，而所有的瞭解都是主觀的。所以，兩種研究基本上只是資料來源的不同，假設和研究架構自不免受到影響。

二　資料的收集與分析

　　歷史資料的主要來源有兩部分：一部分是文字的紀錄，如文件、史書、圖籍等；一部分是器物，如工具、用品、服飾等。研究者大概只能藉這些媒介去瞭解當時人的活動，或確定彼此間的影響關係。這些資料，有的因加意保護而獲得留傳，如經、史、子、集之類。但是，遺失的一定比保存的多得多，遺失的在質方面也可能較爲次要或更重要。而作爲史料來看，兩者的可信度就很難斷定。有的因考古發掘出來，以墓穴而論，多半屬於貴族或有錢人，或地理環境特別優異。顯然，沒有發現的比已經發現的要多得多，發掘出來的古器物只是非常小和非常偶然的一部分。這兩種資料的最大特徵就是：質的方面或較優異，量的方面則較少，因人爲的或偶然的因素而保存下來。歷史研究者只能在這個基礎上，就資料進行分析，結論所受到的限制應該是很明顯的。

　　處理歷史題材，不全然是捉襟見肘，也有它好的一面，例如，儘量把時間拉長，尋求事項與事項間的可能相關或因果關係；把層面擴大，可以瞭解同時間的相互關聯；正反面的史料或史實，必然產生衝突或排斥作用，利用這類衝突和排斥，作重新的調整和安排，可以瞭解更深遠的重大意義。例如，歷史上中國的皇帝多被強調爲異相或異種，兩耳垂肩或夢與龍交之類。這類例子，每個朝代不多，可是把歷代加起來，就很有意思了，爲什麼要這樣強調，又願意這樣強調？一般人爲什麼樂意

接受？這是中國文化的那一部分？諸如此類，似乎是歷史分析的長處。
不過，無論如何，作歷史研究時，必須注意資料的性質：不是讀書人的
觀點，就可能是統治階層的觀點。

經驗研究在資料的收集和分析上，可以說完全不受限制，無論數量
或品質，都可以設法做到相當理想的程度。只要能夠依據變項關係，視
需要提出合適的問題，設計問卷、量表，觀察，深度訪談之類，就可以
取得全部資料。然後送進計算機，不管是相關、差異，或影響量的分析，
大致總會得出一個數字，供研究者去作解釋。對於這種資料的運用，建
立在兩個基本假定上：一為受訪人所作的反應，無論是肯定的或否定的，
均為研究者所預估，而且允許作某種程度的操縱；二為信賴統計量的結
果。

實際上，這種收集資料和處理資料的方法，仍然有許多難題待解決：
其一，研究者在設計問卷或進行訪談時，假定受訪人的回答，都合於原
來問題的要求，即明白題目的意義，而且與研究者差不多有相同的理解。
事實上，研究者無法證實沒有語意上的困難，特別是作低教育程度的問
卷和訪談，誤解的程度可能相當嚴重。(2)量化的可信度多半建立在樣本
的常態分配上，而目前的抽樣技術，以及工業社會居民的高流動率，使
抽樣產生太多困難，不易達到代表常態分配的理想目標。(3)中國人對生
人持保留態度，不願意說實在話，即使無人監督，這種態度也不會完全
消失。即使無關個人隱私，仍然會隱惡揚善，或不去管別人的閒事。持
有這種態度，就不會認真作答，甚至有意說些不實在的話。(4)這種研究，
除了少數以特定對象為樣本，如大學生、知識分子、官吏，多半是普遍
性的抽樣，一方面固然擴大了羣衆意見的領域，另方面卻相當程度忽略
了知識分子的特有看法，雖然問題是知識分子製造出來的。

可見，歷史的資料多屬知識分子的言論，為過去許多資料中的偶然
遺留，也許都是真知灼見，卻無法驗證它的普遍程度；經驗研究的資料，

又多又詳細，卻是爲知識分子的問卷所逼出來的，而且缺少時間上的深度。兩種研究對於資料收集和分析的方法，實在各有短長，未可一概而論。

三　推論上的問題

這裡所說的推論，不是邏輯上的嚴格的推論過程。研究者從研究結果作推論時，最好能照顧邏輯的推演方法⑧。但是，社會科學者究竟不是邏輯專家，通常能顧及到兩個變項間的必然關係，也就可以作進一步的推論了。當我們決定做一個研究，選擇了一些變項，最簡單的要求是幾個變項間的關係獲得支持，獲得的支持越強烈，就表示結果越好。這是最起碼的要求。

經驗研究通常只是驗證假設，可以是單變項或多變項之間關係的驗證，也可以是某些集體現象間的解釋，進而產生推論。這類研究，量化與非量化間的差別很大。一般而論，量化容易澄清兩個變項間，或多變項間的相關程度或影響量，但要解釋這些相關或影響關係，往往不是那麼容易⑨。例如，我們發現，未婚男女勞工的休閒生活比已婚的更感到單調。單就這個結果來看，很難作進一步解釋，除非作更多的相關檢定，或用其他方式獲得更多的資料。即使這時候已經從別人的著作裡知道，已婚的比較不感到單調是由於家庭生活的原因，也未必就能作此推論，因爲沒有必然的關係存在於兩種不同樣本之間。

---

⑧　楊國樞、陳義彥，1978：805。文中討論解釋、推論篇幅不少。
⑨　Philips（1973）根本建議放棄所謂社會科學方法，以免阻礙知識的進一步發展。Sorokin（1965：833-43）認爲太著重調查技術，而忽略了社會文化基本問題的本質。

　　描述性的訪問與觀察所得資料，也許可以補充量化的不足，作較深入的解釋，以及較普遍性的推論，但仍然受到樣本性質的限制。例如，當我們從量化及觀察、訪問所得資料發現，某些都市社區領導人物的權力，有趨向於集中的現象，而某些農村社區有比較分散的現象；都市社區領導人所受到的影響，經濟成就比政治職位大些，農村社區，則政治職位比經濟成就大得多。可是，就這種結果，仍然無法推論所有的都市社區和農村社區均如此。

　　經驗研究主要在於藉知識的累積⑩，建立某些事項的相關架構，進而從邏輯的必然關係，產生推論，乃至產生新的理論。可是這種累積的知識，不容易剔除時間和個人因素。推論或理論，又不容易剔除地域和次文化因素。也許就爲了這些限制，這幾十年來，美國社會雖然在經驗研究方面投下了大量的人力和經費，還是只能在所謂小型理論或中型理論上有些收穫⑪。累積知識，對事物和現象的理解，應該是有幫助的；對於建構大型理論，也應該有幫助⑫。歷史上許多有名的理論，無論是自然科學或社會科學，多半靠幾十年，甚至幾百年的累積經驗，才有突破性的發現。但是，多年來的經驗研究，在建構大型理論方面，似乎面臨了很大的困境，甚至有人公開承認，以現有的知識，無法在預測上有更大的貢獻⑬。這究竟是經驗研究本身有問題，還是它的方法出了問題？或者，根本就是時間的問題？因爲建立一種解釋現象的有效工具，斷非短期內可以成功。Sorokin ⑭强調做得到，只是目前走錯了方向。

---

⑩　Kuhn（1970）是有名的反對用「累積知識」的觀念，以解釋科學發展的人，這類意見在他的名著中，到處都是。

⑪　Merton（1968）及其同輩都有這種傾向，認爲目前的社會學，至多只能做到這種程度。

⑫　Mills（1959：25-48）對 grand theory 有相當多而重要的發揮。

⑬　Parsons（1951）認爲以人類現有知識，無法預測將來的變化。Popper（1961）更是强烈反對預測的可能性。

⑭　Sorokin（1965：834）認爲係不看重過去發現和創建大理論。

　　歷史研究自然也可以驗證假設，但它難以控制變項，更難以控制資料，一般在假設的條件上都比較鬆懈，因而要在變項間找出必然關係，相當困難。歷史資料不但零散，而且除了個人外，多屬於大地區（如以縣爲單位的地方志）和國家層次。不過，這也有它的優點，任何事件間，如果有關係或因果關係，那必然是：(1)牽涉的範圍比較廣，因素比較複雜；(2)可資解釋或推論的層次比較大，有可能建構普遍理論。例如，司馬遷、周敦頤、Sorokin, Toynbee 等人的一家之言，均是自長期的史料中找尋因果關係。這種普遍學說，也許還不是最後定論，但我們需要的並不是定論，而是可以接受的、解釋力較大的邏輯關係。例如，中國歷史家多半都不是企圖以歷史去建立一套有系統的知識，而把它當作盛衰或弱的借鏡。爲什麼歷史是鏡子？這可能要追溯到易經所提出的循環概念，儒家、道家都用它來解釋社會現象和自然現象。

　　現在留下來的歷史知識，實際上不僅相當主觀，而且相當偏頗和不成系統。我們可以瞭解的系統性，乃歷來史家筆下的產物，這些史家又都是知識分子。我們前面説過，研究歷史有許多好處，事實上也有許多壞處。歷史上曾經發生過無數的事件，留下的不過一鱗半爪——只有國家事件的一鱗半爪，沒有社區，幾乎沒有平常的人和事。有些讀書人把他認爲重要的國家大事紀錄下來，另有些人又紀錄了另一些。把許多這樣的事件連起來，就是我們所説的歷史。如果從這個角度看，怎麼可能產生具有説服力的推論，或普遍理論？

　　問題也就出在這裡，似乎沒有人能夠斷定，那一種紀錄或那一種方式的紀錄才是真實的。有人認爲，所有的歷史都是主觀的、假的；又有人認爲，客觀事實是存在的，看用什麼方式把它找出來。其實，這種爭論或批判可能沒有必要⑮，因爲現象與瞭解或推論之間，本來就是一長

---

⑮　中外有不少這種人，主張客觀的如 Ranke，傅斯年；主張主觀的如 Collingwood，司馬光。

串的反應過程。多變異的結果出現，應該是一種合理的必然現象。

經驗研究與歷史研究兩相比較，前者似乎對建立小型理論或中型理論較爲有利；後者則對於建立大型理論較爲有利，對於小型理論幾乎無能爲力。

四 結論

經驗研究可以主觀設計，可以普遍抽樣，所得資料不僅層面較廣，也較具普遍性；但這類研究一般樣本都未涉及高級知識分子、高級官吏，可以説是一種以普通人爲分析對象的研究。經驗研究通常都是驗證假設，變項間相互影響關係較易澄清，也較易獲得邏輯上的推理；可是，由於變項、樣本、假設諸方面的結構關係，以及研究者、受訪者的不同經驗和價值觀念，這種推論還是受到限制，乃至僅能建構小型理論或中型理論。

歷史研究對於時間的運用，有較大的自由，對於資料的取捨，有較多的選擇；但在特定範圍內就會面臨資料不足的困境，以致無法作進一步探討。所能分析的資料，多半是知識分子和高級官吏對國家、社會，或某些特定現象的觀察而寫下來的紀錄，可以説是一種以知識階層爲分析對象的研究。這類資料雖然較爲零亂，範圍又較爲廣泛，但由於經過長時間的考訂、爭論，許多高層次的因果關係較爲明顯，反而較爲容易獲得更周延的推論，甚至有機會建構大型的普遍性理論。

可見，經驗研究和歷史研究，實際只有時間和資料的不同，而沒有本質上的不同。這種累積起來的知識，雖不一定就是真象或真理，但要獲得真理，無論通過推論或通過領悟，基本的資料還是有其必要，否則，恐怕仍然難有突破性的發展。

　　當前主要問題之一，除了拾取西方研究經驗（實地經驗研究和歷史研究），運用其方法與理論外，還必須顧慮到中、西文化差異所顯示在行爲和思想上的問題。不應忽視，卻又不能完全跟著走。在通過研究，建構屬於自己的概念或理論時，應如何把握，恐怕還得多從實際研究著手，以期掙脫某些束縛，從中國文化的基礎上，在理論和方法方面，獲得突破性的成就。我的結論是，假定宇宙間的現象是無窮盡的話，我們的每一種方法可能都只接觸到現象的一小點，每一個普遍性理論可能都只解釋到現象的一小部分⑯。人類目前的能力也許就只有這麼大，似乎不必求全。從方法論來説，也許應該是理論的軟性資料和經驗的硬性資料並重⑰，以達到較爲周延的程度。

---

⑯　以變遷的循環理論爲例，Khaldun, Spengler, Toynbee, Sorokin, 及易傳似乎
　　都只解釋到理論的一部分，斷不能謂爲全部。臺灣有八十多年的氣象資料，迄
　　今仍無法準確預測氣候；中國有二千多年的地震資料,也仍無法準確預測地震。
　　也許真的需「知其變，守其常」，才是爲學之道。
⑰　Eriksson（1978：105）特別強調 soft data，卻也不完全排斥 hard data。

第二編

中國歷史上的
變遷理論

第五章　易傳中的變遷觀念

一　序言

　　注釋易經的作品，較早而著名的共有十種，即一般所謂「十翼」：
上下象、上下象、繫辭上下、文言、説卦、序卦、雜卦。經傳作品的成
書年代，歷史上有許多説法①，大抵可作某種程度肯定的是，卦、爻辭
成於周初或周武王時代（西元前十一世紀）②，這是經。傳以上下象和
上下象較早，成於戰國或秦漢間（西元前五世紀初，或三世紀初）；繫
辭上下和文言，成於武帝至昭、宣帝間（西元前二世紀中葉至一世紀間）；
説卦、序卦、雜卦，成於昭、宣帝之後（約爲西元前一世紀）③。這就
是説，易傳的十種作品，大約成於西元前五世紀初至前一世紀之四百年
間。

　　對於易經，甚至易傳的研究，在中國歷史上真是汗牛充棟，似乎無

① 如歐陽修説：「繫辭……文言、説卦而下，皆非聖人之作……説卦、雜卦者，
　筮人之占也。」（易童子問卷 3）。李鏡池（民 9：45）有一概括性討論，並綜合
　指出各種年代。
② 屈萬里（民 39：81-100）與李鏡池前文有差不多相同説法。余永梁亦認爲係
　周初作品（1963：157-162）。梅應運認爲卦爻辭成於春秋末期（1971：201-255）。
　李約瑟謂繫辭亦成於此時（1973：456）。
③ 李鏡池前文，45-56；顧頡剛（1963a：45, 1963b：137）；胡適（1963：85），
　均曾提出不同的意見。

需再去議論。但那些研究，焦點多半側重於卦、爻、傳義的解釋，或增減新義，或獨創新意，邵雍④是一個很好的例子。本文主要在於討論易傳作者的變遷觀念，而不是辭義的注解。易經本來就是討論「變」的問題，每一種傳多少都會涉及這方面。但真正能對「變化」觀念提出比較完整的說明，而又自成體系者，以象傳及繫辭傳爲最。我們甚至可以這樣說，二書是我國歷史上，對社會文化變遷提出理論性探討的重要著作。諸子百家之說，談變的不在少數，但只有象傳、繫辭傳建構了獨特的理論體系。以現在的眼光來看，這個體系也許還不夠完整，可是，在兩千多年前，已經算得是傑作了。本文所謂「變遷觀念」，就以二傳爲主，偶爾涉及其他著作。

　　象傳和繫辭傳的作者時代，也有許多不同意見⑤，但有一點似乎可以確定，即象早於繫辭⑥約一、二百年。它們在本質上也有許多不同的地方，例如，象傳的系統性較高，一直強調二元論，甚至多元論，而繫辭傳較雜亂，以一元論爲主，有時也承認二元論；象著重逐卦解釋，著重創造，而繫辭著重整體討論，著重連續。有人認爲，繫辭根本就是一堆雜亂無章的東西，不值得重視⑦。但自變遷的觀點而論，它卻是最值得重視的重要文獻之一。繫辭可能是當時唯一把許多「變遷」觀念系統化的著作，所以內容有點雜，像儒家，又像道家。

　　在先秦諸子和後期各種學說中，談到變遷問題的人不在少數，但多半只提出一個概念。把概念系統化的討論，而又作整體性的觀察與推演，象傳和繫辭傳是我國文獻中僅見的兩種著作。本文企圖將兩種著作中的

④　邵雍之皇極經世書，特別是有關卦的排列組合問題。
⑤　錢穆（1963：89-94），李鏡池（1963：133；民 9）等多人有不同之說，見古史辨第 3 冊。
⑥　見前引各家之說，可作如此判斷；同時文章內容也有很明顯的痕跡可尋。
⑦　齊思和（民 10：78）認爲他傳均僅討論日用倫常之道，繫辭傳才用形上學討論問題，爲儒家所無。

變遷概念加以整理，以探討作者當時對社會文化變遷的看法，並瞭解其
理論趨向，試圖建立一種初步的理論架構。

二　變遷的概念：宇宙構成的二元論與太極

　　易經的作者是企圖用 64 卦與 384 爻的符號體系，來說明自然現象，
以及當時人類的行為。這些符號體系就是利用 一、-- 二元的排列組合
所構成。象傳的作者，繼承了這個傳統，一開始就把宇宙的結構當作一
個二元體系，也即是宇宙構成的二元論⑧。試看下面三種例子就會明白：

1. 大哉乾元，萬物資始，乃統天……乾道變化，各正性命……首出
   庶物，萬國咸寧。（乾，彖）
2. 至哉坤元，萬物資生，乃順承天，坤厚載物……品物咸亨。（坤，
   彖）
3. 小往大來……則是天地交而萬物通也（泰，彖）；大往小來，則
   是天地不交而萬物不通也（否，彖）；天生神物，聖人則之；天
   地變化，聖人效之。（繫辭上）

　　象傳與繫辭傳中，這一類天地、乾坤、陰陽對舉的說法非常普遍，
差不多在討論自然現象、人事、行為時，總是二元並舉。據我粗略的估
計，在二種著作中，天地對舉約二十五次，乾坤九次，陰陽十二次，其
他剛柔、盈虧、往復、寒暑、損益、終始、男女、盛衰……等，出現的

---

⑧　李約瑟（1973：78）已提到二元、一元的問題，並見於繫辭。

次數也不少。

這就是宇宙構成的兩極性或二元論，乾與坤或陽與陰（—，--），不只是構成 64 卦的兩個基本元素，也是構成宇宙的二基本元素。乾坤肇造萬物，也就是天地造萬物，然後聖人則之，或效之，就創始了人類社會。這是經過宇宙間兩種原動力的交互作用（交、感之類）而成。於是原動力與萬物之間，形成一種函數的互賴關係，如 $x=f(y)$。這種現象的多角化是：一方面是天與地或陽與陰的交互影響作用；一方面是天地化生萬物的作用；一方面又是天地、萬物、聖人、天下（人文世界或社會）的相互作用。這就是宇宙間所有現象的互相依存關係，缺一不可。這種依存，完全建立在二元論的體系上。事實上，天地和聖人又是兩個獨立的體系，天地與自然世界發生作用，聖人與人文世界發生作用。聖人雖然是效法天地的作用而作用，仍不失爲是一個獨立系統。正如豫象所說：「天地以順動，故日月不過而四時不忒；聖人以順動，故刑罰清而民服。」很明顯的，前者支配了自然世界，後者支配了人文世界。

不過，繫辭的作者，一方面像上述那樣強調二元論，另方面又強調一元論，例如繫辭上說：「易有太極，是生兩儀，兩儀生四象，四象生八卦，八卦定吉凶，吉凶生大業。」太極是什麼呢？說法當然很多，朱子認爲是「天地萬物的最高標準」，於是他發展爲「人人有一太極，物物有一太極」。可是，這裡所說的「太極」，意思似乎是老子所說的「道」。即是道生一，一生二，二生三，三生萬物。也是邵雍所瞭解的，「道爲太極，心爲太極」的意思。這個系統就是：1→2→4→8→64。這完全是一元論的說法。但是，如果太極爲道的話，道又是什麼呢？繫辭上說：「一陰一陽之謂道。」這豈不是說，太極本身就包容了陰、陽二元素？所以，在某種程度內，兩者也許還可以互爲表裡，而不是互相排斥。這種說法，我們可以解釋爲一元論對二元論的調和理由。真正的意義，可能還是繫辭傳的作者受了老子學說的影響。另一方面，也正是繫辭內容

比較雜亂的表現。

二元論的變遷現象，無論是自然界或人文界，都呈現一種交互作用。一元論卻不一樣，太極生兩儀，這一連串的生生過程，似乎是表示一種內在的轉變與分化，因而不僅強調了太極（道）內在的完整性，也強調了變遷過程中的內在動力。有點像 Sorokin 所說的內在變遷，內部結構不發生變化的話，外力是沒有什麼意義的⑨。太極的一元論，正是「生生之謂易」的發展模式。

三　變遷的過程：互動與延續

以二元論爲基礎，產生 64 種不同的排列，384 種不同的解釋，憑以判斷人類行爲的吉凶，以及如何避凶趨吉。我們可以稱之爲最早的行爲預測系統。後人也從這個系統，發展了許多新的知識領域，對中國的學術界影響自然相當大，雖然也有它迷信的一面。

象傳和繫辭傳的作者，卻從這個二元體系上，進一步探討了自然現象的變化問題，也即是天地造萬物，以及萬物本身在變化中的一些過程，如何把人類社會塑造出來。變遷的過程究竟如何呢？先看下面幾個例子：

1. 天地交而萬物通也。（泰，象）
2. 柔上而剛下，二氣感應以相與……天地感而萬物化生，聖人感人心而天下和平。觀其所感，而天地萬物之情可見矣。（咸，象）
3. 天地革而四時成。（革，象）

---

⑨　Sorokin 在他的書中（1957），強調體系內在因素引起變遷的重要性。

4. 天地相遇，品物咸章也。（遘，彖）

5. 剛柔相推而生變化。（繫辭上）

6. 生生之謂易，成象之謂乾，效法之謂坤。（繫辭上）

7. 易有太極，是生兩儀，兩儀生四象，四象生八卦，八卦定吉凶。
　　（繫辭上）

　　這一類的說法，在彖與繫辭中還很多（其他各傳較少，甚至沒有）。除了上述所用交、感、革、遇、推、生之外，還用了養、節、摩、盪、搆、合之類的字眼，這些字的意義，大抵相差不遠，或根本沒有差別。從變遷的過程來看，似乎可以分為兩個類型：其一，因二元的「交合」或「感應」，而化生萬物。交或感顯然是一種交互影響作用，因這種作用，而後產生新的自然現象，或社會現象。這是一種創造性的變遷。其二，因二元或一元的「相推」或「相生」，而化生萬物。生，不是交感，而是本體的內部變化，因這種變化，而產生新事物，這是舊新之間的一種連續性變遷。這兩種變遷類型，可能代表兩種不同的變遷概念，也可能是觀念上的一個發展，先有二元的解釋，然後發展為一元相生的體系，即從個別的「交合」到連續的「推移」與「生生」。這不能不說是一種概念上的演化結果。

　　無論是交合或生生，其間有一個重要關鍵，便是「感應」[10]。天地交互作用是靠感應，萬物相生也是靠感應，感應是靜、動之間的一個重要過程。殷荊州問遠公曰：「易以何為體？」答曰：「易以感應為體。」（二程全書）正如李約瑟所說，中國人不用因果關係，而強調互賴及互相作用[11]。感應就是自然世界和（或）人文世界的相互依存，內部如此，

---

[10]　李約瑟（1973：509）認為中國人非常重視「感應」的世界觀。

[11]　李約瑟（1973：469）說，它是一個有機體。

外部也是如此。不過，話又得說回來，交感可以視爲沒有因果關係的相互作用；相生卻仍有因果的影響作用，例如太極生兩儀，天地或陰陽完全因太極而存在，不是交互作用。在討論易的時候，雖然強調感應，還必須注意這點。

聖人在這種過程中，扮演了什麼樣的角色呢？可以說相當重要，例如：

1. 日月得天而能久照，四時變化而能久成，聖人久於其道而天下化成。（恆，彖）

2. 天地感應而萬物化生，聖人感人心而天下和平。（咸，彖）

3. 天地養萬物，聖人養賢及萬民。（頤，彖）

4. 天地以順動，故日月不過而四時不忒；聖人以順動，故刑罰清而民服。（豫，彖）

5. 觀天之神道而四時不忒，聖人以神道設教而天下服矣。（觀，彖）

6. 天生神物，聖人則之；天地變化，聖人效之。（繫辭上）

7. 夫易開物成務……是故聖人以通天下之志，以定天下之業，以斷天下之疑。（繫辭上）

這些解釋中包含兩個重要觀點：第一，天地和聖人是兩個不相屬的範疇，聖人也不在萬物之內，各有各的控制或管轄對象，天地是萬物，聖人是萬民；第二，聖人的行動是以天地爲準繩，天地怎麼變，聖人就跟著怎麼變，所以，即使是聖人，依然不能脫離天地而獨立行動。但是，沒有聖人也不行，因爲只有聖人才能爲這個人文世界建立秩序，一般人是辦不到的。

可見天地化生萬物，只是一種初步的開創工作，要使人類社會穩定、有秩序，還得聖人出面，「明於天之道，而察於民之故」（繫辭上），然

後可以「定天下之業」。聖人是什麼？「人之至者也」，能觀萬事、萬物、萬世，這是宋代人的話。這些話，頗有點像 Kroeber 在社會文化變遷中所强調的「偉人」（great man）⑫。沒有偉人，變遷就不會成功。

四　變遷的目的：秩序與和諧

　　這個自然世界或人文世界，爲什麼要變呢？現今社會學上的衝突論或均衡論或其他學派，各提出了一套説法⑬。64 卦也許只是爲了定吉凶，爲了解釋人類的動機，爲了操縱行爲？這個都無法瞭解了。不過，象傳和繫辭傳的作者，卻把變遷的目的説得很清楚。

1. 乾道變化，各正性命……首出庶物，萬國咸寧。（乾，象）
2. 天地以順動，故日月不過而四時不忒；聖人以順動，則刑罰清而民服。（豫，象）
3. 天地之道，恆久而不已也……四時變化而能久成，聖人久於其道而天下和平。（咸，象）
4. 天地革而四時成；湯武革命，順乎天而應乎人。（革，象）
5. 通其變，遂成天地之文；極其數，遂定天下之象。非天下之至變，其孰能與於此。（繫辭上）
6. 變而通之以盡利……化而裁之謂之變，推而行之謂之通。（繫辭上）
7. 通其變，使民不倦；神而化之，使民宜之。（繫辭下）
8. 易，窮則變，變則通，通則久。（繫辭下）

---

⑫　Kroeber（1944）認爲，天才有絕對的重要性。
⑬　可參閱 Dahrendorf, Coser, Smelser 等人有關社會變遷方面的著作，此處不列舉。

上述幾則說明，多半圍繞幾個變遷的中心問題加以討論：⑴變遷是一個常數，乾坤、天地、萬物、聖人都是經常因變而處理其任務，因爲不斷的變化，才能不斷的產生新的成就；⑵無論那一種變動，自然的或人世的，它的目的不是混亂，而是各得其所，從變化的過程中，取得適當的安排與調和；⑶這種變，對萬物有利，對萬民也有利，最後的結果就是，變則通，通則久，自然界與人文界都有秩序而和諧，各正性命而天下和平；⑷「天下之理得，而成位乎其中矣」（繫辭上），也就是「恆久而不已也」，顯然有達到均衡狀態的意思。

從社會文化變遷的角度來看，把這幾點連接起來，我們可以作如下的描述：任何事物，隨時隨地都在變，變是一個常數，變是達到某些目的的一種必然過程；變可以把事物重新作適當的安排，以建立新的秩序與和諧，最後達到一個均衡狀態。

可見象傳和繫辭傳的作者認爲，變遷是不可避免的，變遷差不多都是有利的，是順天應人的，只要能把握變遷。但是，怎樣才能在變遷中維持社會的秩序與和諧⑭？這的確是一種技術或藝術，易傳的作者提出幾個原則：

1. 觀乎天文以察時變，觀乎人文以化成天下。（賁，彖）

2. 損益盈虛，與時偕行。（損，彖）

3. 日中則昃，月盈則食，天地盈虛，與時消息，而況於人乎？而況於鬼神乎？（豐，彖）

4. 聖人設卦觀象，繫辭焉而明吉凶。（繫辭上）

5. 在天成象，在地成形，變化見矣。（繫辭上）

---

⑭　例如 Parsons 等功能學派的論點，只假定社會變遷是一種不穩的過程，社會本質是均衡的。

　　這裡提出兩個重要原則：一個是人事的變遷與天象的變遷，有必然的關係，當自然現象發生損益盈虛的時候，即反映了人事上的損益盈虛，就意味著要變了；另一個是變遷與時間有密切關係，所謂「變通者，趣時者也」（繫辭下），當變的時間到了，就不要抗拒，抗拒是沒有用的，聖人設卦觀象，爲的就是趨吉避凶，應變。

　　注意自然現象變化之跡，把握時間，就可以在變遷中維持社會的秩序與和諧。因爲天與人是一致的，天變與人變必須維持在同一的基礎上，才能保得住平衡，才能使人的行爲在長期的變遷中取得適應。這裡已經透露了天人合一的思想。

　　很明顯的可以看得出來，二傳中沒有提到衝突，也沒有提到混亂，他們認爲，只要能把握時間和變遷法則，永久的秩序與和諧就不難在變遷中維持。作者顯然對人類社會的理想充滿了信心。

五　變遷的方向：循環論

　　現在我們要從理論上來瞭解易傳中有關「變」的問題。其實，64卦本身就是一種循環或重疊的符號體系，只是由陰（--）陽（一）兩極作不同的排列組合，例如泰（䷊）是陽在下，陰在上；否（䷋）便反過來，陰下陽上。益損、復剝的排列亦如此，標準形態便是乾與坤，純陽與純陰的組合。這就形成一套泰極否來，否極泰來，物極必反的簡單循環觀念。把這套觀念反映到人事上，就成爲預測行爲的簡單原則，盛極而衰，或者反過來，衰極必盛。這種觀念是如何形成的呢？可能與下面這些現象有些關係，例如：

1.无平不陂，无往不復（泰，彖）；无往不復，天地際也。（泰，象）

2. 反復其道，七日來復，天行也。（復，彖）

3. 天地之道，恆久而不已也。利有攸往，終則有始也。（恆，彖）

4. 終則有始，天行也。（蠱，彖）

5. 日中則昃，月盈則食，天地盈虛，與時消息。（豐，彖）

6. 損益盈虛，與時偕行。（損，彖）

7. 剛柔相推而生變化……變化者，進退之象也。（繫辭上）

8. 日往則月來，月往則日來，日月相推而明生焉。寒往則暑來，暑往則寒來，寒暑相推而歲成焉。（繫辭下）

9. 損益，盛衰之始也。（雜卦）

這些說法，顯然是把自然界的若干現象，反映到人事上，用以解釋人類行為。地有平有不平；日月去了又來，有盈又有虧；寒暑總是交錯來往；事有終始，物有損益。這一切不是象徵著進退、盛衰之理？構成這種二分法的基本觀念，還在於從「終」到「始」的週期性，不管是從早晨到夜晚，從月圓到月缺，或是從寒到暑，從冬到春，都是有始有終的，這難道不是天道循環嗎？這種道理是很簡單的，甚至不用太多的邏輯思考，只要多觀察就行，所謂「仰以觀於天文，俯以察於地理，是故知幽明之故，原始反終，故知死生之說」（繫辭上）。事實上，所有這些終始循環的說法，無論彖或繫辭，都沒有提出論辨上的證據，只是一些概念，或在概念上加附幾個事例而已。不過，它已經具備了循環論的基本原則，以及高度的一致性。

這對於 64 卦的解釋也非常有實用價值，讓人在卜吉凶的時候，有一個心理準備：吉不必太高興，凶也不必太憂慮，因為好壞總是相伴而生，隨時有變換的可能。「神而明之，存乎其人」（繫辭上），一切的吉凶禍福，還得靠自己去判斷。判斷就要懂得觀象察變，終始循環的變遷方式。

　　循環的週期究竟需多少時間？一天、一週、一月、一年，還是更長？似乎沒有確定的計算標準，因而就很難斷言，盛多久才衰，或衰多久即盛。繫辭上有一種説法：「大衍之數五十，其用四十有九……天數二十有五，地數三十，凡天地之數五十有五，此所以成變化而行鬼神也……十有八變而成卦，八卦而小成，引而伸之，觸類而長之，天下之能事畢矣。」這段話不僅現在不容易理解，歷來也有各種各樣的詮釋。宋代邵雍曾經演算過，相當麻煩。但是，就象傳和繫辭傳其他各點而言，變遷的循環期實在沒有這樣複雜，甚至也沒有孟子和司馬遷所説的那麼長。孟子説，五百年必有王者興；司馬遷説，三十年一小變，百年中變，五百年一大變。這裡所説的變，也就是盛衰或終始的循環期，而以出現一個有效的統治人物，爲盛世的最高峯。

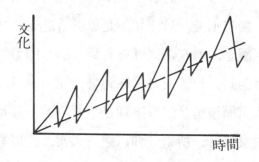

圖 5·1　循環變遷

　　這樣，以社會文化變遷而論，盛衰的曲線就不易描繪出來。它有點像 Toynbee 的説法，挑戰與回應的方式[15]；又有點像 Sorokin 的説法，盛衰期交替前進[16]。易傳的循環論一方面強調外在的變遷壓力，如自然現象的變化所引起的反應，另方面又強調內部結構的轉變及其延續，可

---

[15]　Toynbee 的循環論，最主要在於強調衰期文化的再生力量。
[16]　Sorokin（1957）把文化的盛衰分爲三期，即三種文化類型。

能還帶有演化的延續，因為「生生」本身即含有這種意義。假如參考司馬遷所說變遷時間的幅度，似乎隔一個較久的時間，可能引發一次較大的變遷。這種變遷的幅度，易傳雖未明言，可是，它也多次提到不同的時間距離，例如，有的是以日為單位，有的卻是以年為單位。年為日的 360 倍，五百年卻只是三十年的 17 倍。圖 5‧1 也許可以說明易傳中循環論的方式，這種循環變遷含有兩種意義：一是不同時間的往復循環盛衰；一是盛衰中仍有延續與轉變的演化⑰。

這只是一種嘗試的說法，實在沒有把握說，易傳的循環變遷理論就是如此，或就可以作這樣的普化或概化。

六　結論

現在，大致已可以了解，易傳（象傳與繫辭傳）作者心目中的世界（包括自然世界和人文世界）是個什麼樣子了。綜言之，它的變遷理論是：⑴變遷是從一個階段到另一個階段的必然過程，可能是交互作用，也可能是內部結構的轉變，變遷中的各部分是一個互相依賴的體系。沒有偉人，就不可能產生變遷，偉人在變遷的過程中擔任領導或導向的角色。變遷是在維持體系運作的狀況下，建立新的秩序與和諧。⑵變遷是一個循環體系，盛衰就象徵這個體系終始的週期性。循環不是重複，而是有成長也有沒落的演化。這就是物極必反與萬物生生而變化無窮，兩者所形成的變遷方式。

---

⑰　Moore（1965：38）曾將多種變遷類型，繪圖加以討論，可參閱。

附識：

一般批評易傳（特別是繫辭）的思想體系，總會提到兩點：一部分是儒家思想，如強調聖人、和平、德性等；一部分是道家思想，如強調變化、陰陽、剛柔等。所以說它在思想上頗為雜亂。新近出土的黃帝四經（漢文帝初年抄本），有不少如下的說法：

(1)志曰：天，曰□□四時，後生萬物。（伊尹‧九主）

(2)極而反，盛而衰，天地之道也，人之理也。（經法）

(3)陰陽備，物化變乃生。（十大經）

(4)天陽地陰……諸陽者法天……諸陰者法地。（稱）

這不是和象傳、繫辭傳的說法相當一致，甚至完全相同嗎？我們已無法知道，誰承襲誰，但兩者在語法、語意上非常接近，卻是事實⑱。

這個事實也許還可以說明，象傳、繫辭傳和黃帝經的著作的時代，有某種程度的一致性，例如，戰國末年至漢初，而不是更晚的時代。

---

⑱　請以周易鄭注（王應麟輯，叢書集成 384）與帛書老子（河洛圖書出版社，民64）後所附伊尹‧九主及黃帝四經等篇對照研讀，當會有所發現。

第六章　循環論：

中國文化中的社會變遷理論

一　序言

關於循環論的問題，我曾經在易傳中的變遷觀念和社會學理論的文化差異①二文中作過相當廣泛的分析和討論（民 70，1983）。我們發現，循環論的確是一種非常普遍的現象，似乎許多民族都有從循環這個概念，去認識自然現象和人類行爲的習慣，例如印度、波斯、希臘、阿拉伯、馬雅、中國，以及近代的歐洲②。這種循環的觀念，大致可以分爲兩個類型：一種是以天文學上的自然現象來解釋文化和社會變遷現象；一種是以生物學上的自然現象來解釋文化和社會變遷現象（Maier, 1964：44；文崇一，1983）。中國的循環論則兩者均有，而且一開始就是這樣，例如易繫辭傳上說：「在天成象，在地成形，變化見矣」。「變化者，進退之象也」。「仰以觀於天文，俯以察於地理，是故知幽明之故，原始反終，故知死生之說」。賁象傳也說：「觀乎天文，以察時變；觀乎人文，

---

① 前一文的目的在於把易傳的二元論對於解釋變遷的概念、過程、目標、方向等作一些理論上的澄清，並企圖建立循環論的基本假設。後一文則著重比較不同文化間的循環理論，以瞭解其差異，並對我國的循環觀念作初步的探討。

② 請參閱 Lauer（1977：29），Maier（1964：41-62），Brough（1965：285-306）各人所提地區。各區循環觀念的差異相當大，例如印度的輪迴說、Maya 的 52 年循環周期、近代 Sorokin 諸人之說等，此處不擬一一討論。

以化成天下」。這種天上、地下的各種變化，給予人類許多啟示，最重要是日中則昃、月盈則蝕、四時變化、否極泰來之類的往復循環，讓中國人對命運和自然環境都產生一種依賴性。既然是往復循環，壞運去了，好運就會跟著來，那也就不必太計較，「黃河尚有澄清日，豈可人無得運時③」？這對中國人的行動方向有很大影響。

中國人爲什麼會把一種對自然現象和社會現象的認識論轉換成行動論呢？這是一個值得深思的問題。縱觀自易傳或鄒衍以來，兩千多年，國人都受到循環論對行動指導原則的安排而無法擺脫，或另創原則。如陽代表強大、興盛，陰代表弱小、衰微，盛衰總有輪換的機會；五行相克、相生，可以產生新的行動方式，而且都是循環的；八卦與干支可以作爲限制循環的周期性，使預測範圍更容易控制。到後來應用到風水、擇期等實際事務上④，這種循環觀念對國人一般行動的束縛就更大了。

這種循環觀念是如何形成的？爲什麼會形成這樣一種龐大的循環體系？這種體系影響國人的行動到什麼程度？對中國文化產生了什麼樣的作用？這個循環模式的實際運作過程又如何？它是不是一種相當完整的循環論？對今後的影響又將如何？本文將探討這些主題。

二　循環的基本結構

中國的循環觀念所以不同於別人或別的地方，主要因爲它不是由一個人或一定時間內所創造出來的，而是經過了長期的歷史發展，和許多

③　循環的觀念獲得肯定後，就容易變成宿命論。這對社會的進步顯然產生阻礙：在知識上無法突破，在行動上因襲故舊。社會人士便相信「運去金成鐵，時來鐵似金」。

④　管輅（三國志卷 29 方技）所創的風水論可能是一大發明，其後郭璞（晉）、楊筠松（唐）、劉基（明）等人繼之。

人的修訂、塑造而成。不但內容複雜，表現方式也相當不一致。最早的形式可以上溯到易經、易傳所代表的時代，最晚的要到新莽、三國時期。以後雖然有些新的解釋，但無論形式和內容均已經定形了。中國人對變遷的思維原則，幾乎一直受到循環論的影響。這組循環論的結構包括四個基本單位，即陰陽、五行、八卦、干支⑤。對中國文化來說，這四個單位構成一個大的循環體系，相互作用，而產生一系列解釋現象的方式。反過來，這個循環體系也影響到人的思想和行為。開始的時候，四個單位並不同時出現，功能也有相當多的轉變，到後來才逐漸整合到一個單一的體系中去運作。下述各點分別對四個單元加以分析和討論，一方面藉以瞭解各個單元的演變歷程與功能，另方面也藉以瞭解整個循環體系的基本結構與運作方式。

陰陽

陰陽的最初意義大概只是指光線的向背或地理位置的向光與背光，許多早期的經典如詩、書、易（卦、爻辭）、論語、老子、墨子，乃至金文，均如此（孫廣德，民 58：2-6；梁啟超，1963：344-353）。大約在西元前五、四世紀，也即是戰國期間，陰陽之說開始在中國社會流行（文崇一，民 70：441；河洛，民 64：245；王夢鷗，民 58：33-34），並且取得相當大的優勢，這從易傳、黃帝四經⑥、鄒衍之說可以獲得瞭解。

陰陽在易傳中所表現的意義和乾坤、剛柔、否泰是一致的，陰為坤、

⑤ 以個別單位而言，最早建立的應該是八卦和六十四卦，但早期沒有循環的意義，加入循環體系的行列似比陰陽、五行為晚，說見後。
⑥ 黃帝四經為經法、十大經、稱、道原，為河洛圖書出版社編於帛書老子中，為近年中共出土之西漢抄本，約為西元前 190 年代所傳抄。請參閱帛書老子前言。

爲柔、爲否，陽爲乾、爲剛、爲泰。這些詞一直可以互相解釋，從「一陰一陽之謂道」，到「剛柔相推，變在其中矣」，要解釋的都是宇宙間的一些現象。從自然現象到社會現象，變化的原則是相通的，目的也没有什麼差異，那就是幫助瞭解某些行爲法則。泰象説：「內陽而外陰，內健而外順，內君子而外小人；君子道長，小人道消也。」否象説：「內陰而外陽，內柔而外剛，內小人而外君子；小人道長，君子道消也。」

假如陰陽本身就是宇宙內的兩種原動力，成波浪式的交替前進（李約瑟，1973 (2)：456），反映到人事上就可以説明君子與小人間道長、道消的互換原則。這類原則又可以作爲預測未來的基礎，因而越到後期，陰陽對於其他事物的影響作用便越大，範圍也越廣。例如管子、春秋繁露、太極圖便把天上、地下、人間一切事物的發生、消逝，從有到無或從無到有，都歸之於陰陽的「推移」或「動靜」所致⑦。依照這種情況來看，我們可以瞭解，陰陽已經發展成爲兩個極端的模式：一種是互爲依賴的相關模式，一種是互爲消長的對立模式。前者可以説是天人合一的理論依據之一，後者則是互相影響而已。董仲舒就曾把這兩種陰陽作用加以利用，例如春秋繁露基義説：「凡物必有合……陰者陽之合……物莫無合，而合各有陰陽，陽兼於陰，陰兼於陽」（民47：285）。天道無二又説：「天之常道，相反之物也……陰與陽，相反之物也」（民47：280）。這一類的説法，在春秋繁露中甚多⑧。這種陰陽的分、合理論，儘管他的最終目的在於證實「天人之際合而爲一」（董仲舒，深察

---

⑦ 管子乘馬：「春秋冬夏，陰陽之推移也；時之短長，陰陽之利用也；日夜之易，陰陽之化也。然則，陰陽正矣。雖不正，有餘不可損，不足不可益也，天地莫之能損益也。」董仲舒春秋繁露陰陽義：「天道之事，一陰一陽。陽者，天之德也，陰者，天之刑也。跡陰陽終歲之行，以觀天之所親。」春秋繁露好幾章專門討論陰、陽的問題。周濂溪太極圖：「無極而太極，太極動而生陽，動極而靜，靜而生陰，靜極後動。一動一靜，互爲其根，分陰分陽，兩儀立焉。」

⑧ 春秋繁露（下册）幾乎全是用兩個觀念討論問題，一個是陰陽的分與合，一個是五行的相勝與相生。這是很有意義的思想方式。

名號，民 47：234），而在解釋的過程中，仍是非常强調分與合的。相反也有相成的可能，只要二種因素有接觸的機會，這是易傳中二元論的基本推理。董仲舒實際採用了這種對立與相關的思維模式（李約瑟，1973(2)：458）。後來，宋代的周敦頤和朱熹也是這樣去理解陰、陽間的關係和作用。例如朱熹把陰陽看作只是一種氣的消長，而不是重生（朱熹，民 25a：50）；這種陰、陽的分合又是「循環不已」（朱熹，民 25b：43）。正如我們所看到或所能理解的自然現象和社會現象。這種陰、陽的動力，就像剛柔、乾坤一樣，經過長久的運作就會萬物化生、天下和平。正如李約瑟的説法：「要在宇宙萬物之中，尋出基本的統一與和諧，而非混亂與鬥爭。」（1973　(2)：462）

　　陰陽是兩個元素或因素，也是一種氣，陽氣和陰氣（董仲舒，民 47：257-261；朱熹，民 25：43）。它在文化體系中所扮演的角色，一方面顯示其互爲消長或衝突的對立性，而產生循環不已的現象；另方面也表現了二者間的依存關係，孤陰或孤陽對於社會文化的發展總是不利的，儘管二者的重要程度還是往復循環。

五行

　　五行究竟在什麼時候開始，是一個爭論性很大的問題，梁啟超認爲起於燕齊間方士（1963：353），顧頡剛斷爲鄒衍所首創（1963：410）。參與這種討論的人很多，或贊成或反對⑨，大抵對「五行」的意義爭執較多。本文不想再來討論起源問題，但從終始循環的角度來看，鄒衍無疑是第一人。現有的歷史資料也顯示，他第一次把「陰陽五行」的循環

---

⑨　請閲古史辨第五册頁 343-753（顧頡剛，1963）。參與這次辯論的還有呂思勉、劉節、錢穆、胡適等多人。近來王夢鷗（民 55）、孫廣德（民 58）、戴君仁（民 65）、徐復觀（民 71）、劉君燦（民 71）又提出了些綜合性的意見。

理論加以系統化，首創五德相勝之説。

　　鄒衍的書早就不見了，現在只能靠一些零散的記載，以瞭解其大概。這些記載所提到的幾種重要事實與概念是：(1)鄒衍爲西元前四世紀末至三世紀初人物⑩，約當戰國中期；(2)鄒衍及其門徒論著陰陽五行學説，以解釋自然界及人類的各種行動；(3)論點有些怪異，卻在諸侯間大行其道，相信他的人不少；(4)這種陰陽消息、五德終始的學説，對預測行爲還相當有效⑪。鄒衍與五行有關的概念，目前我們只知道這麼多。

　　這種五行相勝的概念就是一種力量克服另一種力量，以次循環，即水勝火，火勝金，金勝木，木勝土，土勝水……，這樣的循環下去，就永遠沒有停止。兩種元素的相勝，不過表示自然現象而已。事實上還可能是觀察自然現象而提出解釋通則，水能滅火，火可溶鐵，諸如此類。它的最大意義不在於此，而在於從此而推論政治行爲，特別是政權轉移的因果關係，圖示如下（顧頡剛，1963：454）。

　　每一個朝代有一種性質，這種性質包含兩種意義：一是質的本身有強盛、衰弱的時期；二是後代有機會取勝前代。秦爲水德，可以勝周火，卻也爲漢土所勝。一代一代的循環克服下去，顧頡剛叫它爲「螺旋式歷史觀」（1963：409）。這種相克的理論，實際是替革命或篡奪政權找一個理論上的根據。漢以後把這種陰陽五行的觀念和方位（東南西北）、時序（春夏秋冬）、官職、日常活動連結起來，範圍更擴大了，對人的思想和行爲方面的影響也就更大。

---

⑩　王夢鷗（民 55：33-34）曾考訂鄒衍約生於 350B.C.，卒於 278B.C.，得年 70 歲，約於 30 餘歲時遊稷下，把陰陽五行之説系統化。錢穆定爲 64 歲，自 305-240 B.C.（1956：619）。

⑪　其説散見各處，而以史記所記較多，可參閱顧頡剛（1963）、王夢鷗（民 55）、孫廣德（民 58）、李約瑟（1973）諸人之説。並參閱錢穆的鄒衍考（1956：438-443）。呂氏春秋、淮南子、管子亦多説五行。

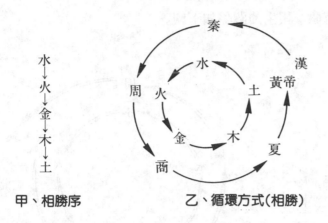

圖 6·1　五行相勝

　　除五行相勝外，還有五行相生之說，一般認爲是漢時董仲舒所首創[12]。春秋繁露五行之義 42 說：「天有五行，一曰木，二曰火，三曰土，四曰金，五曰水。木五行之始也，水五行之終也，土五行之中也，此其天次之序也。木生火，火生土，土生金，金生水，水生木。」五行相生 59 又說：「天地之氣，合而爲一，分爲陰陽，判爲四時，列爲五行……比相生而間相勝也。」因爲土居中央，土也是最尊貴的（五行對 38）。這可以看出相生說有四個特點：一是以自然界之五種物質或元素以象徵其互生的意義，如木可以生火，水能生木等等；二是互生有終始之義，而以土居中爲最貴；三是與人事的關係更爲密切；四是政權的和平轉移可以禪讓說加以解釋。

　　把五行相生的意義轉換到政治上，就可以說明政權的易代或異姓交接，是一種氣運的轉變，前一朝氣數當盡，後一朝氣數就接上來了。堯

───────────────

[12]　戴君仁認爲春秋繁露非董仲舒所著，因漢書董傳未提五行問題（65：247）。一說爲劉向所發明（凌曙，民 47：297，302）。

舜禪讓是火德生土德，漢禪位於新莽也算是火德生土德，這就是禪讓説的理論依據⑬。相生的關係如下圖。

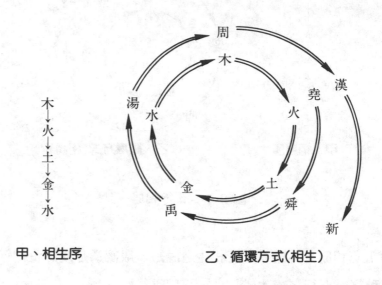

甲、相生序　　　　　　　　　　乙、循環方式（相生）

圖 6·2　五行相生

　　從木火土金水的循環相生，相應的政權就是堯舜禹湯周漢新幾個階段，許多相關的問題如正朔、服色、方位等，都由這個系統導出。後來在中國歷史上換了一個朝廷便必須改正朔、易服色，就是依據五行的道理行事。時間久了，民間也漸漸受到這種影響。

　　五行相生之説被肯定以後，從陰陽、五行相勝到五行相生，循環的方式已經完成。這種循環的基本結構就是：易傳提出陰陽兩種動力的終始循環⑭，以解釋人事的盛與衰；鄒衍把陰陽和五行相勝的循環觀念理

⑬　討論這個問題的論文很多，五德的説法也不一致，請參閲顧頡剛（1963：564-566, 597-614）、孫廣德（民 58：100-104）諸文。最少，劉歆曾經用此説以解釋王莽篡位的合理性，甚至合法性。

⑭　黃帝四經對陰陽二動力的強調，實際比易傳更甚；句法、語氣則與易傳相若。似可以解釋爲同一時期的產物，而比呂覽、淮南的時間爲早。

論化和系統化⑮，進一步解釋了人事問題，並使國家政治事務及政權轉移合理化；董仲舒加入五行相生的說法，一方面完成五行的「比相生而間相勝也」（春秋繁露五行相生 59），兩種循環方式，另方面把陰陽的觀念加以擴大與提升，形成所謂「天地陰陽木火土金水與人而十者，天之數畢也」（春秋繁露順命 70），於是他強調了一些特殊的觀念，如陽尊陰卑、土最貴之類。到這個時候，陰陽五行大概已應用到事物的各方面了，都有循環的意思。相勝與相生其實可以併爲一圖如下（顧頡剛，1963，454；王夢鷗，民 55：67）。就是「依次」爲相生，「隔一次」即相勝。

圖 6·3　相勝與相生循環關係

我在這裡把相生畫爲順時針方向⑯，主要由於方位、時序以及自然和人事的變化，因時間的前後而異，正暗合於「生生」之謂易（變）的意義。這個圖看起來很圓滿，所有的行爲都可以解釋，尤其對特殊的自然現象和政治現象，可以用祥異或災變加以安排。

---

⑮　許多論文都提到，五行相勝的觀念應早就存在，鄒衍可能首先把它成爲系統化理論。

⑯　李約瑟（1972(2)：426）把相勝看爲順時針方向，相生看爲反時針方向。文中也提到 Eberhard 的論文（李約瑟，1972(2)：419），但未提如何畫法。

五行的排列組合不只這兩種，據 Eberhard 的研究，共有 36 種，其中 18 種爲順時針方向，另 18 種爲反時針方向；其下又可分門別類（李約瑟，1973：419-425，438-441）。李約瑟依主要的排列順序，把它組合爲四類（1973：418-434）：一爲生序（太初創始之序），水火木金土；二爲相生序，木火土金水；三爲相勝序，水火金木土；四爲近世序，金木水火土。李氏認爲第一、四類排列的意義不可解，而以「相制原則」和「相化原則」解釋第二、三類相生序及相勝序（1973：426-7）。

我們也許可以這樣解釋，第一類水火木金土，只是類舉幾種元素或物質，如尚書洪範、逸周書、左傳文公七年及昭公九年，並未做次序的排列，或早出於五行相勝説；第二類相勝序水火金木土，如鄒衍、春秋繁露五行相勝、淮南本經訓、論衡物勢均有此説，以前者勝後者，順序循環不已，前已言之；第三類相生序木火土金水，恐怕是出現最多的一種，順東南西北方位，如呂氏春秋、管子、淮南天文訓、白虎通、春秋繁露、論衡，其中春秋繁露且以土居中央，最貴；第四類金木水火土，出現於國語鄭語、白虎通、淮南子，杜注左傳文公七年也是用這種排列。這種排列對於以「土」爲中心，東西南北對稱比較方便，而東方木、西方金、南方火、北方水之位置不變。但從循環論的觀點而言，仍以五行相生、相克爲主，其餘二種完全無用。

八卦和干支

八卦是指易經的震、巽、離、坤、兌、乾、坎、艮，及由此演繹而成的六十四卦。每一卦代表一種特殊現象，經由這種現象，引申其義，就可以解釋宇宙及人事的變化。每一卦具有相當高的獨立性，本身沒有循環的意義。早期的許多著作多半只討論陰陽、五行、方位間的循環關係，從未提到卦與干支。説卦傳可能是最早把卦與五行聯結在一起的作

品，其中提到巽爲木，在東南；離爲火，在南方；坤爲地，在西南；乾爲金，在西北；坎爲水，在北方。這種安排，從東到北的次序非常明顯，方位也很確定，與木火土金水的相生序完全一致；但是說卦傳本身完全沒有討論相生的問題，也沒有把「坤爲地」視作「坤爲土」。這種改變還會牽涉到解釋上的問題，例如如何從五行中的「木生火」解釋八卦中「巽與離」的互爲關聯？說卦傳沒有提出討論。多數的研究者（顧頡剛，1963：488-490；孫廣德，民 58：42）認爲八卦與五行的關係開始建立於此時[17]，但這可能只是兩者間一些元素相對位置的安排，和東南西北一樣，而非試圖建立八卦與五行間的循環理論體系。四方在調和五行與八卦二系統可能起了很大的作用，因爲兩者的方位系統完全一致[18]。五行相生或相勝的兩種意義也就轉移到八卦的性質上，並且不得不跟五行一樣，產生可以循環的概念。這顯然是八卦遷就五行，以便獲得比較一致的解釋。這種關係建立以後，東漢讖緯之學、宋代的太極圖說之類就水到渠成了。張橫渠的說法可見一斑，他說：「八卦之作，坤在西南，西南致養之地在離兌之間，離兌即金火也。」[19]這樣就把八卦、方位、五行放在一起作解釋了。

我們都知道，用天干紀日，殷代就已開始，是一個古老的傳統。天干與陰陽五行並用，大約始於呂氏春秋的十二紀，例如孟春紀，其日甲乙，盛德在木；孟夏紀，其日丙丁，盛德在火；以至盛德在水[20]。地支與五行的關係可能始於淮南子，淮南天文訓不但把陰陽、五行、終始之

---

[17] 早晚之說，有時也頗不易界定，因爲左傳已有坤爲土（莊公 22 年）、離爲火（昭公 15 年）的記載，國語晉語也說過坎爲水的話。一般所謂說卦傳成立時代多在昭、宣之時（約當西元前一世紀）；此處指爲武帝天漢年間。

[18] 陳夢家（民 28）認爲五行說和八卦說是兩個系統，後世以四方把兩個系統聯繫起來。

[19] 張子在討論這個問題時正是想調和五行、四方、八卦的位置，而以四方爲依據（呂稱，民 25：315）。

[20] 請參閱呂氏春秋之孟春紀、孟夏紀、孟秋紀、孟冬紀四章即可了解。

說併爲一談，而且同時用天干、地支紀日，並以地支配五行，如其日丙丁；太一在丙子；冬至甲午；凡日甲剛乙柔；木生於亥等等㉑。到這個時候，陰陽、五行、八卦、四方、天干、地支都已經完全拉上關係了，不過，以 60 爲周期的循環算法尚未成立。王莽第一次用干支紀年㉒，管輅第一次把干支與五行作循環的配合，宋代又以干支紀時㉓。於是，整個循環體系就完全建立了。

結構的完整性

中國人的天人合一觀念，實際從西周以來就在逐漸形成中，但由於戰國期間各種學說紛起，孟子所代表的儒家學派不免遭到挫折。鄒衍與董仲舒對於挽救與重整儒學，應該是兩大功臣。他們的功勞就是把空談仁義的儒家高尚理想，變成可以實踐的一些方針，其中最重要的即是將陰陽五行作爲行動的指標。鄒衍提出陰陽和五行相勝的循環觀念，使自然現象和人類行爲現象，不僅可以觀察，還可以分析和預測，這比易傳（特別是象傳）的只強調認識現象的說服力要大得多。呂氏春秋把這種陰陽及五行相勝之說，進一步加以理論化，使天、地、人的三角關係，獲得穩定而一致的理解。

董仲舒提出五行相生之說，不僅有助於天人合一關係另一個層次的解釋，也使循環論具有更合理的預測指標。我們可以說，五行相生實際替「生生之謂易」的繼續演變方式，提出具體的解釋指標。易傳所說的變化有兩類，一類是變化的延續性，如生生之謂易；一類是變化的衝突

㉑　天文訓把許多觀念都放進去加以敘說，的確相當複雜。

㉒　顧炎武說，新莽始以甲子紀年，如「天風七年，歲在……辛巳」。李約瑟（1973（3）：21）似乎採用了這個說法。

㉓　關於管輅與宋代兩種說法，本文採用李約瑟（1973（3）：21-23）的意見。目前似無更佳的說法。

性，如天地的相革、相盪。這兩類變化的統一模式便是相感或感應，也就是互動或互相作用的意思。相勝和相生還可以解釋這一變化中可能存在的衝突性和延續性，這應該就是董氏所強調的「比相生而間相勝也」的主要觀念。

八卦、方位、干支的加入陰陽、五行的運作，有兩個重要發展：一是因預估變化的指標增加，使變化的方向更容易控制，而增加預測能力；但這不是事實的預測能力，而是主觀認為可以相信的預測能力，所以實際的解釋彈性反而降低了。二是預測變化的結構系統越為完整，使人的行動越受影響，因而風水指南和通書就成為中國人行動的刻板模式。風水是生人居住環境和死後埋葬環境的指導，通書（或曆書）則指導人的行動方向。不管現代的知識分子是否相信，這種循環體系卻自漢以來就逐漸控制中國人的思想和行為。西方的循環論，如 Spengler（1962），如 Toynbee（1965），如 Sorokin（1957），都只是停留在理論的分析層面，用以解釋社會文化的變化現象；中國人卻很早就跟著循環論行動。這一事實可能替中國文化的發展帶來不少麻煩。

三　循環的變遷模式

循環論，跟其他社會變遷理論一樣，主要在於謀求解釋社會現象的原則或通則。瞭解變遷的因果關係是其一端；瞭解基本結構的改變與重組是其另一端。而瞭解變遷的過程與變遷模式也是必須的途徑，可能還更容易獲得一些重要的結果。前節已經分析過循環論的結構，如何從簡單變成複雜，以至於產生行動上的影響力。本節將分析其過程與模式間的一些問題。

終始與盛衰：彖傳的兩種模式

　　彖傳與繫辭傳(兩者以下簡稱易傳)所提出的循環觀念實際有兩類：一類是說明循環的周期性，以終－始爲主，與這類模式相關的還有，往－復，來－復，往－來，寒－暑。循環的周期是終了又始，開始以後又會終，如此循環不已。例如說，「終則有始，天行也」(蠱，彖)；「無往不復，天地際也」(泰，彖)；「寒暑相推而歲成焉」(繫辭上)。它的意思是，任何事物，從自然現象到人事問題，有始便會有終，不會停在一個點，也不會一直走下去不回頭。至於終始的界線在那裡，如何辨識？那就只有靠領會了，天道不是也有寒來暑往嗎？人事也是如此。周期的本身不代表意義，只是時間的往復交替。

　　另一類是說明循環的意義，以盛－衰爲主，相關的表達方式比較多，如否－泰，盈－虛，損－益，吉－凶，剛－柔，陰－陽，乾－坤。我們現在常說否極泰來，盛極而衰，就是表現一種現象的循環變化，有盛便有不盛的時候。盛衰是實質意義或作用上的循環，例如說，「損益，盛衰之始也」(雜卦)；「損益盈虛，與時偕行」(損，彖)；「剛柔相推而生變化」(繫辭上)；「陰陽合德，而剛柔有體」(繫辭下)。說法雖有不同，所表現的意義無非是定吉凶、言得失，正如繫辭上說的「吉凶者，言乎其失得也」。這就像朱熹的解釋：「氣運從來一盛了又一衰，一衰了又一盛，只管循環去，無有衰而不盛者」(民 25：51)。照這樣的說法，如果遭遇壞運的時候，是不是就等待它過去，往後坐享好運？這是很容易陷入宿命論的危機。好在幾乎無法確定好壞運之間的轉換，究竟需要多少時日，因而坐等的人恐怕還是很少。盛衰的循環固可以預期，卻無法決定它的必然性。

　　終始、盛衰表現爲兩種方式，實質的意義卻是一種，即任何盛衰的

事物，都有某種程度的周期性，不過，終始形容結果，盛衰形容現象。天地間事物，怎麼會有盛衰終始呢？這決定於兩個要件：一個是動力因素；一個是時間因素。如果把所有的二元概念推論到天和地（乾坤；陰陽），則所謂剛柔相推實際也就是「天地相遇」（遘，彖），或「天地交而萬物通也」（泰，彖）。我在易傳中的變遷觀念一文中（民 70：444）把這種變化過程分爲兩個類型：相交或感應是一種交互影響作用，爲創造性變遷；相推或相生是一種內部變化，爲連續性變遷。事實上，無論是連續性或創造性變遷，所顯示的都只是動力的運作方式有些不同而已，現象還是從盛到衰，或從衰到盛的循環過程。時間因素則表現在「與時推移，或與時偕行」一類的觀念上。盛衰既然是循環過程，就必須用時間分別。比如說，過了一年的霉運，總該有好運到來吧？去年做事失敗了，但願今年成功。這都是從時間上去瞭解盛衰的終始過程。

相勝與相生：五行的運作方式

一般所謂五德終始或陰陽五行之說，實際就是以五行把盛衰終始的循環周期加以固定，這樣比較容易控制預測，無怪鄒衍之徒在當時竟能以此顯於諸侯。例如，他說朝代的興衰是水德勝火德，或土德勝水德，當時恐怕沒有更妥當的解釋方法，自然很容易說服人。這就是「五德轉移，治各有宜」的基本理論。當時學術發達，各國諸侯各霸一方，每個自認爲有治術的人，都想說服幾個君王，一顯身手。例如孟子講仁義，荀子講禮法，張儀連橫，蘇秦合縱，鄒衍就講陰陽五行，而它的說服力可能最爲動人。殷克夏、周克殷，就是金勝木、火勝金。這種簡單的道理，一說就明白。春秋繁露就用這種方式去解釋五行相勝。

五行相生是另一種安排，把原來的水火金木土，改變爲木火土金水。白虎通把這兩種安排用來解釋人事說，父死子繼是木終火王，子復仇是

土勝水（民 26：95）。幾乎完全是用通俗的意義去理解生、克的現象，並且十分牽強。其實，西漢時董仲舒在五行相生中的説法還較爲可取，它説：「天地之氣，合而爲一，分爲陰陽，判爲四時，列爲五行。」再配以東方木，南方火，中央土，西方金，北方水，以及各種官爵、春夏秋冬四季（民 47：302-313），一種相當複雜的循環體系就完成了。漢及以後的時期，相生之説用得比較廣泛，相勝只用在逃避的一面，大概與這時的發展也有關係，蕭吉的五行大義（民 28）就是遵循這一傳統。

李約瑟（1973⑵：426-430）用相制、相化的原則來解釋五行的相互影響作用，例如木勝土，一方面木受到金的抑制，可能緩和木的力量；另方面火又生土，加強了土的力量。這種循環過程有助於對變化或毀滅的解釋。事實上，相勝的原始意義具有克服、推翻、抑制之類的作用，即前一因素有壓制後一因素的力量；相生是指延續、加強、創造之類的作用，即後一因素的力量來自前一因素。董仲舒在五行相生中説「比相生而間相勝也」，已經可以看出相制、相續的原則。如果用另一種説法，相勝可能產生衝突，衝突的結果就是抑制或克服；相生可以產生穩定，穩定的結果可能是延續或創造。假若是這樣的話，相制與相續的作用可能同時進行，相制的力量大於相續就變成克服，相續的力量大於相制就變成加強。這跟陰陽變化的原則是一樣的，誰占優勢，完全以影響力大小而定，這樣就構成盛衰起伏的交互前進，循環不已。

我們在前面説過，陰陽五行是中國循環論的基本結構；四方、四時、五音、五官之類是後來加入的解釋；八卦、天干、地支則是更後期加入的變項。這些變項，一方面增加了解釋的內容，另方面也加強了預測的能力，使預測範圍可以控制在 64（卦）×60（干支）的限度內。實際不只這個數字，因爲還有所謂卦氣、納甲、爻辰、卦變㉔等用爲推算的

㉔ 惠棟在易漢學中作了相當有系統的分析，包括卦氣、納甲、爻辰等（民 26）。

方式（惠棟，民 26；戴君仁，民 50：37-58）。不過這些支離破碎的觀
念和技巧加入之後，對循環論本身不但沒有幫助或發展，反而顯得越來
越沒有解釋和說服力了，多半僅用於曆書、風水、算命、卜卦了㉕。主
要的相關位置分配如下圖（惠棟，民 26：2，37；李約瑟 1973（2）：
526-7）。

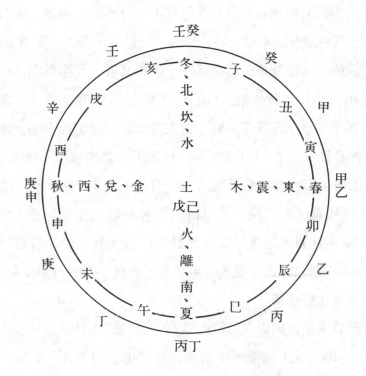

圖 6·4　五行與八卦的關係位置

（本圖已改成現行東西南北方位以便閱讀）

　　如果把曆書、風水、算命等各項加入，將更為複雜。此種狀況，顯
然是以五行為運算中心。

㉕　可以參閱古今圖書集成 58 冊有關堪輿、術數等方面的轉載；目前市面可以買
　　到的通書（或黃曆）、算命之類的書，仍然是干支及陰陽五行並用。

有限循環周期：60 年與 500 年

　　循環周期是循環論中的一個大問題，因爲周期無法確定的話，則所謂否極泰來、終則有始，那麼多的盛衰、災變、休咎、運氣，如何去預期？易傳所提到的周期有許多種，但都不十分肯定，例如，七日來復、日往月來、寒往暑來，這是一日、一週、一月、一季、一年循環的意思。正如朱子說的「天地統是一箇大陰陽，一年又有一年之陰陽，一月又有一月之陰陽，一日一時皆然」（民 25：49）。司馬遷認爲「天運三十歲一小變，百年中變，五百載大變。三大變一紀，三紀而大備，此其大數也。爲國者必貴三、五，上下各千歲，然後天人之際續備」（史記天官書）㉖。這個天運循環用數字表示就是：30 年，100 年，500 年，1500 年，4500 年。這種算法也許還受了鄒衍的影響，只是沒有證據。事實上，1500～4500 年計算天運還可以，計算人運就太長了些，殷商以來，也不過 3000 多年而已。孟子說 500 年必有王者興，對於瞭解王朝的盛衰，這個數字可能比較合理。

　　干支計算周期，則以 60 爲度：以之計日爲 60 日循環一次；以之計年爲 60 年循環一次。這種循環周期就是從甲子到癸亥，如甲子日、甲子年之類。這種計算方法對魏晉以來中國人的日常生活影響很大，如曆書、風水、算命等，所以已經不是概念上的循環論，而是實際行動的循環體系。

　　就人類日常生活以及國家事務來說，30 年，60 年，100 年，或 500 年可能是幾種合適的標準，例如，我們常說，30 年河東，30 年河西，指運氣的循環盛衰；60 年花甲人壽，或 100 年高壽，指人的壽命短

㉖　漢書天文志 26 所載與史記天官書略同，止於「此其大數也」。

長；300 年或 500 年國運，社會的一治一亂，指政權的久暫。據李約瑟
（1975：375）的解釋，木星和土星每 59.577 年在空中幾在同一位置，
接近 60 年；木星、土星、火星每 516.33 年重合一次。這兩種天文周期
跟我們的 60 年甲子周期，和 500 年必有王者興的周期很相似。假如以
中國的政治歷史發展作爲周期循環來看,則所謂一治一亂之跡並不規則,
不是沒有達到 500 年，就是超過 500 年，如下圖：

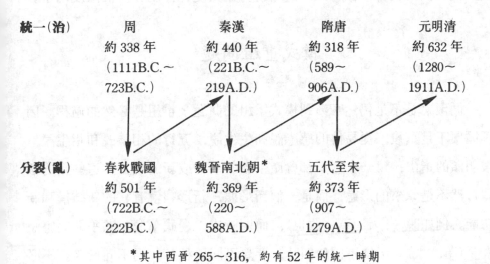

*其中西晉 265〜316，約有 52 年的統一時期

圖 6‧5 中國政治的治亂情形

所說統一和分裂是指當時政權和疆土的完整性而言，朝代的轉移如
秦、漢、隋、唐雖暫時陷入戰爭混亂，但接著即有長期的統一，故可以
不視爲分裂。從以統一、分裂爲指標來看，似乎兩者的時間相當接近，
統一了幾百年，就分裂幾百年，所謂 500 年必有王者興，也許還真有點
「天運」，非人力所能強。

　　60 爲干支一個循環所限，當時的平均年齡可能不會超過 50 歲㉗，而人生 70 古來稀，60 歲就成爲一個盼得到的理想年齡，所以稱呼滿 60 歲的人爲花甲之年或還甲之年，指一甲子循環已滿，重新開始。在人而言的 60 歲的壽命，在國而言的 500 年的國運，大概都是一個理想數字，幾乎是一種極限，能夠達到這個目標的不多。用這樣的標準作爲循環終始的分野，也許可以滿足人類的某些欲望，不是不能企及，卻又不是每個人或每個王朝都能做得到。這樣就把循環變化控制在一個限度內了。

模式重組問題

　　循環論是不是仍然牽涉到模式重組的問題？重組是必然的過程，因爲循環不是重複，從易傳的感應說和生生說，五行的相勝說和相生說，很明顯的指出，每一次變革都會產生新的事物或新的現象。這些新的個體自然不是原來的形態，而是一個新形態，新形態就有它的新結構和新功能。例如說，「天地革（改也），而四時成；湯武革命，順乎天而應乎人」（革，象）。天地不同於四時，春夏不同於秋冬，湯不同於夏。不必說冬天與春天截然有別，湯的社會也相當程度與夏的社會有差異。如果說以商克夏，就是以金勝木，木當然不同於金，模式也變了。

　　模式的改變實際是由幾種力量互相作用的結果，這些力量就是前述的陰陽、五行相勝、五行相生、八卦、天干、地支六類。六類原爲六個系統，各自獨立。前三者具有終而復始，繼續循環的意義；後三者本來只能選擇，沒有循環作用。可是，當兩套系統結合在一起的時候，就成爲一個結構完整的循環體系。這個循環體系以陰陽五行而建立「解釋指

㉗　據經設會的統計，民國 41 年國人的平均壽命僅 58.6，每年平均增加率約 0.35 歲。所以那時候可能只有 40 歲左右，跟 1951～1960 年的印度差不多（約 41 歲）。參閱經設會編，民 65，社會福利指標，頁 39，86。

標」，以八卦干支而建立「工具指標」（文崇一，1983）。這個意思是説，循環論因陰陽、五行而成立；八卦、干支只爲這種解釋提供知識或技術，成爲解釋循環中的工具。這些工具不僅爲解釋現象提供幫助，也增加預測的能力。雖然所有的解釋和預測幾乎都不是可靠的和真實的，但當時的人多半相信就是那樣，那是一些規律，一些描述自然現象和人類行爲的規律。

這種規律大概又可歸納爲兩類：一類是相互間發生制衡的影響作用，如五行相勝的水火金木土，前者有抑制或克服後者的作用；或如剛柔相推、陰陽變化，具有互相抑制或克服的作用。這樣，不論是水盛火衰，或陰盛陽衰，都會從一個模式轉變到另一個模式，就會產生模式重組的問題。例如秦王朝不同於六國，漢又不同於秦；陰不同於陽，剛也不同於柔。另一類是相互間發生增强的影響作用，如五行相生的木火土金水，前者爲後者存在的原因，前後具有關聯、延續的意義；或如天地感應、陰陽合德，具有互相關聯、延續的意義。這樣，不論是木生火，或天感地應，也會從一個模式轉換到另一個模式，同樣會產生模式重組的問題。

兩類作用的最大差別在於，第一類有克服、摧毀的作用，可能變化爲一種性質完全不同的東西,必須建立新的模式才能維持新的運作關係。用現在的話來説，已經表現了衝突的傾向，如政治上後代革前代的命，物質上的水消滅了火，或柔克剛。這種作用來自外界，來自外力，可以説有某種程度的因果關係，但不是必然的因果關係，比如説水能克火，柔能克剛，如果力量太小，仍然發生不了作用，這有點像 Toynbee 的挑戰與回應間的關係（1965）。第二類的確有連續、關聯的作用，即是後者多少具有前者遺留的性質。也可以説沒有完全變化，例如木生火，火必須以木爲燃料，否則火就無法生存。在這種情況下，兩者的關聯雖然存在，結構模式卻仍然不一樣。這種改變含有內在動力變化的因素，

例如木本身含有生火的元素。李約瑟所強調的關聯式思考 (1973 (2)：465-485；劉君燦，民 71：519-530)，似乎合於這一類的變化原則。「生生之謂易 (變也)」應該是關聯式思考的最佳説明。我們的目的不在於那種思考方式，而是由變化所產生的形式和性質上的改變，必然也產生模式重組。

四　結論：循環的變遷體系

　　這個循環論的幾個基本要素，陰陽、五行相勝、五行相生、八卦 (包含 64 卦)、十天干、十二地支，本來各自爲一體系，陰陽、五行爲各自消長的循環體系，八卦、干支則爲供選擇的符號體系。後者比前者的起源可能要早得多，但加入循環論的體系比較晚，特別是干支配合的 60 年循環的觀念和使用。依循環論使用這些符號，並作循環解釋的先後次序而言，最早只談陰、陽二氣的消長；其次加入五行相勝的概念，成爲陰陽五行，循環系統便較爲嚴格，解釋力和預測力也比較高；然後加入五行相生的概念，使原來的陰陽五行多了一種解釋的方式，選擇性又高了一點；然後依次先後加入了八卦、天干、地支，使陰陽五行不但可以作循環的解釋、預測、選擇，而且增加了許多選擇的機會。陰陽五行循環論，原來的主要功能在於行爲的事後解釋或意願的預估，但八卦與干支加入以後，就變成了行爲上的選擇，特別是用在風水、擇日、占卜、算命之類的行爲。這是一大轉變，循環論的從理論到實踐，所有各種不同類型的循環論[28]都沒有做到這種程度。這種循環論實際包含兩個系統，

---

[28]　這是從 Khaldun 到 Sorokin 這一批討論循環論的人，當然没有包括 Maya 人 52 年輪流計年的問題。

一個是來自外力的影響，產生變遷，可以叫做因果關係；另一個是來自內部的動力以引發變遷，可以叫做關聯關係。但從整體而論，這兩個系統又可以整合在一個體系之內，以瞭解循環變遷的衝突性與整合性。

循環變遷理論是建立在觀察自然現象和社會現象的基礎上，「天地感而萬物化生，聖人感人心而天下和平」（咸象）。自然秩序和社會秩序都是一種有機的安排，整個宇宙就是一個有機體，因而天象和人象有一致的趨勢，天人合一即是彼此互為影響或互相關聯。陰陽五行的循環論可以用來解釋或預測這種影響或關聯行動。社會現象就和天象一樣，是一種多元組合的有機體，「在天成象，在地成形，變化見矣」（繫辭上）。既然是一個有機體，就會有成長，有死亡；有盛也有衰。循環的變遷在於解釋，盛衰是必然的過程，一個社會不會永遠的盛，也不會永遠的衰，盛了又衰，衰了又盛，才是正常的變化。整個社會的發展，就是在盛衰交替之下前進。這就是所謂「極而反，盛而衰，天地之道也，人之李（理）也」（河洛，民 64：201），天人一致，天人一體[29]。

循環終始的道理，原來的目的只是為國家占休咎、言災祥[30]、論盛衰；東漢以後，特別是風水、曆書之類，就在為個人的命運作選擇。這一轉變，把原來屬於理論層次的循環論，降低至行動層次了。這種改變對循環變遷理論相當不利，一方面可資解釋的範圍縮小了，另方面可供預測的指標雖然增加，迷信的成分卻也因而增強。這不是循環論的原始意義。循環論的原始意義是強調變化的必然性，這種變化雖然含有若干神秘、宿命的成分，但基本上是為了建立一個有秩序的世界，整合而和諧。我們可以這樣說，變遷是不可避免的，不論是三十年的小變，還是

㉙　董仲舒的天人合一關係有些新的發展，最重要的是除天人感應外，並強調它的社會政治功能，並參閱韋政通（民 68：466-472）的說法。

㉚　春秋繁露治亂五行 62 說，金干木，有兵；火干土，則大旱。這一類的預測不少；魏伯陽參同契及朱熹周易參同契考異，所論則尤涉玄虛，但學者多言之。

五百年的大變，每過一段時期，總會產生一次變化。循環論堅持說「天地不交而萬物不通也」（否，象），沒有變化就沒有進步，所以「天地交而萬物通也」（泰，象）。這種變化就是爲了創造一個「品物咸亨」（坤，象）和「萬國咸寧」（乾，象）的有秩序的世界，這就是整合與和諧。

　　中國的循環論自開始到現在，已經二千多年了，它的結構越來越複雜，功用越來越多。可是，它的形式始終非常簡單，一直停留在定吉凶、論盛衰的循環條件上。我們且不說這種陰陽五行的循環變遷理論，在古時候對中國的科學思想或宇宙觀有多少幫助，到今天還有許多人求助於風水、擇日、占卜之類的解釋，恐怕必須設法調整了吧？不管循環變遷論有多長的歷史淵源，這一點仍值得我們重加反省。

第七章　循環論的比較研究：

社會學理論的文化差異①

一　序言

　　兩年多前，在「社會及行爲科學研究的中國化」研討會中，曾經熱烈的從理論、方法、實徵研究諸方面檢討有關「研究」或「學科」中國化的可能性②。那些論文，給我印象最深刻的有兩點：一是開發中國家的社會科學受到西方，特別是美國的影響太大，「本土化」是一種自省或自覺的要求，中國化也是這種情緒的反映；二是中國化的可能性仍是有限的，即使從文化的觀點而論，也受到許多限制。如果這兩種說法都可以成立的話，我們就可能導引出兩種結果：一是中國化的可能性甚爲渺茫；二是中國的社會科學將無法擺脫對西方的依賴性格。

　　這實在是一種困境，一方面對美國的許多理論與方法，我們已經相當熟悉，就這樣研究下去，每年寫些論文，倒也輕鬆愉快，雖然這種論文都只是爲他人的理論做些驗證的工作，或不同文化的比較而已。另方面仍不免有寄人籬下、依賴抄襲之感。這樣的研究是不是值得？文化差

---

①　本章原名社會學理論的文化差異：社會科學中國化的再檢討，內容未變。

②　後來把這次研討會的有關論文集成一書，就是由楊國樞、文崇一主編的「社會及行爲科學研究的中國化」，列爲中研院民族所專刊乙種第十號，民國71年出版。

異對理論的普遍原則真的沒有影響，或影響甚微？這類問題，似乎應該做進一步的探討。例如，我們採用達倫多夫的衝突論 (Dahrendorf, 1959) 來分析社會現象時，就必須特別注意達氏所強調的幾個基本條件，如工業的社會結構、利益羣體、強制性對等羣體 (imperatively coordinated groups) 等；如果這些條件不合，分析起來就相當困難，甚至無法分析。換句話說，這種普遍性理論 (grand theory)，利用時還有許多條件的限制，中程理論 (middle-range theory) 以下，限制就更多了。以墨頓 (Merton, 1967) 的失常規 (anomie) 爲例，這個他所認爲的中程理論，不僅以工業的資本主義社會結構爲基礎，而且必須是開放的多元價值社會，否則，那五類行爲的適應方式，就不容易獲得合適的解釋，甚至無法解釋 (Merton, 1967：140-157)。類此的情形相當多。在上次的研討會中，個人提出「報恩與復仇：交換行爲的分析」一文 (文崇一，1982：311-344)，企圖用社會交換理論加以分析。結果發現，交換行爲雖出現於每個社會，但中國人表現在報恩與復仇的交換行爲上，跟以西方文化背景發展出來的交換理論，無論概念或過程，均未能完全符合 (文崇一，1982：332-335)。這顯然和西方的社會文化結構有關，而交換理論的後期人物，如 Homans (1961)，Blau (1967) 等人的理論，仍然是以資本主義的工業社會爲分析對象。

這樣便牽涉到兩個相關的重要問題：一是文化體系內次文化的差異。假如把中國文化當作一個整體，則體系內次文化間的相互依賴或衝突，必然表現於次級結構或羣體中。以臺灣社會爲例，新興的工業文化與原來的農業文化，顯然產生許多差異。這種差異可以從人民的行爲和價值取向方面看得出來，許多研究也支持這種看法③，如工業組織和農

③　在共同經營方面，表現了其行爲上的差異 (文崇一、莊英章、陳祥水、蘇雅惠，1980：1-114)；在城市和鄉村方面，表現了價值觀念方面的差異 (文崇一，1979：700-736；瞿海源、文崇一，1975：1-14)。

業組織上的差異，工人團體和商人團體上的差異。在同一的文化體系中，較具普遍性的理論也許可以解釋較多的組織或羣體，但小型理論就無法達到這個目標。

其次是不同工業文化間的差異。最明顯的莫如資本主義與共產主義的工業文化④，不僅意識型態不同，組織行爲也相差很大。一方發展出來的理論就無法用來解釋另一方面的社會現象。就是西方已開發國家與開發中國家間的工業文化，也有很大的距離，例如中、美兩國人民表現在行爲和價值觀念方面的不同，是一種普遍的事實⑤。例如不同的人際關係網絡、不同的成就取向、不同的文化模式，很難用單一的理論作周延而有效的解釋。

也許在將來，全世界有成爲單一工業體系的可能，如合同理論（convergence theory）所強調的樂觀遠景⑥。但證諸幾千年來農業文化發展的結果，各地區的差異那麼大，則全世界即使均工業化了，未必就能建立一個單一體系的工業文化。就個人的觀點而言，工業化社會的國際性交往和交通，固然增加了文化傳播和學習的機會，但由於不同的地理環境、歷史傳統、文化模式、社會化過程⑦等，在可預見的將來，塑造一種適合於全世界文化的普遍理論，或建立一些用以解釋和預測全人類社會現象的普遍原則，以現有的知識和工具，即使有可能研究現存各種類型的文化，恐仍不易獲得，或無法獲得。這有點像 Popper（1964），

---

④ 在文中，我有意把兩者對立起來看問題，這樣可能比較容易瞭解其間的差別在什麼地方（文崇一，1980：1-16）。

⑤ 這一類的研究相當多，但分類方法頗不一致，可參閱 Williams, Jr.（1956：383-440），Lipset（1967），Riesman（1950），文崇一（1972a：287-301）等人的作品。

⑥ 發展理論中對於合同（convergency）還是分歧（divergency），爭論頗多，可參閱蕭新煌（1982）討論世界體系問題。

⑦ 這是指一個人羣的生活方式和價值體系，多半受到許多特殊因素的影響。參閱 Bell（1968：118-120），文崇一（1972b：21）。

Merton（1967）等人的悲觀論調⑧，但事實可能確是如此，我們對這個世界所知道的實在太少了。

這是不是表示，建立泛文化的普遍性理論就絕無可能？可能性也許不是沒有，問題在於作者的「創造性工作」（金耀基，1982：113）開拓到什麼程度，能不能跳出本身社會文化的處境性束縛，而真正做到像韋伯（Weber）所説的那樣去「瞭解」（understanding）其他文化？

一般而言，小型理論多半只能解釋小規模的社會現象，這種理論往往受到文化或社會結構的限制，難以用於解釋異文化中的現象，自為意料中事。例如美國發展出來的小團體理論、偏差行為理論，不一定適合於解釋我國的此類現象。大理論抽象的程度比較高，適用的範圍自然也較大，如 Marx, Weber, Parsons, Sorokin 諸人建構的理論，均屬此類。但是不是真能適用於解釋所有社會文化中的相關現象，還需作進一步的探究。

為了作比較的瞭解，本文試圖以循環論為例，來探討理論的普遍性。我們都知道，循環論曾在許多古文化和現代文化中出現，使用的資料和涉及的文化雖有多有少，在社會學界和歷史學界卻有不少成名的著作。用它來作為泛文化普遍理論討論的對象，應該是一個適當的選擇。我們將討論三個問題：(1)各種循環論的主要概念、原則、內容及其發生的文化背景；(2)比較各種循環論異同及其適用範圍；(3)普遍理論與理論的中國化方向。

---

⑧ Popper 認為以人類現有的知識程度，根本無法預測；Parsons 認為預測有困難；Merton 認為根本只能做到建立中程理論的地步。

二　幾種重要循環理論的比較

　　循環論是一個很古老的思想，但也似乎適用於現代社會。它在許多古老文化或現代文化中均出現過，如希臘、羅馬、中國、波斯、印度、阿拉伯、歐洲、美洲等地區（Maier, 1964：41-62；Brough, 1965：285-306；Lauer, 1977：29）。循環論之所以廣受注意和接受，大致與自然現象的循環運作、生物的循環代謝過程有些關係。人們看到太陽落下又升起，草木死了又復活；朝代的興與亡，人類的生與死；很容易聯想到許多社會和文化現象的往復循環。正如易傳繫辭上說：「易與天地準，故能彌綸天地之道，仰以觀於天文，俯以察於地理，是故知幽明之故，原始反終，故知死生之說。」終始的道理是從死生、幽明、天象、地形各種變化中悟出來的。Brough（1965：288）說：「爲什麼會期望文化的循環現象？答案很簡單，因爲地球上的循環現象和太陽的循環現象有關——地球能源來自太陽。」接著他又說：「有三種主要循環現象爲大家所熟知：(1)地球運轉的日夜循環；(2)太陽系的年季節循環；(3)太陽輻射干擾的循環。」這種說法跟易傳中的循環觀念相當一致，即是從自然現象的循環規則推論社會現象，而獲得差不多一致的結論。

　　這種推論方式，早期的循環理論尤其如此，但到後來，各種循環論雖也受了早期的影響，卻多半著重在歸納各種文化在歷史過程中發展的結果。因而早、晚期的不同循環論，本質上的確有些差異。歷史上循環之說太多，本文無法一一討論，僅提出幾個重要而影響較大的循環理論加以探討，並比較其在文化上及推論上的關係。要探討的循環論爲：(1)Ibn Khaldun；(2)Oswald Spengler；(3)Arnold J. Toynbee；(4)Pitirim A. Sorokin；(5)中國人的循環論。五種循環論中，最後一種會說得多一

點，因爲到目前爲止，尙没有人把它作有體系的整理。不過，由於五種循環論及有關著作太多，本短文不可能作全部的分析，主要分析將以四項與本文關係較密切的爲限。這四項是：作者的出身，作者的文化背景，主要作品的概念與方向，理論的解釋性與領域。

Ibn Khaldun 的循環論

卡氏 (Ibn Khaldun) 是十四世紀 (1332～1406) 時人，出生於北非的突尼斯 (Tunis)，爲有名的歷史學者和政治家，在社會學的領域中，成就也很大。社會學家討論循環論時，通常都把他當作現代社會變遷循環論的創始者。卡氏早期在哲學和宗教方面的訓練相當好，還做了許多年的政府官員，直到 1382 年移居埃及開羅 (Cairo)，才使他的教學與著作事業，獲得更大的發展。顯然，埃及的成熟期文化對他產生過極大的影響。

卡氏有名的著作是「歷史導論」(*Prolegamena to History*，許多人都直譯爲 *The Prolegamena*) ⑨，但是這本書要到十九世紀末年才爲西歐社會學家所熟知 (Becker, 1961：267)。這本書實際是分析社會變遷，他把變遷的過程擬人化或擬生物化。人有出生、成長、成熟、衰老、與死亡；社會、文化、或帝國也和生命一樣，從成長到成熟到衰老，形成一個循環體系。帝國的 (或文化的) 政治起伏狀況，就如一個人的生命循環，從活潑的青年，經過成熟，再進入衰弱的老年。歷史，也就是這樣一系列連續不斷的循環。他的循環理論顯然包含三種重要變項關係：

㈠生存環境。卡氏把生活方式分爲兩個類型，遊牧和定居 (nomadic

---

⑨　Khaldun 原書，此處無法找到，本節有關 Khaldun 的資料俱爲間接引用，主要來源爲：Howard Becker et al. (1961：266-279), Ryan (1969：294-295), Lauer (1977：30-36), Maier (1964：45-47) 等人。

and sedentary)。定居民的生活條件好，趨於腐化，就會被遊牧民推翻，而建立一個新的帝國；逐漸地，這些遊牧民又會衰敗，而爲另一個遊牧民所推翻。這種循環會終而復始的循環下去，就形成一種循環變遷的過程。據卡氏預測，這種帝國統治的每一個循環，大約可以維持三代約120 年。第一代創建帝國，成長；第二代享受定居生活，奢侈，成熟；第三代不能團結，衰老；第四代面臨毀滅的命運，走向瓦解。每一循環就這樣開始運作。遊牧民與定居民也有人稱爲野蠻人和城市人。這種循環方式與過程，與非洲當時和歷史上的政治發展有很大關係，並且明顯的受到非洲地理環境的影響。後來 Vico（Ryan, 1969：295-296）和 Brough（1965：58）所歸納出來的結果，也大致與此類似，即野蠻人（barbarians）征服了文明人，維持一段時期，然後走下坡路，社會文化衰敗，爲另一種野蠻人所征服。這種循環，大約需要 500 年。

㈡衝突過程。遊牧民征服城市定居民，獲得一個短時期的穩定，然後又被另一個有力的遊牧民所征服，這種循環變遷的結果，事實上就是一種衝突過程。爲爭取政治上的統治權而衝突，爲爭取生存權而衝突，衝突的結果就變成征服者與被征服者。歷史就這樣演變下去，成長與衰弱的循環，征服與失敗的循環。

卡氏認爲衝突是變遷的基本因素，遊牧民與城市定居民間有衝突，不同羣體間也有衝突。我們可以透過許多方面去瞭解衝突，例如外在的物質環境、社會結構、領導的角色、性格取向、羣體團結力等。

㈢羣體的內部團結力。卡氏把遊牧民和定居民視作兩個性質截然不同的大羣體。遊牧民生活在沙漠地帶的惡劣環境下，沒有安全感，必須具有強烈的團結力（solidarity）和合作精神，才能獲得羣體內部的團結；團結就是征服沒有團結的人羣的力量。造成遊牧民團結的重要因素，除沙漠生活的危機感外，還有羣體的親屬關係和宗教。

定居民生活優裕，追求享受，宗教力量趨於軟弱；過著世俗的和個

人的生活，彼此疏離而無法合作；這個羣體因而不能合作，也不能團結，漸漸走向崩潰的道路。

從上述的分析，我們對 Ibn Khaldun 的循環理論可以獲得幾點結果：(1)循環論的靈感來自於人生或生物，有成長、成熟、衰老的循環現象；(2)社會文化的循環周期以三代約 120 年爲標準；(3)循環是羣體的互相征服，遊牧民征服定居民（或野蠻人征服文明人），因衝突過程而產生征服與被征服；(4)團結與否成爲征服的關鍵所在，不能團結的羣體就要失敗；(5)物質環境是影響變遷的重要因素之一，沙漠或城市，貧困或富裕，都有非常大的影響力量。

這種循環變遷理論，顯然是受到兩種事實的支配所產生的推論：一種是阿拉伯的自然環境和生活條件；一種是阿拉伯的歷史發展和政治文化。要把這種模式推衍爲解釋世界文化變遷的過程，可能問題很多。正如 Maier（1964：45）說的，「最多只能說明回教（Muslin）世界」。實際也可能受到當時回教文化衰落的影響。我們都知道，十四世紀的回教文化，正由四世紀前的最高峯，慢慢跌落到最低峯；當時也是蒙古壓力最大的時候，回教帝國直接面對著這個挑戰，難以承受。使原本擴張的回教文化，日漸呈現瓦解、渙散的跡象，阿拉伯的知識分子自然不免擔憂起來。Khaldun 可能就在這類複雜的環境下，發展出他的循環變遷理論，因而，它的解釋力應該是有限度的。

Oswald Spengler 的循環論

Spengler 是十九世紀末到二十世紀初期（1880～1936）的人物，他的興趣很廣泛，研究過數學、藝術、自然史、歷史，這從他的著作裡也表現得很清楚。在他的名作「西方的沒落」中，就運用了許多他所熟知的文化特質加以分析，如音樂、雕刻、建築、藝術、宗教、道德、政治、經濟等。作爲一個歷史學家，正如他自己說的，面對第一次世界大

戰即將來臨的時刻，怎能不對歷史與文化產生強烈的危機感？Spengler 在書中很仔細的描述當時的世界大勢，以及他要從事這種世界性著作的動機。他認爲要瞭解這個世界，只做一些枝枝節節的研究是無濟於事的，必須擴大領域，才能對世界歷史的發展獲得較完整的瞭解。這是歐洲歷史的變遷過程，使他領悟與世界史發展的關聯性顯得特別重要。

史氏（Spengler）的「西方的沒落」（*The Decline of the West*）⑩，在當時是一本很有影響力的書，同時，在社會科學和歷史哲學界中，爭論也最多。最大的爭論當然是所謂「悲觀主義的命定論」。經由對文化現象的觀察，他認爲，文化的最後命運是滅亡。以當時史氏所處的環境，一方面是國際關係的分崩離析，危機重重，無論是戰前或戰後，都呈現一種文化解體的現象；另方面是歐洲政治的混亂，以及十九世紀末以來，德國在歐洲政治舞臺上所扮演的積極而且十分合適的角色。這些都可能給予史氏以很大的衝擊，所以他在書中不時描述，一直想解答一個問題，那就是：文化的成長過程，特別是高等文化究竟是怎麼回事？文化的發展是命定的嗎？

史氏的文化理論，可以從下面幾點加以瞭解：

㈠文化有兩個類型，一種是原始文化（primitive culture）；一種是高等文化（high culture）。據史氏的説法，文化是一個有機體（organisms），但原始文化不是有機的；可見，只有高等文化才是單獨的有機體。高等文化的發展可分爲四個階段：一是前文化時期；二是文化的早期；三是文化的晚期；四是文明時期。史氏認爲，文明（civilization）是文化（culture）的最後階段，發展到這個階段，文化的生命也就完了。

㈡全世界的高等文化只有 8 個，即埃及（Egyptian）、巴比倫（Ba-

---

⑩ 有關 Spengler 的資料，可用者較多，以下爲主要的幾種：Spengler（1962, tran. by C. F. Atkinson），陳曉林譯（1975），Sorokin（1963：72-112），Ryan（1969：296-302），Maier（1964：52-54），Gardiner（1959：188-189）。

bylonian)、印度（Indian）、中國（Chinese）、希臘羅馬（Greco-Roman or Classical or Apollinian）、阿拉伯（Arabian or Magiau）、墨西哥（Mexican or Maya）、西方（Western or Faustian）。高等文化是如何產生和發展而成的？史氏並未作肯定的解釋。他以文化的「基本象徵」（prime symbol）作為區別文化的指標，例如，把中國文化的基本象徵指為道（tao），就是老子的道。他認為，基本象徵決定文化的特質。這包括下列各種文化現象的性質：科學與哲學、精神、藝術與信仰、思想、生活、行動（Sorokin, 1963：80）。每個文化有其不同的基本象徵，也有其不同的文明。文明是文化發展不可避免的命運，也是文化的結束。

　　每個文化不僅有其自己的基本象徵，也有它自己的倫理、自己的道德、自己的風格，以及其他的不同文化特質，如宗教、建築、音樂、繪畫等。

　　㈢文化既然是一個有機體，自然也是個循環體系。每一個文化都會呈現出生，成熟，衰老，然後死亡的現象。像人生一樣的過程：幼年，青年，成年，最後老年。像生命一樣的循環，所有的高等文化都必然會到達文明的階段，文化的最終命運。每個文化儘管並不相同，但是，必須經過循環的階段是相同的。「沒有人能改變這種不變的法則」，「也沒有人能加速或減緩其成熟，衰老，和死亡的過程」。史氏曾經這樣堅定的預言。例如他在現代美術形式循環表中指出，西方文化從十九世紀已進入「文明時期」，也即意味著這個文化將有麻煩，或將結束其文化生命了。

　　從上述簡要的分析，我們發現：(1)Spengler 和 Khaldun 一樣把文化當作有機體，像生命一樣，從出生到死亡，完成一種循環的過程。但是，史氏似乎沒有機會讀到卡氏的書，不僅書中沒有討論，也沒有提過 Ibn Khaldun 的名字，雖然兩個人對文化循環的立場幾乎完全一致。(2)僅分析 8 個高等文化以解釋世界史的發展，似不易周全，況且在這 8 個

文化中，史氏真能或已盡全力分析的，只有阿拉伯、希臘羅馬、及西方文化（Sorokin, 1963：79）而已。對於中國文化的分析，不僅多屬表面的，而且有很多誤解。這樣，我們對他所假設的基本象徵都要感到懷疑。(3)史氏相當強調每種高等文化的特質，甚至強調它的獨立性，所以他的共同循環變遷理論，可以說不是基於文化的共同性質，而是基於生物的有機體，像人，像生物一樣，從生老到死亡。因而每個文化雖有盛衰，卻看不出一致的因果關係。

Arnold Toynbee 的循環論

Toynbee（1889～1975）在我國學術界所享有的盛名，遠非其他外國學者所能比擬，他的名著的節本已有兩種翻譯，介紹和批評他的論文已有專集⑪。在我國學術界對外國學術缺乏專注和有系統瞭解的今天，這些自然應該算是盛事。

我國對湯氏（A. Toynbee）的評介以歷史學家爲多，但他的文化發展理論，在社會學界和在歷史學界同樣受到重視，特別是他的歷史循環論。由於國人對湯氏所知較多，許多細節，本文便不再詳加介紹。

湯氏的「歷史研究」（A Study of History）鉅著，曾經引起許多議論，但無論贊成或反對，對於研讀他的著作，都會構成一種壓力，特別在知識的系統化和理論的普遍性方面⑫。所以有人說，他是百科全書式的學問。湯氏於年輕時受過很好的希臘、拉丁文教育，精通歐洲主要文字及土耳其、阿拉伯語（Sorokin, 1963：113；沈剛伯, 1976：117）。

---

⑪　張致遠（1956）和陳曉林（1982）先後翻譯了 D. C. Somervell 的節縮本；牧童出版社（1976）出版了我國學術界寫的評介文集，名「湯恩比與歷史」（沈剛伯、閻心恆等著），收錄了 21 篇文章。

⑫　本文寫作時主要參考下列諸人的資料：Toynbee（1965）, Sorokin（1963：113-120）, Timasheff（1968：273-276）, Ryan（1969：297-8）, Lauer（1977：36-41）, Maier（1964：54-56）, 沈剛伯、閻心恆等（1976）。

他的鉅著，前 6 册完成於第一次大戰後，後 4 册完成於第二次大戰後，在情緒上一定受到這兩次世界大動亂的影響。我以爲他最後把文明的復興或重生放在宗教上是可以理解的。他的良好的學校教育和語文訓練，以及多年的國際事務經驗，對於他選取 21 種文明作爲分析的標準，必然有很大的幫助。沈剛伯說：「湯恩比是一位能白天用希臘文寫文章，晚上用拉丁語說夢話的英國史學家。」（1976：117）這種修養，對於一個撰述世界文明史的人來說，自然不僅是工具而已，還涉及理想，胸懷，與遠見。

湯氏的循環理論，可以用下列幾點加以概略的說明：

㈠湯氏認爲，只有以「文明」（civilization）爲比較分析的單位，才能對世界史獲得較深入的瞭解。文明是分析世界文化發展的唯一指標，只以國家或民族爲研究單位，對世界文明史來說，毫無意義。例如要研究英國，就必須先研究基督教文明或西歐基督教文明，否則，將無法瞭解。因而他選擇了 21 種文明作爲分析的對象及單位。在 21 種中，6 種是古文明，15 種後起文明。用湯氏自己的話說，這種古社會（primitive societies）和高等社會（higher societies），本質上有什麼差別呢？它們的差別不在於制度或分工，而在於模倣（mimesis），古社會的模倣傾向於祖先，文明社會的模倣傾向於創造（Toynbee, 1965：67-68）。6 種古文明是：埃及（Egyptiac）、蘇末（Sumeric）、米諾（Minoan）、中國（Sinic）、馬雅（Mayan）、安達（Andean）。據湯氏的意見，其餘 15 種均是這 6 種文明派生出來的社會（affiliated societies）⑬。他

---

⑬ 蘇末又稱爲閃族，今伊朗一帶；米諾，今地中海 Crete 島人；馬雅，在今 Mexico, 印第安文明；安達，在今南美 Andes 山一帶。15 種派生文明是：Yucatec, Mexic, Hittite, Syriac, Babylonic, Iranic, Arabic, Far Eastern–Main Body, Far Eastern–Japanese Offshoot, Indic, Hindu, Hellenic, Orthodox Christian–Main Body, Orthodox Christian–Russian Offshoot & Wertern.

把全世界古往今來各地區的文化活動，完全歸納於這 21 種文明的興衰
起伏。

　　㈡湯氏把文明當作一個生命的有機體，所以也必然會產生生命的循
環過程，這種循環過程就是：文明的創生，成長，衰老，與崩潰⑭。他
觀察世界各種文化的發展，大都循著這個方向前進。但是，有的文化創
生不久就夭折了，這是為什麼？湯氏把它歸之於「挑戰—回應」⑮的模
式出了問題。他認為一種文明在創生，成長，衰老一連串的循環過程中，
經常會碰到「挑戰」（challenge）。能應付（response）每一次挑戰，
就可以再向前發展；否則，就要崩潰或解體（disintegration）。有的文
化在創生後應付不了挑戰，有的在成長中應付不了挑戰，於是就中道崩
殂，根本完成不了常態循環圈；即使在最後一階段無力應付挑戰，也會
使文明毀滅。挑戰與回應都必須恰到好處，過度或不足，均會產生麻煩。
挑戰來自那裡呢？大約來自三方面⑯，在 21 種文明中，受到自然環境
（physical）挑戰的有 9 種，受到社會環境（social）挑戰的有 8 種，
同時受到自然與社會環境挑戰的有 3 種。從這裡也許還可以理解，文化
所受自然環境和社會環境的壓力，有時候是相當一致的，應變能力和方
式就必須特別小心運用，以免發生危機。

　　㈢這樣多的文明，各有不同的應變能力和應變方式，可見文明的衰
老或崩潰必然缺乏普遍法則，而是各種文明個別行動的結果，其成功或

---

⑭　在許多討論文化循環過程的著作中，他是唯一明顯的把文明（civilization）分
　　成 geneses, growths, breakdowns, disintegrations 四個階段加以探討。可見
　　他個人對這種看法相當固執和肯定。genesis 有人譯為起源，disintegration 也
　　有人譯為滅亡或死亡；此處分別譯為創生、崩潰，似較切合原意。

⑮　駱雪倫（1976：186-187）把 challenge-response 譯為「挑戰與應戰」，把
　　withdrawal-return 譯為「引退與捲土重來」，比較具有中國文字的表達方式。

⑯　見 Somervell 節本第一冊 editor's note 表 V。這個表是由 Dr. Edward D.
　　Myers 統計出來的，西方文化未計挑戰項。分類加起來，則由本人統計。

失敗，不過是應付挑戰的適當與否而已。這就牽涉到三個條件：第一個是有沒有「創造力的少數」存在？也即是有沒有一批具有創造力的優異分子（elites）。第二個是占大多數的羣衆願不願意仿效這些少數而行動？第三個是社會是不是統一？這些條件大致可以決定回應的成功或失敗。成功的話，就重新整合；失敗的話，就崩潰或解體。這就叫做「崩潰的周期性」（rhythm of disintegration），它的循環期是：rout-rally-rout-rally-rout……即是：衰老—重振—衰老—重振—衰老……⑰。出現衰老的現象就是 rout，建立帝國就是 rally；然後是另一次 rout；另一次 rally；最後就是 rout（Toynbee, 1965：623），文明崩潰。

總括湯氏循環理論的特質，大概可歸納爲幾點：(1)他以研究世界史爲目標，而以 21 種文明爲研究的單位和對象。(2)文明是一個生命的有機體，有創生，成長，衰老，崩潰的循環過程，產生循環過程的動力是「挑戰與回應」，成功的回應，即良好的應變能力，才能使文明繼續發展。(3)循環的周期性爲：衰老—重振—衰老—重振—衰老……，一般的模式大約爲三次半的「衰老—重振」過程。

湯氏在理論中提出過許多具有啟發性的意見，但批評也很多，例如，文明的興衰起伏不易界定；適當的挑戰與回應難以測量；歷史的因果關係經常是模糊不清的；這種以希臘羅馬文化發展模式去衡量其他文化的發展，往往扞格難行；以宗教作爲文化重振的預言，不一定符合事實，尤其對非西方文明而言。湯氏的循環論實際只有不同文化的相同興衰模式，其本質與規律均可能完全不同。

---

⑰　劉伯堯依中國人的説法譯爲「亂—治……」（1976：172）。這種説法，可能僅及政治上的動亂。如以原文意義表達，似應譯爲：「衰老—重振……」。

Pitirim Sorokin 的循環理論

Sorokin 和 Toynbee 一樣，出生於 1889 年，但死於 1968 年，索氏（Sorokin）比湯氏少活了 6 年。索氏早年受教育於聖彼德堡大學，後來就從事教學、研究、著述工作，1917 年還當過臨時政府總理 Kerensky 的私人秘書[18]；及後臨時總理被共產黨驅逐，索氏也被捕，判處死刑。後以朋友營救，改判放逐罪，1922 年應邀到了美國，就做了美國公民。1925 年，他發表「革命的社會學」（*The Sociology of Revolution*）時，強烈的表現了他對「革命」的批判情緒，特別有關法、俄兩國的革命。這顯然受到 1917 年俄國革命事件的影響。事實上，他後來的著作極力強調「利他主義」（altruism），亦可能與早期革命經驗有很大關係。他逃到美國時已經 30 多歲了，他的思想和行為不可能完全美國化，更不可能忘卻過去的痛苦經驗。他的學術地位是從美國的學術界建立起來的，特別是對社會學界的影響。他在許多大學教過書，如 Illinois, Harvard, Columbia。雖然爭論甚多，仍不失為一位成就卓著的社會學家。

索氏在中國學術界並不陌生，他的一些著作很早就有中譯本，但跟在美國學術界一樣，影響不如想像的那麼大[19]。最主要可能涉及歷史資料太多，量化又停止在歷史資料的累積；而當時美國社會學界盛行經驗研究，索氏的循環論派不上用場。這當然只是推測，根本原因可能還是早期俄國式的社會化性格所造成的影響，與美國社會多少會有些格格不

---

[18]　這時索氏對革命相當樂觀，除當 Alexander Kerensky 的秘書外，並為政府所辦日報 *The Will of the People* 的主編，國會議員。

[19]　上海書局於 1933 年出版 *Social and Cultural Mobility* 中譯本；1932 年出版 *Contemporary Sociological Theories* 中譯本；但似乎均沒有引起多少討論。在美國的情形，也可以說是相當冷淡，有的人在寫社會學理論時，甚至不把他放進去。

入。其次，他的循環論本身，也可能不易獲得多數社會學家的支持。

索氏的理論素爲我國社會學界所熟知，似不必多費篇幅介紹，此處只以他的循環理論爲討論重點⑳：

㈠索氏把每種文化當作一個完整的體系，所謂文化體系是指它在功能、變遷、命運上的邏輯意義。這種整合的體系，變遷的時候就會整體而變；有時候，文化可能不整合，或某些部分出現危機，則變化可能未必涉及全體。他以西方文化，自西元前 600 年至西元 1935 年爲分析對象。用他的所謂「邏輯與意義」的方法（logico-meaningful method），同時也把許多物質文化予以量化，並插用一些中國、印度、阿拉伯的物質文化作比較，而發展出他的社會文化循環理論。

㈡他的循環理論的基本方式，就是三種文化類型交互替代。他認爲，一種文化成長後，就會漸趨成熟，也可能到極盛，然後又漸走下坡路，趨於衰弱，乃至轉變。這是社會文化體系變遷的必然過程，無法避免。這種社會文化體系的變遷有三種類型：

1. 感性型文化（the sensate culture），實事和實在價值屬於感官世界的，這種文化強調物質和享樂，強調經驗性藝術，尋求個人感官上的滿足。歐洲在紀元初期及現在的文化均屬於這一類型。

2. 理想型文化（the ideational culture），實事和實在價值屬於超感官的、超理性的上帝，這種文化強調精神與非物質，強調藝術的宗教取向，尋求精神上的滿足。歐洲中世紀的基督教文化屬於此一類型。

3. 混合型文化（the idealistic culture），結合上述二型文化，實事和實在價值上，部分是感官的，部分是超感官的。這種文化可能在二者之間得以平衡發展，通常是感官的分量會重些。歐洲十三、四世紀文化

---

⑳　此處的討論，主要根據下述各人的著作，無必要時不一一注明出處：Sorokin (1957, Ryan (1969：298-302), Lauer (1977：41-48), Maier (1964：56-59), Vine (1962：268-287), Tiryakian (1967)。

屬於此一類型。

　　索氏利用了許多文化特質，從量與質兩方面去驗證，這些文化特質包括藝術形式、文化價值、宗教、倫理、法律、哲學等。於是他發現：當感性型體系興起時，所有這一類的體系會同時成長，衰落時也會同時衰落；當理想型體系興起，或當混合型體系興起時，情形也一樣。他發現，同性質文化三種體系是一種循環的變異，從一個體系轉變到另一個體系。例如從 sensate culture 到 ideational culture，在繼續變遷中，兩個類型之間可能產生許多不規則的波動，這就形成 idealistic culture。Moore（1965：43）把這種理念類型（ideal type）描繪成下面的圖：

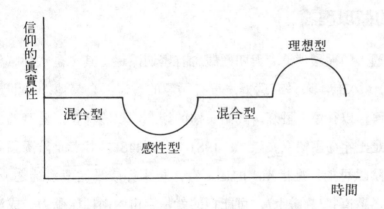

圖 7·1　索氏的三類型文化循環變遷

　　依照這種變遷方式，所以他說，人類的危機不在於某些個人或國家，而是感性型文化擴展的緣故。目前西方文化正處於這種狀況，正在衰落中，因爲感性文化太成熟了，難免不分崩離析（disintegration of the sensate culture）。這種變遷如果能維持理論上的真實運作，預測也許就沒有什麼問題了。

㈢索氏强調，引起社會文化變遷從一個類型到另一個類型，可能是外來因素影響所致，也可能是體系內性質的內在改變所致，更可能同時受到外部及內部因素的影響，而產生轉變。不過，最重要還是內部因素，即體系內性質的轉變，而導致社會文化變遷。

從上述各節，我們可以瞭解索氏的循環論主要在於強調：(1)每種文化的獨立性及完整性，變遷是指文化體系的轉變；(2)文化變遷的方式是循環的，從一個階段到另一個階段，每個階段代表不同的社會文化意義；(3)各類型的轉變是一致的，即興盛時全體系內文化特質會同時興盛，衰落時也一樣；(4)體系內部的轉變比外在因素重要。

中國的循環理論

中國人的循環理論，與四種觀念有密切關係：其一是八卦（包括六十四卦）。八卦本來只有選擇，沒有循環的意思，自易傳，特別是象傳和繫辭傳，以往復、盛衰、終始一類的觀念加以詮釋後，盛衰的循環論就歷經幾千年而不輟（文崇一，1981：447-448）。其二是陰陽。開始的時候，陰陽可能只是指光線的向、背，後來卻成爲循環系統之一。「一陰一陽之謂道」（繫辭上），可能指的就是宇宙內兩種原動力，成波浪式的交替前進（李約瑟，1973 (2)：456）。這有點像管子說的：「春秋冬夏，陰陽之推移也」（乘馬）。到了漢代，董仲舒等人把這種陰陽循環體系完全加以確定。它的意義仍然是盛衰，陽代表盛，陰代表衰。其三是五行。五行原來也許是代表五種元素，但自從五行相勝、相生之說和陰陽五行之說流行以後，五行也就成爲循環體系之一了。於是，陰陽五行互相配合成爲一種循環方式，五行相勝爲一種循環方式，五行相生爲另一種循環方式。結果還可以論盛衰，五德終始就是說明盛衰的意義。其四是干支。即是用十天干與十二地支互相配合，如甲子、乙丑，得六十爲一週期，爲一循環，周而復始。古人滿六十稱爲花甲之年，爲一甲子終了。

據說以干支紀年始於王莽時代[21]，紀日則可上溯至殷商時代。這種循環本身沒有意義，必須跟其他循環體系配合，才顯得出它所賦與的新義，例如禍福、盛衰之類。

這四種循環體系，大概在戰國時代，鄒衍第一次把陰陽五行併爲一個體系；西漢時，董仲舒加入了五行相生的循環體系；新莽用甲子紀年，把干支循環加入；而說卦已有八卦配五行跡象，時間可能在西漢。至是我們瞭解，到東漢，或最遲三國時代，陰陽、五行、八卦、干支這四個循環體系已經融合爲一了[22]。到了這個地步，中國人的循環論大概就算完成了。它的最終目的還是強調盛衰。

這種循環論的特點是[23]：

㈠從自然現象的變化來解釋人事，或從人事反映到自然現象上去，這是許多民族所常用的思維方式。西周以來的天人合一思想，未嘗不是這一形態的轉化。易傳（主要是象傳和繫辭傳）把仰觀天文，俯察地理所得的結果，用以解釋人事，並且形成一種盛─衰循環的觀念，把一切思想和行爲都納入到這個圈子裡去，顯然是一種極大的嘗試。所謂「觀乎天文以察時變，觀乎人文以化成天下」（賁，象傳）；「終則有始，天行也」（蠱，象傳）；「寒往則暑來，暑往則寒來，寒暑相推則歲成焉」

---

[21] 顧炎武（日知錄㈣：29-34）曾討論此事甚詳，當可信。李約瑟（1973(3)：21-27；1975(5)：360-361）亦曾分析有關問題，並與馬耶（Maya）循環週期作比較。

[22] 鄒衍倡終始五德、陰陽同運之説（史記封禪書）；董仲舒説：五行者，五官也，比相生，間相勝（春秋繁露五十九）；說卦一般認爲成於漢昭、宣帝時代，約爲西元前一世紀（文崇一，1981：441）；王莽用甲子紀年，前注已言及；三國時代管輅始倡風水（三國志卷29；李約瑟，1973(3)：21）。後來的風水書籍或曆書，實已把陰陽、八卦、五行、干支交織而成爲一完整體系。

[23] 此節大致根據易傳、史記，以及顧頡剛（1963）、董仲舒（漢）、班固（漢）、王夢鷗（1966）、李約瑟（Ⅱ，Ⅲ，1963）、文崇一（1981）、孫星衍（清）等人作品撰寫而成。

（繫辭下）；「損益，盛衰之始也」（雜卦）。其後像鄒衍、董仲舒、朱熹等人，也還是用自然現象去解釋人類行為的循環原則，所謂「天之道，終而復始」（春秋繁露四十八）。這種用日月、寒暑、乾坤、陰陽、損益、盈虧、終始等自然和生物法則來比擬人事的循環，顯然是把它當作一個有機體看待，因有機體的「感應」而產生終始循環的現象（文崇一，1981：445-5）。

㈡從自然和生物的推移循環，因而推論到人的生與死、事的盛與衰、朝代的興起和滅亡、文化的興盛與衰落，這是很自然的道理。作為推論的依據，有兩類指標：

1.工具指標。工具指標又有兩類，一為八卦，一為干支。卦是一種符號體系，干支也是一種符號體系，它們的意義可以相當不固定，因情況的變化而作適度的調整。這可以從六十四卦以及六十年甲子的變化而獲得證實。經與陰陽、五行作不同的排列組合，變化就更多了。

2.解釋指標。解釋指標也有兩類，一為陰陽，一為五行；五行又有相勝和相生兩種類型。陽的解釋偏向強盛、光明之類，陰的解釋偏向衰弱、陰暗之類。五行相勝係解釋為一種力量勝另一種力量，如水→（勝）火→金→木→土→水……依次循環。鄒衍終始五德之說，就是藉這個公式預測。後人也是如此運用。五行相生係解釋為一種力量產生另一種力量，如木→（生）火→土→金→水→木……以次循環。董仲舒的社會秩序理想就是建立在這個基礎上。從政治的觀點而言，相勝是後代推翻前代，相生是前代禪讓後代（孫廣德，1969：102-3）。

於是陰陽消息、五行運轉，與八卦、干支間獲得各種各樣不同的組合，根據這些組合就可以預言個人禍福、國家命運，以及社會文化的前途等。

㈢這種變化總是往復循環，否極泰來，損益盈虛，終則有始。就如朱熹說的：「氣運從來一盛了又一衰，一衰了又一盛，只管恁地循環去，

無有衰而不盛者」（朱子全書四十九章）。社會上的災變可以用這個簡單的原則去解釋，政治的動亂又何嘗不可以如此解釋？中國政治上的一治一亂，如果解釋爲統治的統一與分裂，則大概三、四百年或説約五百年循環一次㉔。易傳曾提到日月、寒暑等許多種類的循環，我們可以分爲月循環，年循環，六十年（干支）一循環，三十年、百年、或五百年一循環，那就是孟子説的，五百年必有王者興的意思。這種循環，特別是六十年及五百年一次的循環，可能還很合乎宇宙間某些運行規則㉕。

　　總結中國人的循環觀念，大約可以獲得以下幾點結果：(1)循環由四種體系組成，因而規律性比較嚴格，也提高了體系內的預測力，但並非事實的預測力；(2)循環是一個有機體，因自然及生物現象反映人事及社會文化變遷；(3)循環的方式因工具性指標和解釋性指標的不同組合，而層出不窮，個人禍福、社會災變、國家命運均有盛衰的循環現象；(4)盛衰是必然的命定過程，有盛就有衰，衰後必有盛跟隨而來；(5)没有多文化的比較研究，整個循環體系帶有濃厚的神秘、命運色彩。

㉔　以約數計算，中國各朝代統一及分裂年數如下表：

統一	分裂
西　周（約 330 年） →	春 秋 戰 國（約 550 年）
秦　漢（約 440 年） →	三國至六朝（約 360 年）
隋　唐（約 320 年） →	五 代 至 宋（約 350 年）
元明清（約 650 年）	

所以説 500 年必有一次大變動, 在某程度內也許還説得過去。漢書天文志：「夫天運三十歲一小變，百年中變，五百年大變，三大變一紀，三紀而大備, 此其大數也」。實際是三、四百年間出現一次統一或長期分裂。

㉕　據李約瑟引用的資料，Maya 有 52 年循環周期；木星和土星約 60 年接近一次；木星、土星和火星約 500 年重合一次 (1975：361, 375, 372-376)。這可能是一種很有意思的巧合。

三 結論

經過上述五種主要循環論的比較分析，我們發現，這些理論的確有它一些共通點，但也有不少差異的地方。我們再分別加以討論。

這些理論都強調文化或文明是一個有機體。因為是有機體，就不免有擬生物或生命一類的想法，文化就有出生，成長，成熟，衰老幾個階段，或簡化點分為成長，成熟，衰老，或更簡化點分為盛，衰兩個階段。盛衰既為必然的階段論，從一階段轉變到另一階段，然後死亡或重新循環，於是，所有的循環論者幾乎都帶有命定和神秘的色彩，把文化的發展過程交給命運，上帝，或天。循環的一階段到另一階段，似乎不是人力所能控制；事實上也沒有一種循環論指出影響轉變的因素，或它們間的因果關係；雖然有的也提出一些假設，如 Ibn Khaldun 的羣體團結力、Toynbee 的挑戰與回應、中國人的陰陽五行，但這些因素不僅無法測量，也難以觀察。這種波動起伏式的循環論，顯然是受到天文和生物的影響較大㉖，多文化比較的事實較小，而產生的結果。正如 Maier （1964：58-59）說的，到目前為止，還沒有看到那兩個文化經過同樣的循環路線，或同樣的起點。這話也不無道理。

就循環論的差異而言，可以討論的地方似乎更多。(1)文化背景不同。Ibn Khaldun 觀察的是遊牧社會及其城市，自己也生活在那類社會中，所以他的循環論偏向於環境決定論；中國人觀察的是農業社會，也生活在農業社會中，所以它偏向於和環境的依存關係；Spengler, Toynbee,

---

㉖ Maier（1964：44）視各循環論的發展，明顯的有兩個重要模式，一個是希臘的天文學模式（astronomical model），另一個是現代的生物學模式（biological model）。

Sorokin 三人都是生活在工業社會中，號稱以多種文明或文化作比較研究，但批評者早已指出，他們所反映的實際是對工業文化的悲觀命運。(2)生活經驗不同。Ibn Khaldun 所見到的世界是非洲部落政治的盛衰，對回教文化的悲觀；中國人倡導天人合一，從天道以理解人道的盛衰循環，盛衰是發展的線索，而非承認没落就完了；Spengler 受到第一次世界大戰的壓力，對當時的歐洲資本主義工業文化感到絕望；Toynbee 經歷兩次大戰的慘痛回憶，對人類文化多少會有些失望，所以最後不得不用宗教來表達他的寄託；Sorokin 爲共產黨放逐，寄居美國，可能是他的理性論的最好解釋。(3)文化的獨立性。Ibn Khaldun 和中國人的循環論根本沒有考慮異文化的問題，也沒有考慮到對其他文化是否可以互爲解釋；Sorokin 是以西方文化爲分析對象，並且承認各種文化本身的完整體系以及體系內轉變的重要性；Spengler 強調高等文化以及每種高等文化的獨立性，他的基本象徵觀念即係用以代表不同文化的意義；Toynbee 似乎以多文化爲分析對象，但實際仍然是以希臘羅馬的歷史發展作模式，事實上他也強調不同文明的獨立性，挑戰與回應本身就是個別的文化行爲。

　　現在我們似乎可以獲得幾點結論：(1)這種波動式的起伏循環理論，在結構上顯然受到兩種因素的影響，一是具有普遍性的自然和生物現象，一是僅有特殊性的環境和文化現象。因而循環論一方面像是普遍法則，另方面又像是特殊法則。(2)這些理論提出了不少的命題、假設，甚至指標，卻難以找出變項關係，以研究或證實它們間的依賴狀況，究竟是因果關係還是關聯性關係？除了一些歷史事實外，我們無法證實一個文化的創生，成長，成熟，和衰老，乃至死亡。在解釋現象上既有困難，在預測上的困難可能更大。(3)這種循環論可能只是不同文化的相同循環規律而已，未必就是普遍理論。文化的差異依然存在。

第八章　中國變遷觀念的探索：
模式的分析

一　導論

　　這些年來，我個人的研究興趣，一直在中國社會的變遷方面。中國歷經三千多年有歷史記載的社會，其間盛衰起伏，必然牽涉到許多跟變遷有關的重大問題。從這種歷史的脈絡，我們應該可以找出若干變遷的線索或模式，以為中國社會變遷作解釋或為社會變遷建立普遍性理論。

　　要瞭解中國的社會變遷，便不能不先對中國歷史上的變遷觀念作一些分析和討論。中國社會文化雖然歷經長遠的歷史，但很少人把變遷當作一個重要主題加以討論，把變遷作有系統討論的人就更少了①。我們今天要把歷史上的變遷觀念系統化，可能就不是件容易的事，一方面面對的是過多的史料與龐雜的意見，應如何把它們整理出一些可以排比和較為普化的概念；另方面是時間太長，人物太多，應如何取捨，才能獲得較為一致而具有較大解釋力的若干範式，以為瞭解中國社會變遷的基礎。

　　利用歷史資料分析變遷問題，特別是變遷觀念的問題，很容易落入兩種困境：一種是由於討論觀念問題，很可能成為思想史或意識形態的

---

① 我在寫「易傳中的變遷觀念」（民 70：441-450）時，對這個問題曾做過檢討。

研究。但本文重點不在於處理思想的特質、類型，及其史的脈絡，也不在於處理某些觀念或信仰上的意識形態的連續或不連續，而在於分析變遷觀念的系統化和連續性，以及它們彼此間的衝突和整合，並企圖建構中國社會變遷的理論模型。另一種困境是由於運用較多的社會史料，很可能變成社會史的研究。不過，社會史強調社會類型及其史的發展，本文則著重於對社會變遷的主觀或客觀解釋。變遷觀念只是一種泛稱，嚴謹點說，我們的目的是在探索變遷的概念，或中國社會變遷的理論模式②。

所謂以變遷作為分析「觀念」的方法，主要是著重變遷觀念本身的涵義，以及它所牽涉到的時間因素。在分析變遷觀念時，自然也會注意到一些變遷理論所強調的必然因素和可能因素，例如，變遷觀念所指涉的對象，自然現象或社會現象；變遷觀念中的方向性，直線的或循環的；變遷觀念所涉及的範圍，大的還是小的；以及變遷觀念的性質等等（Moore，1974；Lauer，1977）。我們不一定能用現代的理論架構去作分析，但在某種程度內，必然可以利用上述若干標準進行研究。使用歷史資料做研究的缺點就是難以驗證假設，觀念是零散的，沒有系統；資料也是零散的，沒有系統。我們只能把許多可能相關的資料和觀念，加以整理、排比、分析，再做解釋，並儘量把它們系統化（黃俊傑，民70）。

最重要的是，中國文化中的任何理論體系，似乎均不甚發達，往往三言兩語提出一種觀念，即不再加以解釋或演繹，使後來的人難以理解，甚至產生誤解，而無法作合理的發展，形成一種系統化的知識，像西方國家那樣。哲學、思想上如此，神話、科學上如此，變遷觀念上也是如此。這可能是中國式思考或語言所造成的特殊現象，也可能是受了早期語錄體的影響，或兩者均有關係。例如，神話的情節全是簡簡單單的，

---

② 在「循環論：中國文化中的社會變遷理論」（民72：1-18）中，個人即試圖建立中國的循環論模式，有別於 Spengler, Toynbee, Sorokin 等人的說法。

只求把故事交代清楚，不描述過程，也不分析人物或神物的心理狀況；科學發明更是只紀錄結果，完全不討論技術和理論結構，以致今天我們還在對古代的醫術、醫學之類的科學成就猜謎。分析變遷觀念所面臨的困境也就在這裡，在春秋戰國時代，許多學派都談到變遷問題，或變與常之類的觀念，然而，都沒有系統性的解釋或分析，多半是説幾句話就止住了，或是間斷的論到幾次。荀子算是説得比較多的，也只是斷斷續續的提到而已，並不是有系統的分析或解釋變化。易傳中有兩種傳（象與繫辭）比較有系統的討論自然變化和社會文化變化，但仍然沒有深入的分析和解釋。我們現在再來檢討當日的變遷觀念，其困難可想而知。不過，總得想法子去重新整理，否則，我們就永遠無法利用古代文化中的知識了。

　　事實上，也很少學術界人士，去有系統的分析中國歷史上的變遷觀念，以及社會文化的變遷現象。如果有，那也多半是歷史學式的討論，如制度的改革、事實的考訂、革命、叛變之類。分析社會文化變遷，不能完全用歷史學的方法，必須兼顧社會與文化層面的理論、方法、與過程，可是，有關這方面的論文實在太少。原因大概有兩個：其一是歷史學家不會從變遷理論的方向去處理這種問題，而我國歷來以史學家爲盛；其二是社會學家多研究現實問題，對於長遠的社會變遷也沒有興趣，何況閱讀史料又比較困難。因而，我們對於中國歷史上的變遷問題，對早期中國學者的變遷觀念，都相當生疏。

　　歷史上的學者，顯然都可能屬於當時的知識階層或士紳階層，從中國社會的性質來説，他們是上階層或至少是中上階層的人物。這個階層大約包含三類人：一類是仕宦，具有政治權力，也可能握有知識與財富權；一類是高等士紳，具有較大的知識權，也可能因機緣而爲仕宦；一類是地方士紳，具有若干地方影響力，也可能爲富豪之家。這三類人所代表的立場，在政治上偏向於統治階層，在經濟上偏向於資產階級，所

以他們著書立說所提出來的觀念，大致也不免有這種傾向，雖然有些程度上的差異。在我們所能接觸的資料中，實際還是以第一類人的著作爲最多，從知識階層進而爲中央或地方官員，並從事思想和歷史、政治方面的寫作；只有在春秋戰國時，以知識階層的人較多，那時知識才從貴族階層解放出來，官吏還掌握在貴族手中，知識分子不易取得政治權力（蒲靭，民 36：23-43；文崇一，民 78：69-108）。

　　在當時社會，以這樣的背景而從事撰述工作，觀點不免有些偏失，即以上階層的身分去理解社會文化變遷，對一般社會階層，如農人、手工業者、城市小市民，就可能觀察不實了。所以，一切歷史資料幾乎全是知識分子觀念中的產物，雖然有時也描述社會、農民、戰爭之類的事件。如與現在的實徵研究作比較，似乎又偏向於向中低階層人民收集資料，問卷雖是研究者依理論架構設計的，意見卻是被迫填寫。我們很不容易訪問到高階層的官員、企業家、軍事將領，而這些人又都負有決策任務，有較高的認知能力，以及較多的社會關係。這就形成一種現象，歷史資料多爲知識分子的看法，實徵資料多爲一般人的看法──資料的兩極化傾向（文崇一，民 71：135-154）。我們在運用和分析資料時，這可能是一種必需的基本的認識③。

　　歷史資料的不連續性特質，使我們在分析變遷問題時，也會產生很大的困擾，因而對於變遷的過程，有時便不容易處理，而只能從結構和類型上加以討論。其次，不少歷史資料是僞出的，也有的真僞難辨，特別是牽涉到時間的先後問題，有時候頗不容易處理，就只能在可能範圍內加以衡量。最後，用現在的理論和方法去分析古代史料，未必完全合用，有時候我們就不得不遷就資料的實質，而捨棄某些理論架構。我們不希望利用某些史料去爲一個理論填充，也不願意漫無目的的在資料中

---

③　Philips 根本認爲實徵研究方法值得重新探討（1973）。

亂竄。我們認爲，利用歷史資料作某種程度的分析、解釋，甚至建構理
論模型是可能的。對於中國變遷觀念的模式分析和解釋，就是建立在這
種假定上。將來可能建構變遷觀念的概括性分類，和變遷的理論結構，
也是以這種假定爲基礎。

二 社會變遷理論與中國歷史上的變遷觀念

變遷理論的一般特質

爲了解釋變遷的原因、結果、過程，或因果關係，社會學家發展出
很多的概念和理論，比較爲大家所熟知的，如進化論和新進化論、結構
功能論、衝突論、循環論、互動論等。每一種理論其實都只是一種解釋
現象的方式，這種解釋往往也只能説是一得之見，未必就是定論。除了
進化論和循環論具有較大的歷史意義外，其餘各種變遷理論，多半就當
前的變遷現象而加以直接的處理，例如結構功能論強調結構和功能的分
化和整合，衝突論強調衝突的過程。到目前爲止，幾乎沒有一種理論的
解釋力，可以完全令人滿意，不論是 Weber, Marx，還是 Durkheim④。

不過，爲了瞭解社會事實，擴大對社會現象的解釋能力，儘管任何
一種理論都有不周延的地方，我們還是要把某些具體發現，加以適當的
推理和抽象化，以便於操縱理論，而達到解釋現象和瞭解現象的目的。
這類理論通常都受到幾方面的限制：一是社會結構和文化結構的限制，
例如 Parsons 的功能理論比較適合於穩定的工業社會結構和西方文化體

---

④ 這種資料非常多，可參閱 Turner & Beeghley（1981）；Kuhn（1970）。

系；Coser 的衝突理論必須在差不多相同規範羣體中運作。二是時間和外在環境的限制，例如 Ibn Khaldun 的循環論只適合於瞭解當時的非洲社會。三是變遷理論本身的結構和變異，例如功能論經過 Merton, Smelser, Moore 等人修正，一方面使理論結構改變，另方面對變遷的解釋力擴大 (Parsons, 1951；Coser, 1956；Becker & Barnes, 1961；Merton, 1968；Smelser, 1967；Moore, 1967；文崇一，民 74)。如果從實徵研究的方向著眼，變遷理論還牽涉到變項關係、研究指標、預測能力的大小等。

解釋力和預測力的大小，因理論本身的結構和性質而有差異，例如 Durkheim 的自殺論，因宗教信仰的強度而可以獲得若干推論或預測；Lenski 的社會階層論，因不同的權力分配而可以預測階層的高低現象 (Durkheim, 1966；Lenski, 1966)。但是，也有人反對理論的預測能力，認爲我們人類，目前對宇宙知道得太少，根本無法把知識規則化；既不能建立運作的規律性，人類行爲至少在目前，就不能建立預測系統。Popper 是徹底的反對預測，Parsons 可以說是有條件的反對。可是，從實徵研究的觀點而言，在某些條件下，某種程度的預測並不是完全不可能。例如，我們知道社區性質、社區資源、社區領導人的決策過程、羣體結構、社區領導系統等，進一步預測社區事務的可行性趨勢，似乎並不是不可能 (Popper, 1961；文崇一，民 67)。任何變遷理論，多少會強調這方面以及解釋能力的大小程度，兩者經常有密切的關係。

變遷同時也會牽涉到變遷的幅度、方向、歷史傳統等，在建構變遷理論時，都可能產生影響作用。從理論涵蓋幅度的大小，全社會或小羣體，就可能導致大型理論或小型理論的差別。例如，Toynbee 的循環論是以多文化爲分析對象，自然是大理論 (grand theory)；Ogburn 的家庭變遷，就只能算是小理論了 (Toynbee, 1965；Ogburn & Nimkoff, 1955)。預測變遷的方向，往往就肯定了變遷理論的某些特質，

它是直線發展的，還是循環往復的，前者如進化論，後者如循環論。變遷理論受到歷史傳統的影響是很明顯的事實，因爲人類行爲總不免受到傳統規範、價值、行爲方式的約束。依賴理論（dependency theory）是拉丁美洲的殖民傳統所顯示的現象，世界體系理論（world-system theory）是資本主義世界下的產物（蕭新煌，民 74）。

　　這些事實或現象都表示，一個變遷理論所要包含的事物實在太多、太廣。可是，如果理論只是把一小部分的事實概括起來，又如何能解釋較大及較複雜的現象？這就是爲什麼不容易建構大型理論的根本原因，而 Merton 主張先建立若干中型理論（middle-range theory），再設法擴大領域，到那時也許有機會建立大型理論。不過，以目前美國流行小計畫實徵研究來說，受到研究範圍的影響，不容易擴大推論，要建構中型理論都相當難，何況大型理論？

　　也許我們有較大的機會，脫離美國式的研究方式，以建構另一類型的理論，不必受到實徵研究規範的約束，因爲我們做的實徵研究不算太多，而又具有較長期的歷史研究傳統，歷史資料正是可供利用的有效工具。不過，歷史資料的缺乏系統性，歷史觀念的不連續性，又製造了另一方面的問題，難以克服。何去何從，經常使社會學者裹足不前，從歷史事實分析社會變遷或建立變遷理論，就因而延緩了。

　　社會變遷理論是以觀察社會現象的真實轉變爲分析基礎，用什麼理論和方法去觀察社會現象，或怎樣去觀察社會現象，才能獲得真實的事實，正是目前社會學界爭論最熱烈的課題。民俗論和批判論的最大優點，也許就在於強調處理現象的真實性，以及如何才能達到這種真實性（Habermas, 1971；Craib, 民 75）⑤。這是無可置疑的，在研究的過程中，如果資料本身就不正確或不真實，則所有推論就將落空。所以

---

⑤　例如Garfinkel（1967）所強調的背景事實或深層結構。

不同的方法必然可提供研究者以分析和討論的方便，並使研究者對問題有進一步的認識，在某種程度內擺脫結構理論的許多限制。這裡所指的結構理論包括結構論中的功能論、衝突論、交換論以及結構主義。所有的現象都必須從行動與行動者兩方面去觀察。

不過，任何理論可能都只是對觀察到事物的一種解釋，在人類行為中，衝突、競爭、合作、交換之類的行為，只是類型化後的幾種類型而已，也許還有更多尚未類型化的行為，等待產生另外的社會理論。結構可能是已觀察到的另一種現象，但未必能概括一切的行為，個人互動、文化的特殊性、批判意識等，至少目前還無法完全從結構的觀點加以解釋。我們如果假設某些可觀察到的現象有些規律性，例如盛衰起伏，而其中又有交換、衝突，或整合的不同過程。這就使我們想到，兩種行為模式可能存在：一種是屬於過程的，由衝突到整合，再到衝突，再到整合，一直延續下去；另一種屬於結果的，由盛到衰，再到盛，再到衰，也一直延續下去。這顯然是社會文化變遷的循環模式，由 Ibn Khaldun 到 Sorokin, Toynbee 多半如此，雖然有的人並不分析過程（文崇一，民 70；民 74）。

利用歷史資料來檢討中國的變遷理論，或分析中國的社會文化變遷，上述諸種方法都可能作為有效的分析工具，主要還看能利用到什麼程度。我們的目的並不是驗證理論，但現存的理論無疑可提供思考的線索。

如何處理中國歷史上的變遷觀念

我們有三千多年有文字的歷史，自殷周以來，文化傳統相當有軌跡可尋。甚至我們可以說，近代的某些社會制度，如與宗法制度有關的家族制度和祖先崇拜、利用獸力的耕作方式、中央和地方的官僚體系、飲食習慣等等，都可以上溯至殷周或春秋戰國時代。這在全世界的文化發

展史上也是少有的現象，因而就增加了界定變遷觀念的困難，也使分類和分期顯得更不容易。

從我國社會文化變遷的過程來看，思想上的變遷類型，大致可以分為幾個不同的時期，這幾個不同的時期，實際也代表了幾種不同的思想類型。變遷觀念是思想上的一種分殊化現象，是對自然、宇宙、世界、社會文化的認知，所以跟不同時代中不同類型的思想，必然有某種程度的關聯，甚至完全一致。從社會文化變遷的過程來看，變遷觀念因幾個不同時期中思想和觀念性質的不同，而受到影響。我們可以把這種文化和思想的發展，分為四個時期加以討論。

第一是文化的創造與穩定期。從殷周一直到漢代，為期約 1500 多年。本期又可以分為三個階段：一是殷與周先後在中國東、西方崛起，在不同時間統一黃河流域的中原地區，殷、周文化雖有差異，但在周代統一幾百年後，已相當程度形成一種單一的本土文化，可以說是中國文化的初期；二是春秋、戰國的成長和成熟階段，當時由於地區間的交流頻繁，特別是秦、楚、齊魯間異質文化的相互刺激，遂成為中國本土文化發展的黃金時代，這個時期的思想，尤其是儒、道、陰陽三家的思想，一直影響到今天；三是兩漢的穩定和衰微，穩定是指儒家思想經過若干改變，為統治者所接受，取得學術上和政治上的領導地位，衰微是指其餘各家思想均受到壓抑，這種趨勢也維持了相當長的時間。這是第一個時期的情形，中國的思想界在這個時期中，具有高度的成就和創造性格。其實這個時期的三階段，本身已有從發生到成長再到式微的過程，而初期的殷周文化，成長與成熟期的春秋戰國文化，以及漢初的儒家文化，到東漢的讖緯文化，則呈現衰微的趨勢⑥。

---

⑥　馮友蘭（民 36）、韋政通（民 68）、蕭公權（民 70）、文崇一（民 69）。其後幾種分期標準，大致均與各說可以互為參考。

　　第二是文化的傳播與轉變期。從後漢至宋初，爲期約 900 多年。這個時期的文化和思想有四大特徵：其一是佛教、佛徒、佛經經東漢、魏晉、唐先後傳入中國，在中國文化和思想上不僅引起極大的轉變，而且是一極大挑戰，中國文化爲了迎接這一挑戰，幾乎歷經幾百年的動亂；其二是東漢讖緯的迷信思想，使正統的儒家思想產生危機；其三是魏晉、南北朝的玄學思想，是道家結合佛教思想後的一大發展，也是對儒家思想的一大反動；其四是隋唐時期對佛教文化的逐漸內化過程，以及復古運動，使文化的發展產生停滯或衰微現象。這個時期最重要的發展，就是道家恢復活力，和佛教的新挑戰，這使儒家思想，甚至整個中國文化喪失了原來的創造力而陷於苦戰狀態。

　　第三是文化的內化與整合期。自北宋至明代，爲期約 600 多年。這個時期在思想上最明顯的現象是，佛教的中國化過程已經相當成功。經過北宋諸理學家的研究、論辯，中國思想界差不多停滯了一千多年的學術思潮，呈現了一種新的趨勢，這就是綜合儒、佛、道三家思想而建立的所謂理學。理學不僅顯示對佛教異文化的回應成功，而且是中國文化自漢以來的進一步發展，塑造了新的思想模式，使中國思想具有較完整的體系，或者說更爲系統化。這也是佛教內化以及中國文化整合的結果。

　　第四是文化的衰微與重振期。自清至現代，爲期約 300 多年。清代學術界對中國文化的整理功能雖然相當大，但思想上並沒有太大的發展。早期受到清政府的壓抑，後期又受到西方文化的挑戰，因而這時期的中國文化和思想界顯得積弱不振。民國以來的科學和民主思潮，實際也代表了文化復振運動的目標。這個運動在臺灣的經濟發展過程中顯示了某種程度的成功，不過，距離工業文化的成熟階段，還相差很遠。

　　這四個時期，即思想上的四種類型，第一個時期爲本土文化思想，第二期爲玄學與佛學思想，第三期爲理學思想，第四期爲西方文化思想。在第一期的知識分子以創造中國文化爲基本格調，然後是儒家思想獨盛，

終至趨於衰微；第二期的知識分子以道家爲基礎，混合佛家文化而建立玄學，至東晉而極盛，往後趨於平淡，並且又回到了儒家的基礎上，這是摻雜了佛、道思想的儒家；第三期的知識分子，因儒、佛、道而建立了理學思想，爲我國思想界自春秋戰國以來的一大突破與發展，雖然在元代遭遇挫折，但至明代又作了某種程度的恢復；第四期的知識分子初期由於在清代的統治下，一開始就顯得衰弱不振，只勉强對前代思想和歷史作了點解釋的工作。然後是越來越衰微，就引發了西方文化的入主中國，一直到今天，還只是在設法重振我國文化而已⑦。

　　變遷觀念多是依循這些思想原則加以調整，每一種變遷觀念多少都會反映出當時的時代背景、思想主流，或不同的思想體系，以建立某一個派別中的一支。例如易傳談變化，自成一個體系；鄒衍的變遷觀念與這個體系有極大關係，卻增益了許多五行相克的理論；董仲舒繼承了易傳、鄒衍以來的傳統，卻又增加了五行相生的理論。這都說明了自春秋戰國以來，諸子百家在思想上互相激盪、影響，而導致了漢初的局面。

　　不管我們把「天」當作那一類性質的東西，有意志的或無意志的，中國人很早就把天和人作類比的看法，卻是事實。例如，「天視自我民視，天聽自我民聽」（泰誓）；「周將亡矣，夫天地之氣，不失其序；若過其序，民亂之也」（國語，周語）；「天因人，聖人因天。人自生之，天地形之，聖人因而成之」（越語）。孔子、孟子的天民觀，顯然跟這個傳統是一致的⑧。這個基本假設就是天、地、人三者間存在必然的關係，

⑦　中國歷史和中國思想史分期的方法甚多，各有不同的標準，此處主要是以社會文化變遷爲線索所作的觀察。並閱中國思想講話（啟明：民47），它分爲創造勃興期、模倣中衰期、溶化中衰期、綜合整理期；梁啟超則分爲六期（見明清之交中國思想界）。
⑧　論語憲問：「不怨天，不尤人；下學而上達，知我者其天乎。」八佾：「獲罪於天，無所禱也。」馮友蘭（民36：82）謂其對於天的態度是守舊的。孟子離婁上：「順天者存，逆天者亡。」盡心上：「知其性則知天矣。」表現了天與人的傳統關係。

這種必然關係就是互爲因果或互相影響，從一種現象可以觀察甚至預測另外的現象；從天可以觀察人，反過來，從人也可以觀察天，天上、地下的現象有其一致性。

易傳（主要是彖傳和繫辭傳）⑨的作者把這種說法系統化，成爲一種有機的變化理論。例如說，「天地感而萬物化生，聖人感人心而天下和平；觀其所感，而天地萬物之情可見矣」（咸，彖傳）；「天生神物，聖人則之；天地變化，聖人效之」（繫辭上）；「觀乎天文以察時變，觀乎人文以化成天下」（賁，彖傳）。感就是互相作用或影響的意思，天、地、人、聖人、萬物是自然界的各種具象。這個系統包括幾種基本原則：⑴天、地、人的行爲是互動的，不是單獨行動；⑵聖人具有總代辦的資格，通常是替天行道，達成天所給予的任務；⑶這種現象可以從天或人類社會反映出來；⑷變化的原則就是「與時俱變」，即該變的時候就要變，不必等待。中國文化中後來所盛行的「天人合一」之說，實際是導源於這個傳統。司馬遷要從天究天人之際，以通古今之變，未嘗不是依循這個傳統。也許是由於這種天人互動的影響，遂使中國人的行動一直依賴天道。就好的方面來說，可能形成後來的調適觀念，由自然環境取得合適的互相依存，不致產生太大的衝突；壞的方面則可能養成一種靠天吃飯的懶惰習性，反正是天意如此，奮鬥有什麼用？不過，無論如何，這個基本假設對後來的中國人的變遷觀念影響甚大⑩。

這種變遷觀念的觀察模式，基本上不是從社會本身出發，既沒有討論人際關係，也沒有分析一些結構或體系；而是直接把天、地、人構成一種網絡關係，觀察它們之間的互動。後來的人也許覺得這種方式太簡

---

⑨　分析變化方面的資料，十傳中的繫辭最有系統，其次爲彖傳，其餘各傳，除象傳偶一提到外，均不討論變化問題，並參閱文崇一，民70：1-2。

⑩　關於這方面較詳細的解釋，請參閱文崇一，民70，此處不贅。馮友蘭（民36：457-77）也有相當生動的分析。

單，不容易解釋更爲複雜的現象，於是不同時代增加了許多要素，作爲分析或解釋的指標，這些指標包括陰陽、八卦、五行、干支、自然、氣、理等。當我們進行分析時，這些指標都可以作爲解釋現象的變項，從變項關係，大致就可以獲得若干邏輯推論，並瞭解天人間的變遷過程和結果。

這種結構模式，最早而較爲完整的，當然是易傳所提供的天地、陰陽、人與萬物的「感應」現象。它把人與萬物的來源，歸之於天地透過陰陽所創造，如説，「天地感應而萬物化生」（咸，彖傳），「天地交而萬物通也」（泰，彖傳），「剛柔相推，變在其中矣」（繫辭下）。柔屬陰，剛屬陽，實際也就是陰陽相互作用而產生變化。這個初期的變遷模式，可以解釋爲，由於陰、陽兩種動力互相作用的結果，天、地的感應就產生萬物，聖人不過效法天地的精神，而建立社會秩序。這個模式在漢代相當流行，實際上，到今天還有不少人相信這個行爲法則[11]。

戰國間，鄒衍提出陰陽五行學説，以陰陽消息、五德終始的概念，來解釋自然界及人類社會的現象，最重要的就是在陰陽的體系中，加入水火金木土五行相勝的理論，因而對於事實的主觀解釋能力，甚至預測能力大爲增加。到了漢代，又加入了三種要素，作爲分析現象的指標，即董仲舒的木火土金水五行相生説，以及稍後的八卦、干支，都進到這個系統內來了。這樣，這個系統不但龐大，而且複雜，包括了天地、陰陽、五行、八卦、干支，都可以用來解釋和預測自然現象與社會現象，乃至個人的吉凶禍福。從天象可以觀察人事的變化，從人事也可以推論天象。基本結構就是盛衰循環，既然是循環變化，解釋和預測的方向也就比較容易控制。氣與理也是觀察和解釋變化的重要依據。用氣討論自

⑪　關於這種錯綜複雜的關係，以及後來鄒衍、董仲舒等人的各種觀念，可參閱文崇一，民 70：441，注 2、3；民 72：2-6；王夢鷗，民 55；徐復觀，民 71：41-111，該文對陰陽、五行的起源，提出許多考證。

然、社會現象，在漢代已相當普遍。它有時候代替天地，有時候又代替陰陽、五行或別的元素，常常因人而異，所以很難定義在什麼界線上。如董仲舒說：「天地之氣，合而爲一，分爲陰陽，判爲四時，列爲五行。」⑫氣是一種可以分化的物質。宋代理學家所說陰陽二氣之變化，大抵還是承襲這個傳統，所以有時也把一個朝代的盛衰，比喻爲運氣的變化。理本來是一種常，是不變的，可是，依照朱熹的說法，「理一分殊」，則其本身仍在自我分化，因分化才能創造自然界的萬事萬物，這就轉而爲變化原則了。我們當然不是要重新去澄清氣、理之爭，只是想瞭解它們對變遷觀念究竟有些什麼影響。

從天地、陰陽、五行到氣理，名詞雖然數變，但概念的實質轉變似乎不大。也就是說，所謂天地之氣、陰陽之氣、五行之氣、或氣理之氣，觀念內部的結構，究竟有多少轉變？如果有或者很大的話，過程跟結果是什麼？如果沒有或者很小的話，那是爲什麼？是不是跟外在環境有密切的關係？它們之間互相作用的程度又如何，觀念影響環境，還是環境影響觀念？我們可以這樣說，自周以來，中國農業社會的本質變化不大，最大的變化，大概是：春秋戰國對周代的封建制度而言是一大轉變，新的鐵犁牛耕的生產工具、土地私有買賣、知識開放、貴族政治的沒落；秦漢對春秋戰國是一大轉變，政治的中央集權、統一文字和制度、知識由儒家獨占；諸如此類，可以一直回顧到今天，每個可以作爲一段落處理的時代，大抵均有些不同的特徵。正如前面的分期方式，如果從經濟、政治、社會諸層面加以分析，將有助於對變遷觀念的理解。

---

⑫ 董仲舒（漢），春秋繁露五行相生篇。春秋繁露討論這類問題的篇幅相當多。

三　中國變遷觀念的範式㈠

天人感應說：陰陽變化下的盛衰循環

易傳⑬的循環體系

周人遇事喜歡稱天命，可能是他們長久以來的傳統，我們從現存的史料中還可以找到許多例子⑭。甚至，到了今天，當我們感到無奈時，都會脫口而出的說「老天爺」，似乎也承襲了周以來對天的信仰。就現存的一些資料來看，周人對天的信仰有兩個重要觀點：一個是把天當作有意志的神，可以保護人民，也可以警罰人民，如「皇天無親，惟德是輔」；另一個是天與人可以互相溝通，從天可以瞭解人，從人也可以反映天，最明顯的如「天視自我民視，天聽自我民聽」⑮。顯然這已經呈現天人互相感應的雛形。國語中的幾種記載，則不僅討論天人感應至爲明顯，而且涉及陰陽互動的問題，例如周語說：「周將亡矣。夫天地之氣，不失其序；若過其序，民亂之也。陽伏而不能出，陰迫而不能烝，於是有地震。」越語說：「因陰陽之恆，順天地之常……天因人，聖人因天。人自生之，天地形之，聖人因而成之」⑯。地震是陰陽不調和，

---

⑬　易傳有七種，本文僅引用象傳和繫辭傳有關變化部分。兩傳的時間性不易確定，古史辨曾集爲一書（第3冊）加以討論。其資料可能有早有晚，甚爲雜亂，但其變化觀念似爲綜合儒、道二家而成。

⑭　如金文中出現的「畏天威」（大盂鼎），「膺受天命」（毛公鼎），「天乃大命文王」（尚書康誥），「天命靡常」（詩經文王）。

⑮　前句見周書蔡仲之命；後句見周書泰誓。

⑯　國語周語、越語以及左傳中還有不少類似的說法。越語更把日月、陰陽、剛柔幾種現象作對立的解釋。

民亂是天地失去節制，豈不是國家亡亂之兆？天與人、聖人與天，都有互相感兆的作用。這種信仰已經比周書所說要強烈得多，也許是時代較晚的原因。這種信仰的重要性，不在於天人感應的表面現象，或互為解釋的依據，而在於依賴天象以瞭解人事，就忽略了人事和社會本身的變化，更不去追求社會變化的原因，以致無法真正理解實際的社會現象。這對於中國社會文化的發展，產生過相當大的不良影響。左傳中雖然有相當多的觀念強調人民的重要性，如說：「夫民，神之主也，是以聖王先成民而後致力於神」（左傳桓公六年），但終究敵不過天人感應之說，以及後期儒家所倡導的天命思想。

論語和孟子當然是天人思想來源之一，但真正把這種思想加以理論化和系統化，甚至行動上的具體化，卻是易傳。易傳中的兩傳，彖傳和繫辭傳，主要就是討論天人關係的概念、過程、目的、方向等問題，而把這種關係作為觀察自然界和社會變遷的依據。我在前兩文中，即「易傳中的變遷觀念」和「循環論：中國文化中的社會變遷理論」，有過詳細的分析和討論。這種變遷的觀念有幾個重點：

㈠天地萬物一切變化的來源均來自於天；地也很重要，但只要配合天的行動；聖人的重要性則在於奉天承命而已。這就是說，從天的變化就可以瞭解人類社會的變化，或從自然界的現象就可以解釋人類社會的現象。例如說，「大哉乾元，萬物資始，乃統天」（乾，彖傳）；「至哉坤元，萬物資生，乃順承天」（坤，彖傳）；「天生神物，聖人則之；天地變化，聖人效之」（繫辭上）。天才是創造一切的原動力，它不僅有能力支配自然界，也有能力支配人類世界。

㈡變化是由於天、地、人互相感應而產生，這種感應可以是互相的影響作用，也可以是因對立而互為消長。前者是「天地感應而萬物化生」（咸，彖傳），後者是「剛柔（或陰陽）相推而生變化」（繫辭上）。這種變化，人都是居於被動的地位，幾乎沒有自主權；就是聖人也只是替

天行道，所謂「天地養萬物，聖人養賢及萬民」（頤，彖傳）而已。這種觀念也許就使後世許多知識分子放棄了對社會的觀察，而依賴天象去解釋人類行為，甚至預測行為。「觀乎天文以察時變，觀乎人文以化成天下」（賁，彖傳），就變成一種習慣性的行為。

㈢這種天地萬物的相互感應或影響作用，完全是由於陰陽或剛柔兩種力量的彼此交接、推衍、轉換，或有時候排斥、激盪而產生。交接是直接的感應，推衍是延續或相生，轉換和排斥是對立過程中的消長。如「天地感而萬物化生」（咸，彖傳），「天地革而四時成」（革，彖傳），「剛柔相推而生變化」（繫辭上），「生生之謂易……陰陽不測之謂神」（繫辭上），「內陽而外陰……內君子而外小人；君子道長，小人道消也」（泰，彖傳），「剝，氣變剛也……君子消息盈虛，天行也」（剝，彖傳），都說明陰陽兩種力，有時候會產生整合的作用，有時候又會產生衝突的作用。感應是互相依存，消長顯然是各有起落。易傳中各種剝復、否泰之類的觀念，也都是表現此一思想傾向。

㈣天地萬物變化的方向是盛與衰的循環，無論是自然現象，還是社會現象，都離不開這種盛與衰的終始循環模式。無論什麼事情，好到極點就會變壞，壞到極點又會變好，所謂否極泰來、逢凶化吉，就是這種物極必反的循環原則。寒來暑往、日往月來是一種循環現象，「終則有始，天行也」（蠱，彖傳）；損益、盈虛、否泰、吉凶也是一種循環現象，「無往不復，天地際也」（泰，彖傳），「損益，盛衰之始也」（雜卦）。這種變遷觀念對後期中國人的思想影響極大，也許還抵消了不少中國人在工作上的勤勞和努力，而產生不良的消極和期待的心理。

㈤各種變化也不是毫無意義和目的，而是要在常與變的交替過程中，對社會發生穩定與和諧的作用，例如說，「天地之道，恆久而不已也……四時變化而能久成，聖人久於其道而天下化成。觀其所恆，而天地萬物之情可見矣」（恆，彖傳）。這裡說明，無論是變，還是不變（恆），

都有它一定的道理。乾道變化，可以使「萬國咸寧」（乾，彖傳）；聖人的變化，「則刑罰清而民服」（豫，彖傳）；這就合乎「易，窮則變，變則通，通則久」（繫辭下）的原理。變與常之間就不易劃分了，它們的界線在那裡？變是爲了維持穩定（常）與和諧（寧），可是，這種穩定與和諧究竟能維持多久呢？這就回到了上述盛衰循環的道理。不過，無論如何，就變化而言，它是爲了謀求人類社會適當的安排與調和。

總結上述各點，易傳變化觀念的系統相當完整：變化的動力來自陰與陽的延續或消長，也可以說是二者的整合或衝突，那要視情況而定；這種變化用終始、起伏的循環方式，以表現盛與衰的運行法則，這種法則在常與變的交替過程上也是一致的；無論是自然界或人類社會，變化的過程雖不免有不利或對立的現象，但最終目的是爲恆久的整合與和諧；這在天道是相同的，觀察天象可以瞭解人類社會，從人類社會可以反映天地萬物之情，這就是天人感應的基本理論；陰陽二種原動力的關聯和互動是這個理論的基本結構⑰，現象變而道不變是這個理論的基本原則，這個道就是太極，太極還包含了陰陽二元素，這就是繫辭傳所強調的「太極生兩儀」和「一陰一陽之謂道」的解釋方式。從這裡我們瞭解，所謂天人感應，實際是人類行爲只能遵循天道的規律而變化，完全沒有自主權。

當時具有這種變遷觀念的不只是易傳的作者，黃帝四經⑱也有差不多相同的看法，不同的是易傳比較偏向於儒家傳統，強調聖人與德性；黃帝四經比較偏向於法家傳統，強調君主與刑名。這種陰陽互動、盛衰

---

⑰　「關聯」這個概念，來自李約瑟（民 62，⑵：481）的解釋，即不強調因果關係，而強調相互關聯。

⑱　黃帝四經（經法，十大經，稱，道原）大約是漢文帝時（179-169 B.C.）寫成的，後來儒家當道，就失傳了。今從漢墓中發現漢初抄本，對研究黃帝術有很大的幫助。書中所陳說思想，與易傳可以互相解釋者甚多，見帛書老子（河洛，民 64：193-236）。

循環、天人感應的變化觀念，在戰國中、晚期可能是一種相當普遍的思想[19]，所以在當時流行的黃老之學中，也表現了與易傳幾乎是一致的思想路線，雖然黃帝四經中的感應觀念並不如易傳那麼強烈。我們可以從下述幾個例子，來瞭解黃帝四經與易傳的一致性到什麼程度[20]。

1. 夫民仰天而生，待地而食；以天爲父，以地爲母。（十大經，果童）
2. 夫天地之道，寒熱燥濕，不能並立；剛柔陰陽，固不兩行；兩相養，時相成。（十大經，姓爭）
3. 陰陽備，物化變乃生。（十大經，果童）
4. 天有恆榦，地有恆常。（十大經，果童；行守；經法，道法）
5. 凡變之道，非益而損，非進而退。首變者凶。（稱）
6. 極而反，盛而衰，天地之道也，人之理也。（經法，四度）
7. 富密察於萬物之所終始，而弗爲主。（經法，道法）

很明顯的，在這裡強調了陰陽剛柔的對立和整合、盛衰循環的原則、變化的來源、常與變的關係、對天地的信仰，跟易傳所說實在沒有什麼兩樣。這一類的說法在黃帝四經中到處都有，出現的頻率比易傳還高得多，幾乎完全用這些概念討論國家、君主，和民間諸種問題。不同的是，天與人之間的感應關係不那麼密切，聖人在人類社會中所扮演的角色不那麼重要，天地創造世界的意義不十分明顯。但是，就整個變化觀念而論，黃帝四經跟易傳的思想，本質上沒有什麼太大的差異。

　　這一系列的循環變遷觀念，跟鄒衍、董仲舒，以及漢初的陰陽五行之說，有相當密切的關係。

---

[19]　從以下各節所引述的資料，將可比較儒、法、道、陰陽諸家的思想，在這方面具有差不多一致的傾向。
[20]　見河洛，民64：214-215, 217, 227, 201, 194。

鄒衍董仲舒的陰陽五行體系

早期的天人感應關係的觀念，主要在處理幾個問題：第一個是變化為必然的過程，人事上的變化規則應視天象而定，終始循環盛衰的道理是一樣的；第二個是天、地、人（或萬物）三者相互關聯的重要性，遠超過對立或因果法則，感應的意義主要在強調相互作用或互動，而不是克服或制服，無論說的是感應、進退或消長；第三個是陰陽二種力量在形式上的互相取代，是相生相成的結果，因而可以說，現象在變，道是不變的。

這些觀念到了鄒衍手裡，除了承續天人感應和盛衰循環的理論基礎外，增加了許多創意：第一，首次將陰陽和五行作有機的聯繫，用陰陽五行學說以解釋自然界和人類社會現象；第二，用五德終始的觀念以解釋五行的具體意義，這種意義就是五行相勝，以次循環，即水→火→金→木→土→水……（→表示勝）；第三，把這種相勝的概念用來解釋政治現象，建立五德轉移、易姓受命的理論，湯為金氣勝，文王火氣勝，故周勝殷㉑。

這種強調陰陽與五行或五德間運作上的規律性，使陰陽五行學說，至少在形式的意義上，產生極大的說服力。不僅可以解釋過去和現在的各種社會政治現象，還可以預測未來的變化，無怪史記封禪書說：「鄒衍以陰陽主運顯於諸侯。」在戰國末年，儒家並未獲得各國特別的重視，而鄒衍及其徒衆竟能顯於諸侯，顯然是五德轉移理論的實用性，使許多

㉑ 有關這類的著作甚多，它們均提到一些基本問題，不過，多不是從變遷的方向去處理資料，請參閱：王夢鷗（民 65：329-353），孫廣德（民 58），錢穆（1956），陳夢家（民 28），顧頡剛（1963）。文崇一（民 72：2-6）則從變遷方面重新加以處理，在論文中分析陰陽、五行的關聯性甚詳。

人發生了興趣，間接使儒學受到歡迎。對儒家以後的發展來説，無疑是一個重要的轉捩點；對鄒衍來説，應是儒家的一大功臣。鄒衍原來也許是一個純粹的儒家，後來深觀陰陽消息，加上一些陰陽家的看法，就變得比較雜了，但基本上仍然強調「仁義節儉，君臣上下六親」的儒家倫理[22]。

鄒衍理論在陰陽互動、天人感應、終始循環的變化觀念方面，大致是繼承易傳的傳統，沒有基本上的改變。可是，用陰陽和五行的組合來觀察現象的變化，強調「氣」在變化中的力量，使用演繹性的推論方法來解釋和預測變化，卻是變遷觀念的進一步發展。五德相勝及轉移説的靈感，可能還是來自陰陽推移的互換原則；原來只有兩個因素，變化受到限制，現在增加爲七個因素，排列組合的機會就大得多了，對社會政治現象的推論也就比較廣泛。把陰陽二種原動力用氣來表現，也是一大發展；易傳只在咸卦中把柔剛比擬爲「二氣感應以相與」；鄒衍可能已經大量用「氣」來作爲相勝的依據，即把氣當作一種克服某事物的力量，這可以從稍後的呂氏春秋、淮南子、春秋繁露等經常用「土氣勝」之類的方式獲得瞭解，雖然我們現在看不到鄒衍的原著究竟怎麼説；五德轉移的火勝金，相對於政權轉移的解釋就成爲周勝殷，這種後代推翻前代，並不是人一定要這樣做，而是前朝氣數已盡，同時也可以推論，將來推翻周代的，必定是屬於「水氣」的朝代，即水氣勝。這一發展或發明，對後來中國歷史的解釋，有了廣泛的應用，雖然這種應用從現在看來是不正確的，但在中國歷史上獲得普遍的擁護。

呂氏春秋的思想路線非常龐雜，但對變化的看法，無疑承襲了易傳和鄒衍的傳統，強調陰陽變化和五德轉移的必然性，以討論自然和社會

---

[22]　史記孟子荀卿列傳中有一段討論鄒衍的文字，最後説「然要其（鄒衍）歸必止乎仁義節儉，君位上下六親之施，始也濫耳」。

現象，雖然該書由於爲雜家著作，並未用陰陽五行作爲主導的思想體系。例如應同篇說：「凡帝王者之將興也，天必先見祥乎下民。」所以黃帝以「土氣勝」，禹以「木氣勝」，湯以「金氣勝」，文王以「火氣勝」，「代火者必將水，天且先見水氣勝」；盡數篇說：「天生陰陽寒暑燥溼，四時之化，萬物之變……聖人察陰陽之宜，辨萬物之利，以便生。」大樂說：「太一出兩儀，兩儀出陰陽。陰陽變化，一上一下，合而成章……天地車輪，終則復始，極則復反，莫不咸當……萬物所出，造於太一，化於陰陽」㉓。歸納上面所引用的幾則事例，易傳和鄒衍所提到的天人感應、終始循環、陰陽變化、聖人觀察、五行相勝等，幾乎沒有任何改變，完全照抄；就是把五行分別以土氣、金氣等加以解釋，也可能是承襲鄒衍的說法，因爲鄒衍已經把氣當作一種物質的內在力量。呂氏春秋在運用陰陽變化和五行相勝的觀念時，還不如易傳和鄒衍的具有體系性，因而也就看不出進一步的發展。所以，從陰陽五行變化體系的發展來說，呂氏春秋並未占什麼重要地位，只不過表現當時對鄒衍思想的一種呼應而已。

　　使陰陽五行理論獲得進一步發展的是董仲舒，使天人合一理論系統化的也是董仲舒。董仲舒除了接受陰陽變化、五行相勝、終始循環的變遷觀念外，還提出一些新的概念和解釋。第一，他提出陽尊陰卑的觀念，認爲「物隨陽而出入，數隨陽而終始，三王之正，隨陽而更起，以此視之，貴陽而賤陰也」（春秋繁露陽尊陰卑第四十三）。陰陽本來是被當作兩種運動的力量，互相繼續或衝突以產生行動，董氏卻把它劃分高低，把許多事物加以比擬，結果使原來屬於動態的變化之義，反而靜態化了，失去了「動力」的意義。雖然在戰國末和西漢初已有把陰陽普遍名類化

㉓　陰陽五行，乃至終始循環，在呂氏春秋中所占分量並不大，出現的頻率也不高，可能是論文本身過雜，無法集中處理一種體系。

的趨勢㉔，但系統化的劃分貴賤，董仲舒可能是第一人。第二，除了五行相勝之外，他又提出五行相生。水火金木土相勝是繼承鄒衍的傳統，木火土金水相生卻是董仲舒的獨創。前者代表事物在變遷過程中的相制規律，在政治上就是後代推翻前代；後者代表事物在變遷過程中的相續規律，在政治上就是後代承襲前代。相勝可以解釋爲激烈的變遷，相生可以解釋爲漸進的變遷。同時，他把五行也劃分貴賤，他說：「五行莫貴於土」（五行對第三十八）。在五行之義中有更多的發揮，他認爲這是「天之數也」，每個人每件事都必須遵守這種秩序。這也是他的一大發明。第三，他的天人合一概念，已經相當程度的把人的地位提高，「是故事各順於名，名各順於天，天人之際合而爲一」（深察名號第三十五）。爲什麼呢？因爲「天亦有喜怒之氣、哀樂之心，與人相副以類合之，天人一也」（陰陽義第四十九）；「人之超然萬物之上，而最爲天下貴也；人下長萬物，上參天地，故其治亂之故，動靜順逆之氣，乃損益陰陽之化，而搖蕩四海之內，物之難知者若神，不可謂不然也」（天地陰陽第八十）。這種天人合一理論的體系化，已擺脫了早期神秘的色彩，而把它落實到現實世界㉕。天跟人是一樣的，有喜怒哀樂之情。

　　董仲舒實際上是要應用這種系統化的陰陽五行和天人合一的創新概念，來解釋社會政治現象，乃至預測社會政治前途，所以他非常肯定的說：「與天同者大治，與天異者大亂」（陰陽義第四十九）。這就是完全把人事和天道合而爲一。基於這種觀點，董仲舒幾乎是把人類一切的行爲都比擬於天，只要真能瞭解天意，人事就沒有困難了，「君臣父子夫

㉔　稱（黃帝四經之一）：大國陽，小國陰，重國陽，輕國陰……主陽臣陰，上陽下陰……。貴陽賤陰（河洛，民64：231）。說卦：乾爲天，爲圜，爲君，爲父……坤爲地，爲母（孫星衍，卷10：710）。

㉕　董仲舒（春秋繁露）可以說已經把儒家思想整合到陰陽五行中去了，這就是爲什麼漢儒實際等於儒家加陰陽家的思想。蕭公權曾討論「董子以後之天人論」（民65：73-82），可參閱。並參閱韋政通，民75：65-99。

婦之義，皆與諸陰陽之道」（基義第五十三）。所以，人特別是君主，只要懂得陰陽或天之道，所有的變化都不難理解，「苟參天地，則是化矣」（天地陰陽第八十一）。董仲舒有時候雖然也提到陰陽的對立、人的重要性，但他的中心思想還是天人的和諧與統一，一切的變化都離不開這個原則，他說：「夫王者不可以不知天……天意難見也，其道難理，是故明陰陽、入出、實虛之處，所以觀天之志；辨五行之本末、順逆、小大、廣狹，所以觀天道也」（天地陰陽第八十一）。因而，人世間的福禍、災變，政治上的治亂、興革，乃至統治權的更迭，都歸之於「天意」，而不從實際的政治經濟事務加以瞭解和改善。這對於瞭解當時社會變化的因果關係，固然產生困難，即對我們現在研究那時的社會變遷，也有許多不良影響，最重要的就是無法獲得真正可靠的資料。董仲舒把天人合一理論系統化，的確有功於儒家在政治上的領導權，但也把中國人帶到一個非理性的世界，特別是東漢的讖緯迷信，與他的理論有非常密切的關係。我們甚至可以說，他的天人感應觀念加上當時流行的方術，相當程度的影響了東漢兩百年間的社會發展。如果這種假設可以成立的話，就是觀念改變了世界。

差不多和董仲舒同時代的淮南子，被認為是雜家，成書的情形和呂氏春秋類似，天人思想也和呂氏春秋類似，但更接近董仲舒。淮南子曾經分別用水火金木土五行相勝，及木火土金水五行相生[26]，來討論自然現象和社會現象。但除了加強比附外，沒有特殊的發展，仍然是依據陰陽變化的終始循環原則，以討論變化問題。但有兩點比較特別：一是更為強調天人之間的相通，因為太相溝通，就尤需注意天象，例如說：「天之與人，有以相通也，故國危亡而天文變，世惑亂而虹蜺現；萬物有以相連，精祲有以相蕩也」（泰族訓）。這樣，天人便完全一體，天變就預

---

[26]　相勝見於淮南子地形訓、本經訓、主術訓；相生見於天文訓。

示國家有事了。二是更強調「陰陽之氣」，氣是一種力的來源，或創造
的原動力，天地也是這種氣所創造的，所謂「宇宙生氣……清陽者薄靡
而爲天，重濁者凝固而爲地」(天文訓)，後來就轉化爲陰陽之氣，如「陽
氣爲火，陰氣爲水」(天文訓)，這種比擬的說法，在淮南子一書中，隨
處可見 (戴君仁，民 65：3-32)。

　　這個傳統直接延伸到白虎通㉗。白虎通五行說：「五行者，何謂也？
謂金木水火土也。言行者，欲言爲天行氣之義也。」其中也談到陰氣、
陽氣和萬物的關係，並使之合理化。這大概是一次有系統的討論和整理，
使陰陽五行的變化體系，獲得學術界、統治階層，以及一般人的承認。
不過，到了這時，陰陽五行的系統化思想，除了徹底配合社會現象加以
附和外，已經沒有什麼新的意義了。

　　很明顯的，天人合一的理論，鄒衍只提出一個雛形，用五德轉移作
爲變項，以控制陰陽變化，增加了對社會變遷的預測能力；真正而完全
的系統化，卻是董仲舒完成的。董仲舒不但增加五行相生的變項，以加
強解釋和預測政治事務的能力，而且強調天道的規律性，人事和歷史的
變化必然和天道一致，因而社會就像陰陽五行的變化一樣，盛極而衰，
往復循環。他們有時也強調陰陽互爲消長的對立性，可能只是一種初步
的認知，並未作進一步的討論。這個系統化天人合一的思想，以後就沒
有什麼新的發展，一直到班固的白虎通。西漢中葉興起的緯書，雖也多
提到天人思想，但沒有體系性的發展，只是重複易傳的若干論點。

㉗　白虎通是漢章帝在白虎觀召開經學會議的紀錄，由班固等人擔任紀錄和整理工
　　作，時在西元 79 年。會議結論完全延續了董仲舒以來的儒學觀點。

理學家的循環體系

　　白虎觀經學討論會的紀錄，經班固整理發表名爲「白虎通義」（或白虎通），恐怕是春秋繁露以後，天人思想的最高潮。這種帶有神秘主義色彩的思想，一經渲染，並與方術合流，就與漢代讖緯之學拉上了一些關係。自漢以後，特別是從晉開始，中國的學術思潮爲道、佛之學控制相當長一段時間；到了唐代，雖有韓愈等人的儒學復興運動，但對天人感應的變遷觀念，並沒有什麼幫助。事實上，這一段漫長的時期，除了佛學的逐漸內化和中國化，老莊之學獲得重新的詮釋外，儒家及其他學術思想對於變遷觀念，均沒有太多新的發展。有些例外是，五德轉移理論曾經爲某些政權轉移作爲藉口，如王莽奪取漢代的政權；循環盛衰理論成爲一般人行動上的依據，特別是三國以來的風水、擇日、轉運等，甚至也影響到今天中國人的生活方式，無論臺灣、大陸，或海外華人，用作趨吉避凶的特殊方法。所有這些，均與變化理論的發展無關，只是把觀念帶進了迷信的行動層面而已。

　　一直到宋代的理學家，重新研究易傳，並將道家和道教思想結合，才使西漢以來天人合一的陰陽變化觀念，獲得進一步的發展。我們在這裡當然不去討論他們的哲學觀點，而在於他們對陰陽變化和天人合一的解釋。理學家對這方面的發現有三大特點：其一是天人合一的基本假設雖沒有變，但以氣或理作爲解釋陰陽和五行變化的依據；其二是擺脫東漢以來的迷信風氣，用相當理性的態度，提高了人本身的行爲能力；其三是運用道家和道教的許多觀念，直接從易傳分析變化和循環的問題。這也可以說是北宋新儒家對中國文化的一大發展。我們甚至可以說，自董仲舒倡導獨尊儒術以後，除了道、佛之學曾獲得某種程度的進展外，儒家本身也在式微中停滯不前，更不用說其他學術了，一直到理學家提

出新的口號，把儒家帶到另一個境界。我們現在要瞭解一下他們對於天、人變化的一些看法。

儒家與道家、道教的結合

一般的說法都認爲，周敦頤的太極圖說實本於宋初道士陳摶的無極圖[28]，這種說法雖有人不贊成，但從各種資料來看，多少與道教脫離不了關係。事實上，不論是太極圖還是無極圖，都是以易傳及陰陽、五行作爲陳說的依據，周敦頤更是本易傳的旨意加以發揮（論見太極圖說）（周敦頤，民 25：1-30）。從無極到太極，太極到陰陽，到五行、四時，到化生萬物，到萬物生生而變化無窮，就是一種終始變化的原則，這種原則也是聖人與天地合其德的結果，正如易傳所說的[29]。所以他的說法只是把陰陽、五行、道家、儒家的理論，透過道教的無極圖、易傳的循環論，予以具體化，使人可以從圖像上去瞭解變化的道理，作爲一種綜合性的變化體系。

邵雍的先天圖據說也是來自陳摶，是一種八卦的演算方式（馮友蘭，民 36：830-840；謝扶雅，民 65：93-118）。他對這個圖非常重視，認爲「天地萬物之理盡在其中矣」（觀物外篇）。邵雍的真正成就就在於此種所謂伏羲八卦的推演，以致有人認爲，西方二元算術的發展還與他有點關係[30]。對於天地、陰陽、萬物、聖人和人之間的關係，並沒有太多的特殊發揮，雖然他也用這些卦數和陰陽、干支、卦氣等配合，以求瞭解政治上治亂、盛衰的道理，甚至說，「學不際天人，不足以謂之學」

[28] 據說周之太極圖輾轉傳自陳摶道士的先天圖，故與該圖極類似。參閱宋史儒林傳朱震傳；馮友蘭，民 36：820-24；吳康，民 65a：119-43。

[29] 如咸，象傳：天地感而萬物化生，聖人感人心而天下和平；繫辭傳上：天生神物，聖人則之；天地變化，聖人效之。

[30] 李約瑟（1973(2)：563）認爲來卜尼茲的二元算術系統，可能與邵雍的卦數演算有關係。

（觀物外篇）。可是通觀內、外篇，邵雍對自然和社會文化變遷的觀念，多半沿襲易傳的傳統，並未提出新的看法。

邵雍跟周敦頤有些相似的地方，他們都從陳摶接受了對太極圖的解釋，但選擇了不同的途徑，周的太極圖在於處理性質的動靜，邵的先天圖則著重卦數的推算。他們對於陰陽的分類，或卦氣的解釋，各有不同的進一步的結果，但對於天人觀念和循環變化，沒有任何新的發現。他們二人最重要的成就，還是把道教的圖說觀念，用來解釋或演繹周易的一些陰陽變化的理論。例如周敦頤說：「至誠則動，動則變，變則化。故曰，擬之而後言，議之而後動，擬議以成其變化」（通書擬議章）。邵雍說：「道爲太極」，「心爲太極」（觀物外篇）。又曰：「天地亦有終始乎？曰：既有消長，豈無終始」（觀物外篇）？可見二人在討論宇宙的發生論，特別在強調太極變化這一點上，雖有不同的爭論，但對於終始盛衰循環的理論，並未突破易傳的藩籬。

陰陽對立與循環變化

易傳的天地、陰陽，在運作過程中雖強調盈虛、消長的重要性，似乎並沒有把二元對立起來的企圖，它的盛衰循環，只是一種明顯的或隱晦的現象。其後各家之說，大致也都如此。

張載提出了不同的看法（馮友蘭，民 36：855-8；吳康，65b：145-166），他認爲天空中充滿的只是一種氣，這種氣有陰有陽，陰陽對立就會產生變化。氣之聚散，正象徵天地萬物的變化。他說：「太虛（天空）無形，氣之本體；其聚其散，變化之容形爾」（正蒙太和）。明顯的是說，氣左右了變化的虛實形象。「造化所成，無一物相肖者。以是知萬物雖多，其實無一物無陰陽者；以是知天地變化，二端而已」（太和）。二端是什麼？「其陰陽兩端，循環不已者，立天地之大義」（太和）。陰陽二端也就是他在文章中經常提到的「兩」，兩可能就是現象內部的兩

種力量，因消長或衝突而對立，於是產生變化，所以說，「兩不立，則一不可見；一不可見，則兩之用息。兩體者，虛實也，動靜也，聚散也，清濁也，其究一而已」(太和)。事實上不只是陰陽，其他事物亦復如此，「一物兩體，氣也」(正蒙參兩篇)。這樣的邏輯系統，他就把天人間現象的變化統一起來，由於陰陽的對立，而產生一致的變化規則，「天人異用，不足以言誠；天人異知，不足以盡明。所謂誠明者，性與天道，不見乎小大之別也」(正蒙誠明篇)。就其普遍性而言，天道和人道沒有差別。這是十足的天人一體論。但這種一致性是建立在陰陽對立作用的過程上，跟易傳的說法不盡相同。易傳言變化，雖然也強調陰陽、天地的相互作用，或互為消長的狀況，但沒有把兩種力量這樣強烈的對立起來瞭解。從變遷的觀念而言，這是一大發展。對立，就是衝突的意思。

程顥基本上也具有這樣的對立觀念，他說，「萬物莫不有對，一陰一陽，一善一惡，陽長則陰消，善增則惡減」(語錄)；這種「天地萬物之理，無獨必有對，皆自然而然，非有安排也」(語錄)。這就是說，事物的變化，完全靠兩種不同因素或元素的作用，乃見其消長。這種狀況，天人是沒有分別的，這就是程顥「天人一本」的說法。「天人本無二，不必言合，若不一本，則安得先天而天弗違，後天而奉天時」(語錄)？因為本來就是天人一體，天人合一的話就變得沒有意義，這是他自認為深一層的看法。所以說「仁者以天地萬物為一體」，這樣就不只天地萬物不分，而且是物我不分了，「故有道有理，天人一也，更不分別」(語錄)，萬物只是一個天理。這可以說是程顥的發明，他的思想，似乎一直游移在心、物之間，有時把自然當作一個客觀的存在，有時又是萬物皆備於我。

理也是程顥所強調的觀念，他說，「凡眼前皆是物，物物皆有理」(程氏遺書卷 15)，「萬物皆是一理，至如一物一事雖小，皆有是理」(程氏遺書卷 15)，「一物之理即萬物之理」(程氏遺書卷 2)。從一物一理到萬

物一理，再到一物可以代表萬物之理，顯然是他的窮理致知的推理模式。
理跟道有什麼關係呢？「天有是理，聖人循而行之，所謂道也」（程氏
遺書卷 21），聖人所遵循的道竟然就是天理。道又是怎樣瞭解的呢？「離
了陰陽更無道，所以陰陽者是道也」（程氏遺書卷 15），而「天地間無
一物無陰陽」（語錄）。這就把萬物統一在理或道的範疇下，陰陽又主宰
了這個理或道，因而就形成了「天人一體」的觀念。「道未始有天人之別，
但在天則爲天道，在地則爲地道，在人則爲人道」（濂洛關閩書，二程
子 8）；「安有知人道而不知天道者乎？道一也，豈人道自是一道，天
道自是一道？……天、地、人只一道也。才通其一，則餘皆通」（程氏
遺書卷 18）。這就不需再加解釋了，道只有一個，天道人道沒有差別。
道有陰陽，陰陽有變化。

　　程頤的陰陽變化之說，也跟程顥相彷彿，認爲陰陽的對立，才造成
變化的無窮；但是事物不只在變，也有常，常才是道或理的真實現象。
從這裡可以看得出來，在程頤的變化理論中，變只是一種過程，常才是
自然界或社會上的常態。他說，「天地之間皆有對，有陰則有陽，有善
則有惡」（程氏遺書卷 15）；「天地之化既是兩物，必動已不齊……從
此參差不變，巧曆不能窮也」（程氏遺書卷 2）。這是就變局而言的陰陽、
天地的對立作用，即是互爲消長而變化無窮，但是這些變化狀況中仍是
「莫不有常」（程氏遺書卷 15）。常也是一種不可忽視的變數，這跟周
敦頤把動、靜對立起來的看法是一致的，朱熹引伊川的話說：「動靜無
端，陰陽無始」（近思錄 1：10）。說明了變與常不但是交互前進的，而
且是終始無端的，所以即使是理，也有盛衰的循環現象。從這裡推論到
政治社會變遷方面，必然也有盛衰循環的軌跡可尋，程氏說：「且以歷
代言之，二帝三王爲盛，後世爲衰。一代言之，文帝成康爲盛，幽厲平
桓爲衰。以一君言之，開元爲盛，天寶爲衰……然有衰而復盛者，有衰
而不復反者……若論天地大運，舉其大體而言，則有日衰削之理」（程

氏遺書卷 18）。顯然有些地方他看不出衰極而盛的現象，似乎並不堅持終始循環的變遷方式。

大家都知道，集理學大成的人物是朱熹。他把前述諸家，周、邵、張、二程的學說加以採擇，如周之太極圖說、邵之易數、張之氣、二程之理，以及易傳的終始循環理論，融爲一體，而建立他自己的理論體系。從變遷的觀念而言，對於自易傳以來的終始循環之說，則並無任何新的發展，只是重新肯定這一趨勢，而減除若干五行生克的解釋，強調天人一體的現象而已③。

綜合朱熹有關變化的學術觀點，大致有下述幾個重要特性：

一爲理氣不分。「天下未有無理之氣,亦未有無氣之理」（語類理氣）；這種理與氣的不分先後，正如「動靜無端」是一樣的，這是就事實而言。如果就邏輯而言，則理爲超時空的不變者，氣爲依時空而變化者。形而上的抽象世界只有理，形而下的具體世界則爲氣（馮友蘭，民 36：903，906）。「天地之間，有理有氣。理也者，形而上之道也，生物之本也；氣也者，形而下之器也，生物之具也」（答黃道大書）。這已經屬於哲學的範疇了。

二爲陰陽對立。「天地無兩立之理，非陰勝陽，即陽勝陰，無物不然，無時不然」（朱子，13：205；張伯行，民 26）。這是很明顯的陰陽對立觀。這種對立觀念跟前述張載、二程之說不但一致而且更強烈。「如天之生物，不能獨陰必有陽，不能獨陽必有陰，皆是對……其所以有對者，是理合當恁地」（語類 95）。所謂理當如此，就是視爲必然。因而他認爲，「天地之間，無往而非陰陽」（朱子 13：214；張伯行，民 26）。但是，就事實而論，天地、陰陽都只是一個氣，所以才產生感應或消長。

③　有關周敦頤、邵雍、張載、程顥、程頤、朱熹的著作極多，有些資料，因時間關係，未能盡找原著則參閱「中國哲學史料選輯」宋元明之部（九思，民 67）所選資料。並參閱趙玲玲，民 62：42-85。

「自天地言之，只是一個氣……所以才感必應」（續近思錄 6：124；朱熹，民 25a，民 25b；鄭浩，民 25；張伯行，民 25；馮君，民 65），「陰陽只是一氣，陽消處便是陰，不是陽退了又別有箇陰生」（朱子學歸 6：50）。可見天地、陰陽一直是起著對立的作用，這樣才有天地萬物各種不同的變化。

三爲天人一體的循環變化。「宇宙之間一理而已，天得之而爲天，地得之而爲地……若其消息盈虛，循環不已……終則復始，始復有終，未嘗有頃刻之或停也」（朱子 13：205）。無論什麼東西，不僅它的來源只有一個，即理，而且都是循環變化，永無停息。這裡提出一個很有分析性的概念，就是把變化當作常態，它是無時無刻不在變。這種變是怎麼產生的呢？根據他以前的說法，就是陰陽之氣，因對立而生變化，或者說，因「理一分殊」，由內部分化而產生新的事物。「盈天地之間，所以爲造化者，陰陽二氣之終始盛衰而已」（朱子學歸 17：147）。這種對立衝突及內部分化的變遷概念，易傳已有一點線索，但不十分明顯，朱熹算是把它常態化又通則化了，這是變遷理論上的一大突破。至於終始盛衰之說，則了無新意，不過把它說得更淺顯點罷了，他說，「氣運從來一盛了又一衰，一衰了又一盛，只管循環去，無有衰而不盛者」（朱子學歸 6：51）。他認爲「天人一物，內外一理」（續近思錄 1：2），天地間無論什麼自然現象或社會現象，都是如此。

氣與理的理性觀

從周敦頤開始到朱熹結束，還不到一百年的時間，理學的變化實在相當不小。從變遷的觀念來看，特別表現在反東漢以來的迷信之風，而把變遷的動力，一方面皈依於易傳的原始理論，因陰陽之對立作用，而產生變化上的盛衰循環之說；另方面強調氣與理的理性解釋方式，認爲所有事物的變遷，均是氣或理的分化而成，特別強調氣的，可以叫做氣

一元論，如張載，特別強調理的，可以叫做理一元論，如程顥程頤。「理一分殊」可以說是他們的典型模式，就是結構本身的分化。

雖然用陰陽、氣理的分析方式，仍難脫神祕的色彩，但相當程度的拋開了五行、八卦的附會，在當時來說，不能不說是一種理性的態度。這種態度顯然加強了他們在中國學術上的地位，並且建立新的哲學基礎。

結語

把本節天人感應的循環變化作一點總結，也許可以歸納成下面幾點重要的結果。

㈠這種循環變化的歷史過程，最早起自易傳、黃帝四經一類的記述，在當時可能是一種極為流行的盛學；經過鄒衍、董仲舒等人加入五行相克、相生之說，並把它系統化後，這種所謂陰陽變化、五德終始的思想就定型了；白虎通可能是這種天人思想的總結，也是這個思想發展上的最高峯，以後就沒有多少變化了。差不多同時的作品如呂氏春秋、淮南子、黃帝內經、潛夫論等，都沒有新意。直至理學家出現，拋開了較多的迷信成分，而有回復到易傳那種比較原始或樸素說法的傾向，即陰陽變化、終始循環、與天人合一的成說。

㈡循環變化的基本結構建立在天人互動的關係上，天變和地變的周期是一致的，盛衰循環的現象也是一致的。天地萬物的變化都表現在自然現象和社會現象上，兩者有密切關係，人間有巨變，天上就會示懲，這就是天人感應，或者說，天人合一。從易傳一直到理學時代，這種思考模式沒有變。

㈢變化的動力主要來自兩者，即陰與陽。陰陽二種力量相互作用，就產生變化。兩種力量不是並存，而是對立的互為消長；因為互為消長，才形成盛衰的循環現象。早期是天道和人道的解釋，晚期就是氣和理了，

因爲不論天地萬物，都是受到氣或理的支配。最大的特點是，把理視爲不變的道或常，而以氣爲可變的器；雖然有時候，理也會產生內在的分化。宋代理學家在對立或衝突所導致的變化觀點上，有新的發展。

㈣五行、八卦、干支以及其他有關的元素，都是用來解釋陰陽變化，或預測變化的工具。五行相勝或相生，八卦或六十四卦，以及六十干支，都有一定的循環期，因不同的排列組合方式，就可以產生無窮的變化，這些變化又是可以控制的、有周期的。循環期可以拉長，卻不是不能預測。也由於這種預測性，天人循環變化的理論模式，在宋以後雖無重大發展，但在日常生活上的用途反而日益增加，如擇日、風水、算命之類。

㈤這種天人一體的循環變化模式，最初的易傳，可能是儒家和道家的結合，形成陰陽變化，互爲循環的消長；到了鄒衍手裡，增加了五行相勝的陰陽家之說，成爲陰陽五行之術，對行爲的預測性提高；董仲舒僅增加了五行相生和尊卑貴賤的解釋，以及白虎通的系統化。這個理論模式到這裡就算已經定形了。宋代理學家沒有改變它的基本結構，但多少增加了一些道教的解釋，因爲周敦頤的太極圖是來自道教的靈感。所以這個循環盛衰模式，一開始就是儒道混合，後來又加入了陰陽家、道教的意見。

㈥天人一體的循環變化模式，不僅天地萬物的變遷方向相同，過程相同，最重要的是強調天與人爲一連續體，所以才能從天變看出社會將有變化。地震、日蝕、水災就是最明顯的象徵，預示人間將有災難發生。趨吉避凶的最好辦法，就是調整行爲的方式，例如安排對人民有利的政策，或個人向善，這樣最少可以部分扭轉天意。這種天人合一的想法，後來對一般人行爲層面的影響，可能比思想界還大，例如風水、改運、擇日，以及農民曆的廣泛使用，都有避開壞運或用技術改善壞運的意思。

㈦從鄒衍倡五德終始循環之說，遊說諸侯，獲得成功；到董仲舒倡天人合一之說，罷黜百家，獨尊儒術，獲得空前勝利；到三國或宋以後

的普遍接受風水觀念，相信人的行爲可以趨吉避凶，用技術改變壞運。這一連串的發展，都建立在一個假定上，即自然或天與人類的行爲是一致的，不論是早期的陰陽、氣理，或晚期的命運。

四　中國變遷觀念的範式㈡

自然變化説：道家和儒家的常與變

自然變化説比較强調自然現象和社會現象的分離作用，即天道是一種自然變化。所謂「天道自然」，既不應從天象去解釋社會行爲，也不應從社會現象去理解天意。天是天，人是人，没有感應的過程和結果。

主張這種説法的大致可分爲三派：一派是專門反對天人感應的，又可以叫做神滅論者，反對迷信，而强調天道自然。由揚雄開其端，其極端派是桓譚、王充等人，一直延續到清代的洪亮吉。這派人顯然是西漢以來，儒家天人學説的反動者，尤其是對後漢讖緯之説的反動。這派人基本上是儒家，但具有科學主義精神，不迷信神佛，對自然與社會變化並未提出什麼理論。第二派也是反對天人感應之説，也具有儒家傳統，但他們的思想成分比較接近荀子，主張天人之分。有些人也用陰陽變化解釋自然和社會現象（有點像易傳），著眼點卻是自然變化，並且特別强調自然和社會存在的常性和變性，常與變總是交互出現的。荀子是一個重要的開端人物，一直到清代的章學誠。第三派爲道家人物，他們没有提出反對的目標，純從道家學理出發，建立了後來貴無、崇有兩派。這派人主張自然變化，有時也强調循環論的觀點。把變當作一種常態，爲這一派的特色，特別是莊子。這一派由老、莊開其端，列子以後，就没有什麼發展了。

自然變化説的共同點固然是强調自然變化,把天道和人道分別處理。

不同派的個別差異仍然相當大，例如儒家的無神論者不談變化，有的人仍以陰陽論變遷，道家則根本只討論自然發展。同派的個人的差異也還是存在，例如同屬道家，何晏不同於向秀，同屬儒家，李覯不同於張載。就變化而論，自然變化說實際僅二派，即儒家的現實取向和道家的理想取向。無神論者甚少談變化，有之，或承襲易傳的說法，或兼爲陰陽變化之說，似可在現實派中予以討論。

道家的自然變化觀

主張自然變化說的人，多少會受到老子理論中，有關自然和道的概念的影響。道家學派的自然變化論者當然承續了這些觀點。從變遷的觀點而論，道家的玄學繼承了老、莊變遷理論中的三種基本精神：一是無與有兩個概念的分化，到後來產生貴無和崇有兩派理論，他們對社會的看法也有相當大的差距；二是自然變化的必然性，他們都強調這是天地萬物的一種過程；三是事物變化間的相互作用或相互關聯。對於老莊變化理論所強調的終始循環概念，魏晉以來的玄學並未繼續，也沒有什麼新的發展。這些概念，可以從老、莊二書中獲得一些解釋③：

1. 無名，萬物之始也；有名，萬物之母也。故恆無欲也，以觀其眇（變化）；恆有欲也，以觀其所噭（邊際）。（老子道德經，一章：18-19）

2. 反也者（相反方向的變化），道之動也；弱也者，道之用也。天

---

③ 關於老、莊的變化觀念，下節還會討論。此處所引資料，偏重於當時道家玄學派比較有興趣的論點，而又與變化有些關聯，如道法自然、萬物自化之類。下列1~4條所引老子，俱出於帛書老子，句讀、用字、內容與今本略有不同。該書抄於漢初，或較不失真（朱謙之，1984；黃釗，民80；河洛，民64）。所用頁數爲河洛小篆本。

下之物生於有，有生於無。（老子道德經，四十一章：8）

3. 人法地，地法天，天法道，道法自然。（老子道德經，二十五

　　章：25）

4. 道恆無名，侯王若能守之，萬物將自化（自己變化）。（老子道德

　　經，三十七章：28）

5. 無動而不變，無時而不移，何爲乎，何不爲乎？夫固將自化。

　　（莊子，秋水）

這一類的觀點，對晉的玄學思想，在變化方面都產生或多或少的影響。
不過，這時的哲學思潮，主要在於擺脫東漢以來的讖緯迷信風氣，多半
著重在抽象概念的闡述和分析，對於自然變化理論，並沒太大的發揮。
以下我們分別從貴無論和崇有論兩派加以分析。貴無論有何晏、王弼、
嵇康等，崇有論有裴頠、向秀、郭象等。

貴無論

　　何晏、王弼是魏晉時代貴無派玄學的領袖人物，二人差不多同時，
而王弼較年輕。何、王的主要思想，都是認爲天地萬物無爲而自然變化，
自然變化就是不必假以人力。何晏曾經引用他的朋友夏侯玄的話，「天
地以自然運，聖人以自然用」，而解釋説，「自然者，道也」（列子仲尼
篇注引何晏無名論）。在他看來，道和自然是沒有差別的東西。道是什麼？
道就是無，無就是不要刻意的去做，就是順乎自然而然的變化。這有點
循環解説的味道，正如他在無名論上説：「夫道者，惟無所有者也。自
天地以來，皆所有矣，然猶謂之道者，以其能復用無所有也」（同上）。
天地萬物，看起來是有，其實還是無，因爲道就是無。他説：「有之爲
有，恃無以生；事而爲事，由無以成」（道論）。事物都是賴無以成以生，
沒有例外。「天地萬物皆以無爲爲本。無也者，開物成務，無往不存者也。

陰陽恃以化生，萬物恃以成形，賢者恃以成德，不肖恃以免身。故無之為用，無爵而貴矣」（無為論）㉝。這就是說，一切的事物，陰陽變化，萬物成形，人類的賢與不肖，都經過無為的自然變化過程才產生、完成，無實在非常重要。

　　王弼的變化觀念跟何晏差不多，只是他在玄學上的理論體系比較完整。他認為「變化之道，不為而自然」（周易繫辭注），所謂道常無為而無不為，就是「順其自然」（老子注 37 章）的意思。順其自然就是無為，就是不要勉強為之，「天地任自然，無為無造……無為於萬物而萬物各適其所用」（老子注第五章），什麼都不要做，一切的事物仍然會自然的獲得適當的安排。他說：「夫物之所以生，功之所以成，必生乎無形，由乎無名。無形無名者，萬物之宗也」（老子指略）。「夫道也者，取乎萬物之所由也」（老子指略）。可見，道和無是一種東西，「道者，無之稱也」（論語釋疑）。除了討論自然變化與無的關係外，王弼對動、靜的概念也作了許多解釋，並且認為靜是永恆的、絕對的，動是暫時的、相對的，這跟許多後期儒家學派認為動是常態的意見，正好相反。他說，「天地以無為心者也。凡動息則靜，靜非對動者也……然則天地雖大，富有萬物，雷動風行，運化萬變，寂然至無，是其本矣。故動息令中，則天地之心見也」（周易復卦注）。儘管天地萬物千變萬化，最後還是歸於寂無、歸於靜止的狀態，這就證實了「有起於無，動起於靜，萬物雖並動作，卒復歸於虛靜」（周易復卦注）㉞。顯然有，變出於不變的意思，這樣的看法，跟老莊思想中變化的本意，有很大差距。

　　後來嵇康也是貴無派的一員，主張崇拜自然，離開這個複雜的社會，隱居山林，頗有頹廢派傾向。他希望「遊心於寂寞，以無為為貴」（與

<hr/>

㉝　何晏，無名論，道論，見列子仲尼篇注引；無為論，見嚴可均輯，全三國文。
㉞　王弼，老子注，周易注，老子指略，論語釋疑；容肇祖，民 65：269-294；中華，民 47。

山巨源絕交書)。但是他對自然變化沒有提出什麼概念，並且相當反對何、王兩人的主張，對山濤、阮籍、王戎他們出仕做了大官，也頗不以爲然，所以後來顯得更落寞。

崇有論

裴頠是首先起來反對「無」而極力主張「有」的人。據晉書本傳的說法，他是看到早期一些頗負盛名的名士，放蕩不羈，不遵禮法，做了官又不幹活，把社會風氣都攪壞了，「乃著崇有之理，以釋其蔽」，因而他直接攻擊何、王貴無的不當。他認爲貴無派破壞了現有禮教和社會秩序，只有肯定萬物存在的真實性，才能建立一個真實世界的實體。基本上他認爲萬物的變化是自然而然，可以説是科學的理性主義者。他説：「夫總混羣本，宗極之道也；方以族異，庶類之品也；形象著分，有生之體也；化感錯綜，理迹之原也。夫品而爲族，則所秉者偏；偏無自足，故憑乎外資。是以生而可尋，所謂理也……」（崇有論）。這一段話的意思是：最根本的道，是總括萬有的；個別部分，也可以按類別分類；形象分明，是一切生長變化的主體；萬有的變化及其相互作用間的錯綜複雜，是事物法則所形成的根源。既然有不同的種類，每一類就會有點偏；偏就不能自足，必須依賴外力。這就是事物生長變化的法則[35]。很明顯的，他對萬物的生長變化，提出了幾個原則：第一，道包含一切萬物；第二，萬物可以分門別類，加以認識；第三，個別的形體及其變化，都是看得見的；第四，變化產生相互間作用，並且有一定的法則或規律；第五，個體不能獨立，必須相互依存；第六，這樣就是自然變化的法則。所以他認爲「觀乎往復，稽中定務」（同上），一個人只要觀察瞭

---

[35] 房玄齡，晉書卷 35 裴頠傳，崇有論在 1044-7 頁；並參閱容肇祖等，民 67：377-8 注一～注四。

解往復變化的過程，就可以找到原則，決定工作方向。這完全是承認現
象的存在，並從現象而探尋「道」。這樣，他的主張就提出來了，「夫至
無者，無以能生，故始生者，自生也……由此而觀，濟有者皆有也，虛
無奚益於已有之羣生哉」（同上）？絕對的無，不能生有，最初所生出
來的萬物，都由自己產生。可見，有就是有，無沒有什麼作用。自生，
也有自然變化的意思，「夫有非有，於無非無；於無非無，於有非有」（同
上）。事物在運動變化的時候，有一部分保存原來的性質，另有一部分
卻變了或損失了；有些不是原來的性質，卻又不是完全損失了（容肇祖
等，民 67：383-4）。直接翻譯的話，就是「有不是全有，無不是全無」。
既然不是絕對的無，就是「有」。

真正把崇有論系統化的是向秀、郭象，他們的崇有觀念均表現在莊
子注中，二者大同小異，大抵是郭象因向秀之注加以擴大捕充㊱而成。
他們的基本觀點是反對無能生有之說，而認爲萬物都是自造、自生，所
有的變化也是自然而然。自然現象如此，社會現象也是如此。這就是他
們所強調的「獨化」，獨化就是「造物者無主，而物各自造」（莊子注，
齊物論），萬物都是自己變化。可見物本身是一種存在的實體，而不是無，
無就什麼也沒有了，那裡會有各種各樣的物？他說：「請問夫造物者有
耶，無耶？無也，則胡能造物哉？有也，則不足以物衆形（造許多物）。
故明衆形之自物（自造），而後始可與言造物耳」（注齊物論）。這段話
說明兩點：其一是萬物始於有，不始於無；其二是萬物都是自生，沒有
什麼造物主。

這樣，我們就很容易瞭解，「天地者，萬物之總名也……自然者，
不爲而自然也」（注逍遙遊）。這些自然的萬物，都不是靜止的，無時無

㊱ 參閱晉書卷 49 向秀傳：1374-5；卷 50 郭象傳：1296-7；馮友蘭，民 36：
633-4；向秀、郭象，莊子注；容肇祖，民 55：55-71。

刻不在變，只是我們常常沒有發覺罷了。「夫無力之力（自然），莫大於
變化者也。故乃揭（舉）天地以趨新，負山岳以舍故，故不暫停，忽已
涉新，則天地萬物無時而不移也……故向者之我，非復今我也，我與公
俱往，豈常守故哉」（大宗師注）。天地萬物經常在變，人和社會也一樣，
今天已變得不同於昨天，那裡還有什麼不變的東西？人在變，社會在變，
萬物都在變，社會制度和倫理也就不能不變，不變就是抱殘守缺，那裡
還能應付新的環境。「夫禮義，當其時而用之，則西施也。時過而不棄，
則醜人也」（天運注）；「法聖人者，法其迹耳。夫迹者，已去之物，
非應變之具也」（胠篋注）。他認爲禮義之類的倫理規範是有時間性的，
聖人所留下來的許多文物制度，也是過去的陳迹，對後世未必有什麼用
處，更不能用來作爲應變的工具。很明顯的，他們是主張因應時代的變
化而變化。但是，這種變也不必太勉強，天下事有時候不是完全由人力
可以控制的，「人皆自然，則治亂成敗，遇與不遇，非人爲也，皆自然耳」
（大宗師注）。這就是說，變是必須變，但變跟治亂一樣，它的成敗，
都是自然而然。這又回到了他們一向的理論，自然變化。

　　綜合道家玄學對變化所發展出來的一些概念，我們可以獲得以下幾
點結果：(1)他們對老、莊的宇宙觀重新予以詮釋，由於觀點的不同，結
果分爲兩派，一派是貴無論，以何晏、王弼爲首，完全從道家哲學加以
理解，以「無」爲重心；另一派是崇有論，以向秀、郭象爲主，反對正
統派的貴無論，認爲無不能生有，而且可能破壞社會秩序。(2)雖然兩派
的基本觀念有很大差異，卻都強調自然變化，認爲天地萬物，乃至人類
社會的變化，都是自然而然，人力是無濟於事的，這就是他們所謂的「獨
化」。(3)強調變化的必然性，向、郭尤其如此，這種現象是可以理解的，
因爲向、郭受莊子的影響比較深，而莊子一直把變當作一個常數，認爲
天下事物無時不在變化。

儒家的自然變化觀

這一派的儒家學說，主要是反對天人感應的迷信思想。這種知識分子相當多，大約可以分爲四種：一種是單純的神滅論者，如桓譚；一種是無神論而又主張自然主義者，如王充；一種是單純的自然主義者，如柳宗元；一種是自然主義而又主張陰陽變化者，如李覯。這種觀念實在相當複雜，不容易區分，此處也只能作一點概括的分類。

我們要分析的主要爲變遷的概念，從這個觀念出發，上述的四種論點，大致又可以分爲兩類：一類是神滅論者，攻擊迷信，不談變化；另一類是以自然變化說爲主，有的談陰陽，有的不談陰陽。前一類實際並非分析的對象，只是他們所倡導的科學主義精神，有助於自然變化說的理解，在討論自然變化理論之前，值得作一綜合性的瞭解。這跟當時的反讖緯、反天人感應有直接關聯。

神滅論

我們在前面討論過，自從董仲舒等人倡導陰陽五行、天人感應之說以後，兩漢便彌漫著一片災異、讖緯的迷信風氣，不僅是思想上，行爲上也一樣，後漢尤其嚴重。我們都知道，王莽就是利用這種方式登上皇帝寶座。當時幾乎沒有人懷疑這種行爲㊲。

揚雄可能是第一個對這種思想提出異議的人，他認爲只有瞭解自然並符合它的發展規律，才算是真正的知識。不過他究竟是一個過渡期人物，一方面强調自然，另方面又談論陰陽五行、天人感應、盛衰循環之

㊲　班固，漢書 99 王莽傳，對王莽如何利用符讖詐僞之術，以取得皇帝位，有詳細的描述。

理，受到易傳和老子的影響不小。他既認爲「質幹在乎自然，華藻在乎人事，人事也，其可損失與」（太玄玄瑩）？又說「一陰一陽，然後生萬物」（太玄玄圖），「有生者必有死，有始者必有終，自然之道也」（法言君子）。

　　真正對當時迷信風氣加以猛烈抨擊的是桓譚，他反對天人感應、反讖緯、反靈魂不滅的各種說法，的確具有一種科學精神。他說，「精神居形體，猶火之然燭矣……燭無，火亦不能獨行於虛空」（新論形神）。人就是這樣，死了就什麼也沒有了，像燭一樣，那有什麼鬼？「人與禽獸昆蟲，皆以雄雌交接相生。生之有長，長之有老，老之有死，若四時之代謝矣。而欲變易其性，求爲異道，惑之不解者也」（同上）。這是駁斥那些求長生不死人的思想。他的反抗精神相當大，但也只是消極的，並沒有提出積極性有系統的主張，跟王充的情形很類似。

　　王充生當東漢初年（西元 27～99），正是極端迷信的時代。他的思想基本上是反讖緯、反鬼神，而主張天道自然的，但也相當程度的相信命運，以及盛衰循環的道理。他的反迷信論調似乎比桓譚要成熟些，但積極的建樹仍然不太大。他一方面認爲「春觀萬物之生，秋觀其成，天地爲之乎？物自然也」（論衡，自然）。這種生長、成熟的過程，完全是自然的趨勢，沒有什麼天人感應，「人不能以行感天，天亦不隨行而應人」（明雩）。「人，物也；物，亦物也。物死不爲鬼，人死何故獨能爲鬼？……人之所以生者，精氣也，死而精氣滅」（論死）。把人與物等同看待，在當時的確相當勇敢。另方面在解釋不通的時候，便認命。他說，「教之行廢，國之安危，皆在命也，非人力也」（治期）。不但如此，「禍福吉凶者，命也」（命義），「凡人偶遇及遭累害，皆由命也。有死生壽夭之命，亦有富貴貧賤之命」（命祿）。這可以說是時代所造成的矛盾，儘管他激烈的反對當時的讖緯顯學，仍然逃不開命運的控制，因而他從易傳承續過來的循環觀念，也不免有幾分命運的味道，「（國與家）昌必有

衰，興必有廢……昌衰興廢，皆天時也……世之治亂，在時不在政；國
之安危，在數不在教」（治期）。王充的主要目的仍在批判當時的「虛妄」
思想，對變化觀念談得不多㊳，對治亂則完全歸之命運。

以後繼承這個天道自然、氣一元論的傳統，並且反天人感應、反鬼
神的，有魏晉時期的楊泉，爲魏晉以至六朝神滅論的倡始者；劉宋時期
的何承天，他的無神論是反對佛教的因果報應；梁武帝時的范縝，也是
一名激烈的無神論者；唐代有好幾個有名的無神論者，如呂才，比王充
更進一步，反對富貴貧賤、禍福壽夭的命定論；柳宗元，反對天人感應；
劉禹錫，無神論的科學主義者；清代的洪亮吉，跟呂才一樣，不但反鬼
神，也反命定論㊴。

這些人的主要特徵就是：反對天人感應的理論，不相信鬼神、命運，
而主張天道自然，有的人並且特別強調氣一元論，一切都是由「氣」這
種物質衍生出來的。這種天道自然的說法，多少受到老子學說的影響。
他們雖然沒有討論自然和社會變化的關係，但拒絕鬼神迷信思想，對自
然變化說有正面的作用，至少，這種思想在當時可以視爲一種理性的選
擇，具有科學主義精神。

自然變化論

強調自然變化論的人不在少數，這裡只舉出十幾個比較重要的人的
思想加以分析。他們基本上均屬於儒家系統，並且似乎比較接近荀子的
思想，但也受到老子和易傳的影響。自然變化的基本概念，就是假定天
與人是兩個分離的世界，沒有相互的影響作用，也就是不相信天人感應，

㊳　上述幾人的思想，可參閱揚雄，法言；桓譚，新論；王充，論衡。徐道鄰，民
　　65：147-177。

㊴　如果不是要瞭解他們的全部思想，可參閱容肇祖等，有關魏、晉、唐、清各部
　　分（民67）。

不迷信鬼神或至少不討論鬼神問題。這些人的基本觀念雖然是主張自然變化，但個別差異還是存在，有的是無神論者，有的並不以無神論作標榜，有的强調陰陽五行的物質性，有的則不大討論陰陽問題。

　　强烈的無神論而又主張自然變化說的人有：王充、柳宗元、劉禹錫、李覯、劉基諸人。他們的主要觀念在否定神鬼的存在，而用自然主義做爲理論的依據。像柳宗元說的：「天地，大果蓏也；元氣，大癰痔也；陰陽，大草木也。其烏能賞功而罰禍乎？功者自功，禍者自禍，欲望其賞罰者大謬」（天說）。天地、陰陽沒有什麼神秘性，跟我們所熟悉的草木一樣，禍福也是自然而然的發生，完全否定了天人互動的說法。劉禹錫更是具有科學主義精神，認爲天、人可以交相勝，他說：「天之能，人固不能也；人之能，天亦有所不能也。故余曰：天與人交相勝爾。……天之所能者，生萬物也；人之所能者，治萬物也」（天論上）。天與人之分掌變化法則，非常明顯，人的自主性提得相當高。

　　自然變化論的另一批人是强調自然變化的重要性，但也根據陰陽或五行的角度去處理問題，不過把陰陽、五行當作物質的變化因素，不帶任何神秘色彩。這一派的著作或人物比較多，著名的如老子、易傳、莊子、荀子、韓非子、李覯、王安石、劉基、羅欽順、王夫之、戴震、章學誠等。在這些人中，荀子是一個重要的分界點，他明白强調天、人分際的理論，而拒絕接受天人感應的原則，這是儒家變遷理論的一大轉變⑭。這以後便成爲儒家變遷理論的兩大傳統：一派是天人合一，如前所述，從鄒衍、董仲舒到宋代理學，朱熹集其大成；一派是天人分立，從荀子、韓非子經王安石、劉基到章學誠等人。大體而言，前者比較强調儒家的政治、道德傳統，主張順應天變以爲人事上的改善；後者比較强調改革，不拘泥於古代的政治或道德傳統，主張用社會改革而達到政治

---

⑭　參閱韋政通，民68：307-8，314-8。荀子天論一章中討論的尤多。

上的目的。這種觀念，大致來自下述幾個方面：⑴自然主義本身是源自老莊思想，把自然獨立於人之外加以觀察；⑵陰陽思想最明顯的來源是老子和易傳，與早期的陰陽家理論也脫不了關係；⑶循環論的主要來源當然是老子、莊子、易傳諸書。我們可以這樣說，後期的自然變化論所強調的自然、陰陽、循環、常與變、天人分際諸重要概念，莫不與老子、莊子、易傳或荀子諸書有關。

易傳對於陰陽變化、盛衰循環，以及天地、萬物互相感應的觀念，我們在前面已經有非常詳細的討論，它對後世的影響也談了很多。自然變化論者多半放棄了易傳中有關天人感應的概念，而接受了循環、變化的物質性認識。這對天人分立的分析也有幫助。

老莊的變化觀念，在玄學部分已經討論過，這裡再提出有關部分加以分析。老子學說與自然變化說有關的幾個概念是：⑴自然，⑵循環變化，⑶變是一個常數，⑷陰陽的物質性對立趨勢。下面是老子中的幾段話，牽涉到這些基本概念④：

1. （道）獨立而不改，可以爲天地母。（25章：25）
2. 人法地，地法天，天法道，道法自然。（25章：25）
3. 萬物並作，吾以觀其復也。夫物芸芸，各復歸於其根，曰靜。靜，是謂復命。復命，常也。知常，明也。不知常，妄，作凶。（16章：23）
4. 反也者，道之動也；弱也者，道之用也。天下之物生於有，有生於無。（41章：8）
5. 萬物負陰而抱陽，沖氣以爲和……物，或損之而益，益之而損。

④ 下列所引用老子，章，照一般順序；頁，依河洛小篆本。小篆本老子，德經在前，道經在後，爲目前所知爲最早抄本。內容較今本爲易懂，文字近似戰國若干子書。

　　（42章：8）

　　6. 禍，福之所倚；福，禍之所伏。（58章：12）

　　依老子的意見，道是物質世界裡的最高法則或規律，道既然以自然或宇宙本體爲法則，推論下去，人也不能例外。這種運行法則是循環的，周而復始，萬物的運作都是如此。運動時不僅有常與變之分，還有對立的傾向。這樣的陰陽變化、損益循環，就可以瞭解禍福的所在了。這幾種概念，對後期自然變化說有很大的影響。他們用的語言文字可能不完全相同，實際的意義卻相當一致。

　　莊子在各方面都相當程度的繼承了老子的傳統，例如自然、變化、終始循環之類的概念。莊子也特別強調變，有人說他是一種變的哲學。他認爲「年不可舉，時不可止，消息盈虛，終則有始。是所以語大義之方，論萬物之理也。物之生也，若驟若馳。無動而不變，無時而不移……夫固將自化」（莊子秋水）。這段話主要說明兩種意義：一是行動有循環的趨勢，不必勉強；二是萬物無時無刻不在變化中。這種說法，和老子的思想是一致的。他在天、道、陰陽方面的思想，大致也和老子相似。所謂「無爲爲之之謂天，無爲言之之謂德」（天地），正是解釋老子的思考方式，無爲不是不爲，而是順應自然而爲的意思，莊子可謂得其道。

　　老莊的理論，到漢初一度變爲黃老之學，爲經過修正後的學派。魏晉衍化爲玄學，可以說是它的正統發展，在變化觀念上也承續了這個傳統，在上節玄學中曾有過討論。而直接或間接受到老莊和易傳影響的，是儒家的荀子學派或後期儒家的改革派，以及部分法家人物。

　　荀子是早期儒家理論中，首先提出天人分立和自然變化基本概念的人。他把天和人分開來觀察，天是自然的天，人是社會的人，兩者沒有行動上的因果關係，這就是荀子所說的「故明於天人之分，則可謂至人

矣」（天論）。天和人各有各的分野或本分，國家的治亂或個人的禍福，跟天沒有什麼關聯。荀子這種天人之分的概念與儒家傳統的天人合一，幾乎完全站在對立的立場。也因此，荀子的天才是真正自然的天，他在天論中有幾個地方特別申述這個觀念：

1. 天行有常：不爲堯存，不爲桀亡。應之以治則吉，應之以亂則凶。
2. 天有常道矣，地有常數矣，君子有常體矣。
3. 夫星之隊，木之鳴，是天地之變，陰陽之化，物之罕至者也。
4. 百王之無變，足以爲道貫。一廢一起，應之以貫，理貫不亂。不知貫，不知應變。

依照荀子的説法，天就是天，堯跟桀的天沒有兩樣，治亂吉凶全是人爲的，不能歸之於天。天的規律（道），地的法則，人的行爲標準，都是有一定的。有時候，星球墜落，樹木發出聲音，那也只是天地間的陰陽變化，沒有什麼值得大驚小怪。這完全是反對天人感應的理論，天道跟人道一樣，有它變的一面，也有它不變（常）的一面，但兩者並不互相關聯。做皇帝的，要懂得常（貫），也要懂得變，這樣才知道應變。

依照荀子的説法，不僅天、人各有不同的常、變法則，人民也可以運用自己的智慧去控制天的變化，並且加以利用，他説：「大天而思之，孰與物畜而制之；從天而頌之，孰與制天命而用之；望時而待，孰與應時而使之」（天論）？與其歌頌、贊美，不如設法利用。這在觀念上是一大進步，從順天命發展爲控制和利用天命。這種觀念對於無神論者一定產生過很大的影響，如果天都可以爲人利用，神鬼就更不用怕了。

在這種情況下，人類行爲就變得具有相當高的自主權和獨立性，正如行業的獨立性一樣，「農農士士工工商商，一也」（王制）。不過，行爲的循環現象還是存在，他説，「以類行雜，以一行萬，始則終，終則始，

若環之無端也。舍是而天下以衰矣」（王制）。他認爲行爲的終始循環就像一個圓圈圈，什麼地方都可以是起點或終點。這種想法實在已經把易傳的循環論加以限制了，把它限制在一個圓圈中去思考，這可能使終始的循環得不到發展的機會。

荀子的自然變化觀，顯然有兩個主要的來源，一個是老子的自然客觀世界；一個是易傳的陰陽和循環論。經由這些途徑而發展成爲荀子的自然變化觀的特色：一是帶有陰陽色彩的自然變化理論，這就是天人之分，自然歸自然，社會歸社會，沒有互動的因果關係；二是肯定常與變的差別，無論自然現象或社會現象，有其不變的一面，也有其變的一面，懂得常與變的道理，才能真正應變；三是人類不僅不應跟著天變而變，還應該懂得掌握天變的規律性，控制天的變化，甚至利用這種變化。從這裡我們可以瞭解，荀子的整個變化觀念，就是把人的獨立和自主性提高，完全擺脫了天命思想；他雖然也談陰陽，但沒有神秘色彩，而把它當作一種物理現象。

韓非子是法家的綜合型人物，在他的思想裡，勢、權、術、法都是重要的治國之道。在變遷思想裡，跟荀子一樣，常與變是他的基本原則，與這個原則有關的，就是盛衰循環、陰陽變化、天人分立、強弱異勢之類的解釋，所以他認爲「天有大命，人有大命」（揚權）。大命就是基本規律、法則之類。意思是說，天有天的基本規律，人有人的基本規律，這就是否定天人互動的理論，而承認荀子的天人之分。「故理定而後物可得而道也。故定理有存亡，有死生，有盛衰。夫物之一存一亡，乍死乍生，初盛而後衰者，不可謂常。唯夫與天地之剖判也俱生，至天地之消散也不死不衰者謂常。而常者，無攸易，無定理」（韓非子解老）。解老一篇是韓非子對老子思想的延伸或詮釋。在這裡，韓非子明白表示，常是永遠不變的，變才有盛衰、死生的問題，因爲有盛衰，看起來才有循環的現象，這是要特別懂得的道理。「凡物之不並盛，陰陽是也」（解

老），陰盛就陽衰，陽盛就陰衰，正如「禍兮福之所倚，福兮禍之所伏」一樣，「故萬物必有盛衰，萬事必有弛張」（解老）。這樣，也許就導致他的結論，「國無常強，無常弱」（有度），「因天之道，反形之理，督參鞠之，終則有始」（揚權）。雖然他強調的是法，是天與物的不同規律，但結果是相同的終則有始的循環理論。

　　韓非子對於變遷的看法，幾乎跟荀子完全一致，即天與人有別，常與變也有別，有盛衰循環，也有陰陽終始。這種觀念顯然來自易傳和老子的居多，大致是有關常、變和天、人之分的看法來自老子和荀子，有關陰陽和盛衰終始的看法來自易傳。韓非子真正關心的還是法，他認為法是左右社會變化的重要工具，只有經常變法，才能夠應付社會人民的需要，才能使國家強盛。現在的社會跟以前不同，當然不能用古法來治今世，所以他說，「聖人不期修古，不法常可，論世之事，因為之備。……今欲以先王之政，治當時之民，皆守株之類也」（五蠹）；「國無常強，無常弱，奉法者強則國強，奉法者弱則國弱」（有度）；「不知治者，必曰毋變古，毋易常，變與不變，聖人不聽，正治而已」（南面）。類似這樣的觀念，在韓非子一書中，到處可見。雖然以法為討論重點，變卻也是他的基本原則，必須用變法來處理日新月異的國家社會問題。法是什麼？當然是指治理國家的制度、賞罰之類。這倒是明顯的談到了國家的政治結構。

　　其後，春秋繁露、白虎通義和讖緯之說，完全走陰陽五行的路線，呂氏春秋、淮南子雖有一點道家的觀念，卻是雜採各家之說。一直到王充的論衡，經過了揚雄和桓譚的無神論，才有機會回復到自然變化的意識，以為解釋自然和人類關係的依據。

　　王充的基本精神在於抨擊當時的迷信風氣，主張無鬼神論，以反對那種囂張的陰陽五行思想。他認為天地萬物是一種自然的存在，人也是一種自然的存在，沒有神鬼或天人感應一類的神秘世界；有的東西永遠

不變，有的則經常變，這與氣有關，所以被認爲是氣一元論者；盛衰存亡都是命中注定，非人力所能挽救；强弱異勢，其實也不過有較好的機會而已。可見王充的整個思想，主要在於破除已存的迷信，而沒有積極建立變化理論的企圖，甚至也沒有把天人之分或自然主義作進一步的發揮；在許多興廢安危的國家事務解釋不通時，便歸之於命運，更是受到當時社會風氣的束縛，以致不能保持較理性的態度。顯然還是受到當時潮流的影響，是一種無可奈何的事。這跟揚雄的情形相當類似。王充一方面説，「春觀萬物之生，秋觀其成，天地爲之乎？物自然也」（論衡，自然）。沒有什麼特殊的緣故，到時候就會自然產生許多現象，「夫天無爲，故不言，災變時至，氣自爲之」（自然）。這裡表示，氣很重要，氣是變遷的來源。另方面又説，「福禍吉凶者，命也」（命義），「凡人偶遇及遭累害，皆由命也。有死生壽夭之命，亦有富貴貧賤之命」（命祿）。「教之行廢，國之安危，皆在命也，非人力也……（國家）昌必有衰，興必有廢……昌衰興廢，皆天時也……世之治亂，在時不在政；國之安危，在數不在教」（治期）。王充這種强調以命、時，或數來解釋個人的吉凶貴賤和國家的安危，可能是不得已的辦法，不迷信鬼神，卻也提不出有效的否定指標，就用宿命的觀點，最後歸之於氣和自然。有時候也用機會來作説明，他説，「夫物之相勝，或以筋力，或以氣勢，或以巧便，……故夫得其便也，則以小勝大；無其便也，則以强服於贏」（物勢）。「便」應該就是機會的意思，也有點像前面所説的，時也、數也、命也，似乎找不到更合理的解釋，就歸之於命也或便也。他的思想走到極端就變成「人，物也；物，亦物也。物死不爲鬼，人死何故獨能爲鬼？……人之所以生者，精氣也，死而精氣滅」（論死）。把人也看成物，就可見王充的觀念，在當時思想界所產生的震撼力有多大，雖然有時還是擺脫不了陰陽觀念的束縛，如説，「正身共己，而陰陽自和……陽氣自出，物自生長；陰氣自起，物自成藏」（自然）。這跟他的命運觀念有相通之

處，即是無法完全不受到社會環境的某些影響㊷。

王充有時候又把古今社會當作一個不變的實體，「夫上世治者，聖人也；下世治者，亦聖人也。聖人之德，前後不殊，則其治世，古今不異。上世之天，下世之天也，天不變易，氣不改更。上世之民，下世之民也，俱禀元氣。元氣純和，古今不異；則禀以爲形體者，何故不同？……一天一地，並生萬物。萬物之生，俱得一氣。氣之薄渥，萬世若一。帝王治世，百代同道」（齊世）。這一段話，只說明兩件事：一是一切事物皆由氣產生；二是氣無古今，所以古今事物、道理也沒有差異，明顯的排斥以古非今的論調。

自王充以後，幾百年間，多屬道家的天下。到了唐代，雖然有柳宗元、劉禹錫等人提倡無神論，把自然與人分開，但未涉及變化問題。一直到宋代的李覯，才算又有人繼承荀子、王充的傳統，提出更爲具體的論點。

李覯思想受到荀子和易傳的影響可能相當大：第一，強調禮的重要性，「夫禮，人道之準，世教之主也。聖人之所以治天下國家修身正心，無他，一於禮而已矣」（禮論）。禮是一切行爲的準則，所有生活習俗、道德規範都屬於禮。第二，天道和人道不僅分立，而且人可以利用天，他說，「命者，天之所以使民爲善也；性者，人之所以明於善也。觀其善，則見人之性，見其性，則知天之命」（易論）。正好與天人一體說相反，人才是獨立行爲的主體。第三，陰陽都是由氣而生，而產生現象，沒有任何神秘之處，「夫物以陰陽二氣之合而後有象，象而後有形……天降陽，地出陰，陰陽合而生五行，此理甚明白」（文集卷四删定易圖序論）。所謂陰陽五行，都是一種物，或一種現象。第四，變與常各有各的功能，

㊷ 當許多現象解釋不了時，他就會歸之於命。見王充，論衡；並參閱韋政通，民57：139-140；徐道鄰，民65；馮友蘭，民36：588-600。

兩者有互補和對立的現象，「常者，道之紀也；道不以權，弗能濟矣。是故權者，反常者也。事變矣，勢異矣，而一本於常，猶膠柱而鼓瑟也」（易論）。常是道的永恆現象，不會因情境的改變而改變；權，就是變，必須因情境的改變而改變，否則，只知道守常，就是拘泥而不知慎勢度事，難以適應。第五，富國安民是治國的基本原則，實行這個原則的手段就是增加國家與人民的財富，也就是要謀利，因爲所有的行政、軍事、生活等事，都是非財莫辦。人民的貧苦，則由於土地分配的不平均所致。他說，「是故治國之實，必本於財用。蓋城郭宮室，非財不完……百官羣吏，非財不養；軍旅征戍，非財不給……」（富國策第一）。既然什麼地方都要用錢，就得想辦法籌錢，這樣才能富國利民。而人民的不免饑寒，主要是「耕不免饑，土非其所有也；蠶不得衣，口腹奪之也」（潛書）；也是因爲「法制不立，土田不均，富者日長，貧者日削……故平土之法，聖人先之」（平土書序）。如果能夠實行耕者有其田，那麼居民就安定了，他完全透視出社會的病態㊸。

　　李覯這種功利思想，不僅表現了北宋知識分子的改革觀念，也反映了當時的時代背景，甚至爲清代的現實主義派提供了變遷觀念的來源。他特別強調常與權（變）的透徹瞭解，以把握時機，對分析社會變遷有重大影響。假如能夠這樣通權達變的話，縱使「迹或不殊，而心或一揆也」（易論），也就是把握了變與不變的現象，處理問題就不難了。

　　王安石是北宋的改革派大將，對於社會現象不僅觀察入微，而且能提出改革的辦法，對當時及後世都產生過很大的影響。他的變遷思想可以說來自兩方面：一是儒家方面的天人之分和陰陽五行的物質觀念；二是道家方面的自然主義和變化的普遍性規律。

　　他的變化觀有幾點值得注意：

㊸　李覯，直講李先生文集；胡適，民 65：1-19。二者對李覯思想有較多討論。

㈠他認爲天和道是一個東西，萬物是由天或道創造出來，也可以說，出之於自然。他說「道者，天也，萬物之所自生」（道德經注），「天與道合而爲一」（同上），而「天所以命萬物者」（洪範傳）。這種天地萬物的關係，加上道與自然，實際是把易傳和老子的觀念統一起來處理，而除掉了感應的成分。簡單的說，就是自然（天或道）創造（命）萬物，然後才有變化。

㈡變化與五行、陰陽有關，與本末、對立也有關，所以天與人，是兩個不同的世界。不過，王安石的五行與陰陽，無論是相生、相克或陰陽代謝，都是物質世界的變化，不含有任何神秘色彩。這從他的洪範傳和道德經注中看得出來。他說：「五行也者，成變化而行鬼神。往來乎天地之間而不窮者也，是故謂之行」（洪範傳）。行就是行動，因各類不同的行動，而使天地萬物產生無窮的變化。在這種變遷過程中，有偶（耦）或有對的普遍性，正如相生、相克的普遍性是一樣的。「蓋五行之爲物……皆各有耦……耦之中又有耦焉，而萬物之變遂至於無窮。其相生也，所以相繼也；其相克也，所以相治也」（洪範傳）；陰陽變化也一樣，「陰陽代謝，四時往來，日月盈虛，與時偕行，故不召而自來」（道德經注）。這正是說明自然變化的特徵。這與天、人之分也有關，「道有本末。本者，萬物之所以生也；末者，萬物之所以成也。本者，出之自然，故不假乎人力而萬物以生也；末者，涉乎形器，故待人力而後萬物以成也」（老子）。很明顯的，所謂道之本末，其實就是分別天道與人道、自然之力與人爲之力，差異就在這裡。

㈢對立變化不僅牽涉到常與變的現象，也跟有、無會產生直接關係，並且形成一種終始循環的變化概念，這種變化的發展，古代跟現代完全不同。這也許就是王安石強調變法的基本原則，古今既然異勢，就必須改革，以達到自然變化的目的。他說，常就是莊子所謂「無古無今，無終無始」（知北遊）的意思；有無就是「東西之相反而不可以相無

也」；這都是一種對立的現象，因爲對立，才產生消長的變化（皆見道德經注）。從他看起來，因爲有變與不變的對立終始關係，事物的變化總是越來越好的，不必動輒以古代制度爲依歸，「吾以爲識治亂者，當言所以化之（古代文物）之術，曰歸之太古，非愚則誣」（太古）。這就是他的待人力而萬物以成的法則。不過，人也不是萬能的，於是只好歸之於命，「道者，萬物莫不由之者也；命者，萬物莫不聽之者也」（洪範傳）。這可能是王安石軟弱的一面，但從當時的社會環境而言，恐怕也只能做到這種程度，能夠把陰陽五行的變化解釋爲行動上的相繼和相治，已經是一大發展⑭。

劉基是明代的重要思想家，他早期傾向於天人感應的儒家思想，晚期卻完全變了過來，認爲天災不是什麼天的懲罰，根本就是一種自然變化的現象；人應該儘量的利用或控制自然。這很有點像劉禹錫的思想。他的思想的幾個主要特徵是：氣爲一切的根本；變化因氣而產生；任何變化都是一種自然現象；天與人是物質世界的一部分，各有所長；沒有神鬼的問題。他說：「氣也者，無所不能爲也」（誠意伯文集，雷說下）。「天以氣爲質，氣失其平則變……氣行而通，則陰陽和，律呂正，萬物並育……氣行而壅，壅則激，激則變，變而後病生焉」（天說下）。「然則人勝天與？曰：天有所不能而人能之，此人之所以配天地爲三也」（天說下）。「人，天地之盜也。天地善生，盜之者無禁……天地之生愈滋，庶民之用愈足」（郁離子，天地之盜）。「夫蓍，枯草也；龜，枯骨也；物也。人靈於物者也，何不自聽而聽於物乎」（天道）⑮。從這裡也可以推論到，天不能降禍福於人，正如一切的變化都來自氣，來自自

---

⑭　王安石，王臨川全集；賀自昭，民65：21-41；黃宗羲，宋元學案卷11-18，48-49, 98，其中包括濂溪、明道、伊川、橫渠、晦翁、荊公諸學案，一併說明於此。

⑮　劉基，誠意伯文集是主要的資料。

然是一樣的。人對萬物，能利用到什麼程度就用下去，不必有所顧慮。

羅欽順是明代另一個強調自然變化理論的人，他的基本觀念有幾個特點：(1)天地間所有的事物都經常在變，變的過程雖然也有不同的時候，來源是一樣的。他說：「天地之大德曰生，生生之謂易，性命之理不出乎此」（困知記附錄）。又說：「蓋人物之生，受氣之初，其理惟一，成形之後，其分則殊。其分之殊，莫非自然之理，其理之一常在分殊之中，此所以爲性命之妙也」（困知記卷上）。第一段話顯然是繼承易傳的說法，變是一種持續不斷的運動；第二段話說明變有它的分殊性，顯然受到宋代「理一分殊」的影響，但這種分化的特殊性是來自自然，來自氣。這是一種觀念上的發展。因而他接著解釋說，「命之理一而已矣，舉陰陽二字便是分殊，推之至爲萬象；性之理一而已矣，舉仁義二字便是分殊，推之至爲萬事。萬象雖衆，即一象而命之全體存焉；萬事雖多，即一事而性之全體存焉」（困知記卷上）。這裡不但進一步說明事象分化的道理，而且從一元論的觀點來分析這種現象。從這裡也可以看得出來，羅氏的思想還是受到當時理學家的影響，特別是程顥兄弟和朱熹。(2)各種變化的動力是氣，理也是因氣的發展而成，不是另外有一個獨立存在的東西。如他說，「通天地，亙古今，無非一氣而已。氣本一也，而一動一靜，一往一來……有莫知其所以然而然，是即所謂理也……（或者）疑陰陽之變易，類有一物主宰乎其間者，是不然」（困知記卷上）。這裡所說的主宰的東西，一般認爲是太極，但他否定太極，認爲只有氣才是推動變化的原動力，「理只是氣之理，當於氣之轉折處觀之，往而來，來而往，便是轉折處也」（困知續記卷上）。所謂轉折處，其實就是一種過程，或一些可觀察的現象。因爲變化永不停止，掌握現象也許便可以瞭解變化之迹，所以他認爲，氣之聚散，「是乃所謂理也。推之造化之消長，事物之終始，莫不皆然」（困知記卷下）。現象的消長是什麼呢？舉個例來說吧，「天道之變，盡於春夏秋冬；世道之變，盡於皇帝王霸」（困知記

卷下）。這裡雖有點把天人作相對比較的意思，但究竟是「世道之升降，繫於人不繫於天」（困知記四續）。天和人還是有不同的地方。嚴格的說，羅氏的自然變化說，因理學家的影響，而有某種程度的變異，並且特別強調人的重要性，也理解到分化的重要性[46]。

方以智是明清之間的人物，他在崇禎十三年（1640）舉進士，不久就是清政府的統治，他變姓名做了和尚。他是一個科學主義者，寫過物理小識的書，他把自然科學、研學、社會科學作過分類的處理。他相當程度的強調物理的通性，他說：「盈天地間皆物也……事一物也……通觀天地，天地一物也」（物理小識自序）。又說：「天地一物也，心一物也，惟心能道天地萬物，知其原，即盡其性矣」（總論）。這種邏輯，就是強調物的重要性。把天地萬物當作物來看，事是物，心也是物；可是，反過來，只有心才能瞭解物。看來似乎是極端的唯物論者，忽然又變成了唯心論者了。他把心、物兩種東西歸之於可以互通的一個範疇中，也可以說是知識上的二元論。這跟王充、柳宗元以來的自然主義者，所強調的物質世界是一致的。

在這個基礎上，他認為，一切的人事、制度皆源自物理的性質。他對於常與變的關係似乎不很肯定，他說：「其常也，即其變也。變未有極乎？變極自反乎？惟神而明之者知之。天道自東而西，星歷自西而東，地之陽氣自南而北，陰氣自北而南，人推移其中而變，有不變者存焉」（總論）。明顯的，他不能確定變的方式，變到什麼地步才算不變，才是常，因而常與變很難劃出界線；從天道、地道來看，好像沒有變，永遠是那個樣子，但人道又好像有的變，有的不變。這也許就是他所說的「物則」，一切事物的法則。「理以心知，知與理來，因物則而後交格（交

---

[46]　羅欽順，困知記；黃宗羲，明儒學案卷47，頁58-61。二人都有較強烈的反傳統傾向。

通）以顯，豈能離氣之質耶」（氣論）。在他的意思，一切變化都是物、心互相溝通的運動狀態，這種運動又是氣所造成的，可見「一切物皆氣所爲也」（氣論），理與知不過是心與物溝通變化，因氣所呈現的現象而已⑰。

王夫之也是明清之際的人，舉崇禎舉人，明亡不仕，專事著述。他對於哲學中的器與道、理與氣，有相當精闢的討論。他把器當作具體的事物，道當作事物的規律，道和器的關係就非常明顯，道必須依附器才能表達出來，他說，「天下惟器而已矣……無其器則無其道……洪荒無揖讓之道，唐虞無弔伐之道，漢唐無今日之道，則今日無他年之道者多矣」（周易外傳，繫辭上傳）。這裡提出兩個重要的概念：一是證實道不能離器而存在，不同的客觀環境便有不同的道；二是道因外在環境而有不同，環境在變，道也在變，所以古今不同道。這種變還有進化或發展的意義，越變越進步，因而原始時代就沒有揖讓皇帝寶座的事，唐虞就沒有弔民伐罪的事。明顯的指出，天下沒有永遠不變的器和道，主要在於我們如何去瞭解這個客觀世界。他把器提升到獨立的地位，跟繫辭「形而上者謂之道，形而下者謂之器」的說法，頗有些距離。

對於氣與理，他也有不同的意見，他認爲「理在氣中」（張子正蒙篇注），氣本身既然具有許多變化的特質，與陰陽、動靜有著不可分割的關係，有著變化的規律性，理也該就是其中的一種。這跟程、朱、張的說法都有些差別，最重要在於他強調氣是一切變化的來源或根本。氣是什麼？「氣，陰陽之動也」（思問錄內篇），陰陽相磨或相盪，就是我們所意識到的氣。

王夫之的基本觀點是，一切事物永遠都在運動變化，有的時候看不出變遷的情形，那只是沒有或無法察覺，而不是沒有運動變化。「靜者

⑰ 容肇祖等（民67）所編中國哲學史料選輯清代篇中，有方以智的物理小識。

靜動，非不動也」（思問錄內篇）；「方動即靜，方靜旋動，靜即含動，動不含靜，善體天地之化者，未有不如此者也」（外篇）。在他看來，動靜並不是兩個極端，根本就是一種現象，動。因爲靜也是動，動就成爲絕對的變化原則。天下的事物，無時無刻不在變，天下沒有不變的事物，「天地之德不易，而天地之化日新。今日之風雷，非昨日之風雷，是以知今日之日月，非昨日之日月也。江河之水，今猶古也，而非今水之即古水……人見形之不變而不知其質之已遷，則疑今兹之日月爲邃古之日月……惡足以語日新之化哉」（思問錄內篇）。他能從靜中觀察動的一面，並且提出解釋，在當時來說，實在是了不起的成就。

　　他進一步解釋，這種動態的變化不是隨便亂動的，還有它的規律：「天下之變，皆順乎物則者也」（內篇）。物則就是事物變化的法則。變化的法則是什麼呢？第一是變化的常性，天下沒有不變的事物；第二是變有對立的現象，不過最後仍會達到和諧與整合的目標，「以氣化言之，陰陽各成其象則相爲對（對立）。剛柔、寒溫、生殺必相反而相爲仇（敵對）。乃其究也，互以相成（合作），終無相敵之理……以在人之性情言之，已成形則與物爲對，而利於物者損於己，利於己者損於物，必相反而仇，然終不能不取物以自益也，和而解矣」（太和篇）⑱。這與易傳的說法有些相似，變化的過程中難免對立、磨擦，最後仍是互以相成，或和而解矣，達到和諧的目的。自然界的變化現象如此，社會的變化也是如此，這就是事物變化的法則。他在前面所說的「日新之化」，可能還含有一些進化的意思，那麼，社會不僅一直在變，而且越變越有些進步。「吳楚閩越，漢以前夷也，而今爲文教之藪」（思問錄外篇），這不是明顯的說明，文化在變化中進步嗎？既然有了這種進化或演化的觀點，

⑱　王夫之，周易外傳、張子正蒙注、思問錄內外篇，俱見船山遺書；徐世昌，清儒學案卷 8，王夫之船山學案；賀自昭，民 65。

王夫之不相信或懷疑循環論是可以理解的。他認爲歷史上根本沒有「治亂循環」這樣的事實，他說：「亂極而治，猶可言也；借曰治極而亂，其可乎」（外篇）？

王夫之的變化觀念，雖然相當程度的承續了易傳的理論，但也有很強烈的批判，最重要的是他強調變化的普遍性和持續性，變化過程中有衝突的對立，然後有統一，即達成自然界或社會的和諧與整合；這種變化不是循環的，而是進化或演化的，這是一種很大的發展。

從變遷觀念討論道與器的關係，其後戴震與章學誠也曾有些發揮，但沒有什麼太大的進展。大抵戴震比較偏向於傳統的説法，用陰陽五行去解釋道的意義；章學誠比較接近王夫之的説法，把道當作事物的規律看待。戴震認爲「道，猶行也，氣化流行，生生不息，是故謂之道。……舉陰陽則賅五行，陰陽各具五行也；舉五行即賅陰陽，五行各有陰陽也……陰陽五行，道之實體也」（孟子字義疏證，天道）[49]。很明顯的，他把道作爲變化的本身，並且就是陰陽五行。社會人事的變遷，和自然的變遷是沒有差別的，「在天地，則氣化流行，生生不息，是謂道；在人物，則凡生生所有事，亦如氣化之不可已，是謂道」（同上，道）。在他看來，對象不同，變化本身沒有分別。器則「一成不變」，而理就是變化的規律。可見，道與器，代表變與常，而理成了變的過程。

章學誠認爲，一切的變化都是自然的趨勢，水到渠成，人爲的力量非常有限；表現變化的道（規律），不能離開器而存在，它們是一種互相依存的關係。他說，「夫六藝者，聖人即器而存道……其勢有然也。古者道寓於器……故其得之易也；後儒即器求道……是以得之難也」（文史通義，原道下）。這就是説，我們不能從客觀事物（器）本身去尋求事物變化的規律（道），規律只是事物變化的過程。這也是大勢所趨，

⑭ 戴震，孟子字義疏證，見戴氏遺書；徐世昌，清儒學案卷 79；胡適，民 65：229-340；馮友蘭，民 36：991-1008。

一種事物變化的法則，與聖賢没有什麼關係，「故道者，非聖人智力之所能爲，皆其事勢自然，漸形漸著，不得已而出之，故曰『天』也」（原道上）。不僅這樣，他認爲歷史上許多重要的變化，不論是政治、經濟、文化，都是這樣一代一代的演變下去，才有後來燦然大備的所謂集大成書的神話，他説，「集大成者，周公所獨也。時會適當然而然，周公亦不自知其然也」（原道上）⑩。這是一種相當開放的分析式論斷，正如我們所常説的時勢造英雄，集大成不過是綜合某一時代思想成績或文化成就，「時會使然也」，不見得就是一種偉大的發明。

綜合自然變化論者的重要觀念，大致有下列幾點：(1)強調人的重要性，一方面表示天與人分立，另方面天與人可以交相勝；(2)強調變化的自然規律；(3)變與常是可以分開的，常是永久不變的，變是應付環境；但也有人認爲，天下没有不變的事物，根本否定永久不變的觀念；(4)變化因氣而起，氣一元論有相當大的支配力量；理與氣、道與器的爭論相當強烈；(5)強調理性與科學思想，也具有相當強烈的功利觀，認爲社會的變化就是爲適應時代的需要；(6)反迷信思想，根本不討論鬼神問題，主張改革現實世界；(7)陰陽、五行可以是解釋事物或現象的條件，也可以是影響變化的因素；(8)有些人還相信循環變化的原則，有些人卻已有演化論的觀念，認爲社會越來越進步，原始社會遠不如現代社會。

五　結論

我們在前述各章中，已經儘量把各種變化觀念加以分析和討論，從分類的陳説，大致可以確定，兩個類型是可以成立的，即天人感應説和

---

⑩　章學誠，文史通義；徐世昌，清儒學案卷96。

自然變化説二大類。其中自然變化説又可以分爲二種，偏向儒家的現實取向論，和偏向道家的理想取向論。天人感應實際就是天人互動的意思，認爲所有的變遷都必須遵循兩者間的互動規律，天變反映社會的變化，社會的變化也反映天變。自然變化實際是天人感應的反面，認爲所有的變化，無論是自然現象或社會現象，都是自然而然，沒有什麼關聯。前者認爲是天人合一或天人一體，即承認天與人的行爲不會有差異，或不能有差異。後者認爲天人之分即是天與人各有各的分際或本分，根本不能混爲一談，從行爲的觀點而言，就是各幹各的活。

其實，這完全是變遷理論上的爭執，在中國歷史上，除了兩晉時代，屬於道家的自然變化説稍占優勢外，一直都是天人感應説的天下，不論這個理論本身是在修訂的階段，如漢、宋，還是在停滯的階段，如唐、明。爲什麼會產生這樣的現象呢？這就牽涉到中國社會的結構性問題，如果社會環境沒有太大的改變，生活在這種社會中的人的思想，必然受到一些限制，除非有時候發生了突然的衝擊。

中國的農業生產方式，自春秋戰國以來，一直沒有什麼改變，生產工具一直是鐵犁、牛耕，生產關係一直是佃農養育地主。有時候也有人提出改革的辦法，但都沒有成功⑤。在這種長期不變的生產組織下，人民的生活形態自然相當穩定，相應於這種生活方式的，農村的居住環境、親屬組織，和一般的人際關係，也沒有什麼改變，例如儒家的五倫觀念，就一直是人們活動的規範。生活環境長久的那麼穩定，似乎看不出變動的迹象，人民的觀念自然會受到影響，也容易流於因循和妥協。這就是説，高度的穩定體系容易阻礙創新。只有在受到衝擊的時候，社會才有較多創造的機會，以求進一步的發展。這是一種兩難的困境，我們希望

---

⑤　最明顯的如王莽、王安石，王莽企圖改革田制，把私有改成公有，結果完全失敗（漢書99王莽傳）；王安石的改革企圖比較大，最後也完全失敗（宋史327王安石傳；食貨志）；趙岡、陳鍾毅，民71。

社會穩定，穩定卻帶來了停滯的局面；希望創新，創新卻製造了爭辯，甚至動盪不安。

　　中國在秦始皇時代就發展出的官僚組織，也有助於社會體系的穩定性，它把統治階層和被統治階層，利用官僚組織這條管道連接起來，使既得利益階層利用官吏作爲統治的工具，而使被統治者不致斷絕爬升的機會。中國的知識人，就在這樣的環境下生活了兩千多年。不管是選舉還是考試，讀書人永遠存有一些統治別人的希望，這就加深了保持現狀的穩定心理，跟居住和生活環境完全相符合。歷來的專制君主，就是在這樣的處境下，利用官僚組織，來維持他的統治權。另一方面，讀書人求售心切，反而經常失去了判斷力，根本無法辨別是非或有意不分是非，以謀得個人的利益。這就是爲什麼，歷來的外戚和宦官，如王莽、竇憲、張讓、魏忠賢之流，會有那麼多的讀書人去依附他⑤。

　　這種以官僚組織爲主體所形成的階層結構，自漢至唐是官吏、世家大族、士、與農工商；自宋至清是官吏、士、與農工商。或簡化點說，前者是官吏、世族、士、與平民（瞿同祖，民 70：267-291）；後者是官吏、士、與平民。官吏跟世族總是相依爲命的，特別是在漢晉的選舉階段，兩者根本就可以合併起來看。這樣的話，我國的階層結構，自漢至清，幾乎一直就是官吏、士、和平民三個階層。甚至只有官、民兩階級。皇室是一個獨立的系統，利用「天子」的名義，統治所有三個階層。皇帝是真正的統治者，以官吏所組成的官僚組織爲工具，統治士與平民，自秦始皇以後就沒有改變過，這真是一個超穩定的系統。權力都操縱在統治者手裡（包括皇帝和官吏），被統治的士與平民，就毫無權力可言。

　　明白了這種穩定的結構體系，我們就會瞭解，改變體系的困難性。

---

⑤　參閱漢書 99 王莽傳；後漢書 23 竇憲傳：812-20；後漢書 78 宦者列傳張讓傳：2534-7；明史 305 宦官列傳二魏忠賢傳：7816-25。

歷史上幾次重大的改變，都肇因於原來的體系遭到破壞，難以繼續，才有機會建立一種新的體系。這也符合前述分期的發展過程，西漢以前的變化觀念，屬於創造性的性格，其後一個長時期的思想，多為解釋前人之說，一直到理學家的出現，才有整合和創新的機會，提出另一種變化觀念。

這些因素，無論生活環境、生產方法、親屬和人際關係、官僚和階層組織或權力分配，都或多或少影響到一般居民的行為，使變遷觀念不容易產生改變，甚至使天人感應的觀念成為不變的思考方式。最重要的還是，天人感應的思考方式有利於統治階層，為統治者所提倡，以至於有時候有些人想變，都沒有辦法變。在這樣的環境下，天人感應的變遷觀念，一直在中國的社會文化中取得主導的地位。自然變化觀念只是一種反動的理論，因不滿意於天人感應之說，從反對者的立場加以發揮。瞭解了這些相關的關係，我們就可以對這個變遷理論作進一步的瞭解。

中國歷史上有系統分析變遷的人並不多，把變遷理論系統化的就更少。本文所搜集到的一些資料也許不十分完整，但目前暫時只能做到這個地步。這兩個理論所涉及的主要著作或人物如圖8.1。圖中所標示的這些人或書，無論天人感應說或自然變化說，都是對該理論具有重要貢獻，或對該理論做過系統性的解釋。

我們發現，易傳（彖傳和繫辭傳）的著作年代不易確定，但其變遷理論包含了儒家和道家兩種思想，也許有很早的資料和較晚摻入的資料，至少還沒有受到「五行」思想的影響。戰國後期，變遷理論上的天人感應和自然變化，便明顯的分別成為兩個學派。易傳是最早而又有系統的變遷理論，它的基本觀念是：社會現象和自然現象是互相關聯的，有時候互相衝突，有時候又互相延續；產生互動力量的基本因素為陰、陽二種動力，這二種力量通常是因衝突而互有消長，這樣就造成了天地人類和萬物；這種過程可能形成周期性的盛衰循環或往復終始，也可能一直

發展下去，產生新的現象；變遷的過程儘管有衝突，終究會達到社會的
整合與和諧；這就是一種循環現象的相互依存體系⑤。

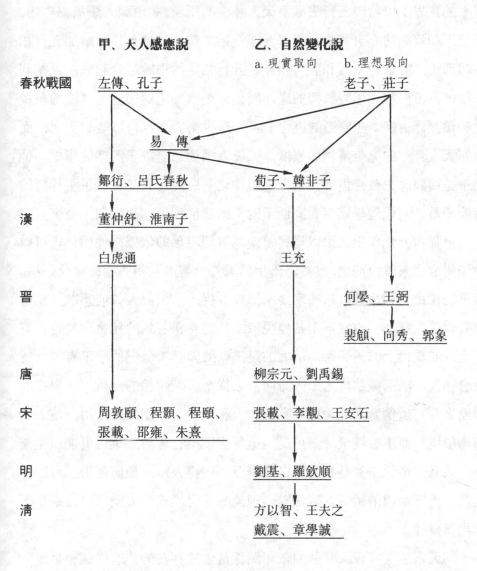

圖 8.1　不同變遷觀念模式之關係

---

⑤　前文曾將這種變遷的概念、變遷過程、變遷目的，以及變遷的方向等，作過極
　　詳細的分析和檢討。易傳的時代極不易確定，但顯然受到儒家和道家的影響。
　　圖中張載有兩方面的說法。

　　這個變遷體系，以後就分成兩個次體系。第一個是天人感應論。這個理論以鄒衍爲首，把陰陽和五行相勝的理論作有機的聯繫，相勝就是制服的意思；以陰陽五行去觀察天人感應的現象，並預測人類禍福吉凶，以及王朝政權的盛衰興亡，所謂五德終始之類。其後董仲舒增加五行相生的理論，於是把陰陽和五行相克、五行相生的理論結合起來，既相制又相續，不僅加強了變數間的運作關係，更增加了這個變遷理論的系統化和預測能力⑭；在變遷的過程中可以產生衝突，也可以緩和衝突，而達到天人合一的充分解釋的程度，天災人禍通通變成了解釋的指標。他幾乎是用觀念去改變世界，把天道規律化。白虎通只是加強了董仲舒的理論體系。宋代理學家相對降低了對天的迷信程度，卻強調了衝突（對立）過程和分化作用，而以理與氣作爲解釋現象的依據，他們已經可以用邏輯推理來解決問題，雖然仍舊相信天人一體的互相感應的變化理論。但是，從最初到最後，這些理論家都沒有提出，天與人如何感應，感應的變化除災難外，也找不出其他現象；他們真正看到的社會現象也只有風俗，或政治上的治與亂，最大的是王朝的興替；他們似乎沒有辦法從社會關係、階層或結構之類的方向，去從事天人關係的分析。從現在的觀點來看，這個變遷理論也許有調和人和環境生存空間的作用，使人去適應環境，而不破壞環境。可是，這種態度與社會的工業化可能產生衝突，因爲工業化畢竟是要利用自然資源去服務人羣。如何運用，可能是我們今天所面臨的困局。這個變遷理論的綜合模式，大概可以歸納爲下述幾個要件：

　　㈠天人感應或天人互動的依賴關係是永遠存在的，這種關係呈現一種盛衰終始的循環現象，這就是循環的變遷體系，把天道規律化。

───────────────────────

⑭　對於循環的基本結構，陰陽、五行、八卦、干支，循環的變遷模式，循環的週期性，以及循環的變遷體系等，前文已有詳細的分析和討論。

㈡陰與陽是產生變化的兩種動力，這兩種力量也是創造氣的基本元素，因陰陽的對立或衝突，使結構產生變化並左右變化，而表現盛衰的現象。

㈢萬物一理，也即是萬物一道，爲不變的常，相對於可變的氣而言，理一分殊，就只能解釋爲內在的分化，不過也有人認爲，變是一種常態，一種過程，而理氣不分。

㈣自然界的萬事萬物，就在這種不斷分化、衝突的過程中而創造出來，有些事物是不變的，可以連續維持下去，有些是必須變的，就在動或靜的循環運動體系中，引發無窮盡的變化。

㈤八卦、干支只是瞭解或預測變遷的指標，它們在循環變化的體系中，可以發生解釋性的作用，而不是決定變遷的因素。五行原爲變化動力之一，後來也只是預測變化的指標。

第二個是自然變化的理論。這個理論的基本概念雖源於老、莊，但他們沒有與「天」連起來思考。最初把天人連起來思考的是荀子，他主張「天人之分」，明顯的是要反對天人感應的理論，而建立天人沒有關係的觀念，這就是他的自然變化論。天是自然的天，人是自然的人；天有一定運行的規律，人也有行爲的一定規律，互不相干，更沒有禍福與共的可能性；他把變與不變的界限分得很清楚；他認爲與其順從天，不如利用天，對人類會更有好處，這一點對後期的思想有很大影響。韓非子繼其後大體遵循了荀子的觀點，而強調了天有天的基本法則，人有人的基本法則，認爲盛衰循環只是一種變的現象，還有永遠不變（常）的部分，就更值得注意。王充是另一個因強烈抨擊西漢以來的天人感應，而主張自然變化的，他明白的反對鬼神、五行生克之說，一切的生死禍福，都只是一種氣的運作，卻也承認，命運是有的，所以治亂成敗都靠命運。柳宗元和劉禹錫大約只是承襲這一派的主張，天人各有運行規律，自行運作變化，彼此沒有關係；劉禹錫則更強調天人交相勝的觀念，各

有各的長處，互不影響。到了宋代李覯、張載、王安石手裡，除了相信
自然變化之外，還強調行動上對立變化的普遍性，認爲這是歷史發展的
規律；常與變只是一種變化的方式，任何事物的變化都存有常和變的規
則性。李覯的常、權觀念，尤爲突出，常爲道的紀綱，不變，權則可變，
兩者既互補又對立。劉基跟張載一樣，有一個時期相信天人合一，最後
才堅持自然變化的理論。劉基認爲，天、人都是物質的，變化因氣而生，
氣爲一切根本；國家政治的好壞，決於人而不決於天。羅欽順可能是一
個最激烈的自然變化論者，他認爲一切物質都有持續變化的普遍性，產
生變化的過程就是陰陽二種動力，但氣才是宇宙的根本，因爲氣之聚散
變化，才產生萬物；人的長處就是曉得去利用天地所生的各種各樣的東
西。到了清代，這種實用性的說法更爲普遍，像方以智，把所有的東西
都當作物質看待，而這些物質是永遠在運動變化中，並且形成物質運動
變化的規律，就是他所謂的「順乎物則」。他認爲常與變沒有差別，常
也是變，世間沒有不變的東西。王夫之則把氣當作自然變化的實體，自
然跟社會一樣，一直不停的在變，所以動是絕對的；變必然產生衝突，
最後還是「無終相敵之理」，歸於整合或統一。戴震和章學誠大致也支
持這種說法，不過比較強調常與變的劃分，以及循環的觀念，不像王夫
之那樣，具有古不如今的進化論傾向。他們三人還有一種差不多相同的
看法，就是「即器存道」，道總是依附於器，道爲規律，器爲實體。這樣，
我們可以把自然變化論作一綜合性的歸納：

　　㈠天與人沒有關係，天人各自變化，不可能相互影響，這種變化有
時是循環的，有時又是進化的，變化是一種自然的規律，具有普遍性和
永久性。

　　㈡陰陽對立是變化的原動力，這樣就可以產生一種運動變化的絕對
性，無論自然或社會，終究沒有不變的事物，事物變遷就是尋求一種合
適的理性規則。這種結果就會表現天人交相勝的現象，人可以利用天地

的資源。

㈢變可能是永恆的，但有時候也會出現不變的一面，這就是它的常性，不過，我們在日常生活和社會制度方面，仍然是追求變，只有變才適合生活環境。

㈣氣一元論的傾向非常明顯，大概都會強調，氣爲一切的根本，或爲變化的動力，因而理在氣中，或理由氣生，理就成爲變化的規律或過程，這比較合於理一分殊的原則。

㈤後來發展起來的不變的器和可變的道（有人認爲器和道均可以變），即器存道就成爲常與變的解釋的依據，器是不變的客觀事實，道或理是一種變化的規律或過程，氣只是一種變化的現象，陰陽變化就生氣，可見氣也是推動變化的。這跟感應一派的說法幾乎相反。

這種理論雖然非常強調變遷的普遍性，但仍舊沒有指出社會上變的主體是些什麼，結構、階層、還是制度？似乎都只是社會文化的泛泛之論，沒有任何具體的指標。

還有一個理論是自然變化說的一個分歧，即承襲老莊的道家觀念。老莊都是強調變遷的常性，認爲變就是自然運行的法則，無論天道或人道，都是自然變化。老子認爲，萬物都會有陰陽兩種力量對立的情勢，因衝突而產生變化，以及損益循環的現象。莊子大抵在變遷觀念方面繼續了這個傳統，即承認自然變化的盈虛終始，和變遷的絕對性。這個理論以後一直被忽視，到晉時的何晏、王弼諸人，才重新拿出來討論，他們在變化觀念上似乎只是接受自然變化的概念，而沒有什麼發展。他們的主題在討論「無」所涉及的許多問題。後來的裴頠、向秀、郭象等人，只是對「無」持反對的態度，而主張「有」，並且更強烈的主張萬有的自然而然，可以說是極端的自我發生說者，沒有任何因果或關聯性關係，自然秩序和社會秩序，都是自然而然的「物各自造」。他們可能是科學主義者，用當時的科學理性來推論事物的變化，雖然有時也有人相信，

萬有互相作用的過程，如裴頠，但崇有派仍以造物者無主爲主要論點。

這個變化理論的基本結構是：

㈠自然變化是萬物的常性，也即是事物變遷的絕對性，天下沒有不變的事物，這種變也有終始循環的現象。

㈡變是自然而然，不受任何外力的影響，也可視爲一種自我調適的過程，也許根本就可以視爲獨變——獨自變化。

㈢陰陽對立是變遷過程中的動力，社會跟自然一樣，也是在這樣的過程中完成自然而然的變化。

㈣前後最大的不同，大概是，貴無派認爲靜是永恆的，動起於靜；崇有派比較偏向於變的常性，並認爲貴無派破壞社會秩序，使人的行爲失去規範和約束。

從前述的三種變化模式，我們可以瞭解，有其相同的地方，也有其不同的地方，把陰陽視爲兩種對立的力量，因運動作用而產生變化；把終始循環視爲變遷的方向，周而復始；事物有其常性，也有變的一面；這是他們理論的相同的部分。不同的是，一派主張天人感應或天人合一，一派主張天人分立或自然變化；一種是相互的依賴體系，一種是各自的獨立體系；一派認爲社會的治亂跟五德終始、命運有關；一派認爲社會治亂靠人類自行努力。自然變化說的現實取向派和理想取向派間差異尤少，除了部分論者偏向以「無」解釋宇宙現象。

這就是說，三種模式實在可以整合爲兩個變化理論，即天人感應說或天人互動說，和天人分立說或自然變化說。前者較強調循環論，後者較強調氣一元論與常、變的差異。

這兩種理論實際都是所謂大型理論，不僅企圖解釋人類社會的變化，而且要解釋自然界的變化，簡直就是一種宇宙觀。他們在分析變化時，供操作的都是幾種非常抽象的概念，例如早期的陰陽消長、終始循環、天人感應、天人分立；後期的陰陽對立、氣與理、道與器；這些概念，

有的是從自然現象去推測社會，有的是從社會現象去推測自然。到了宋、清兩代，他們理論上的真正差異，只在於天人互動的變化或天人獨立的變化，法古的強調傳統，重今的強調改革，以及對社會的疏離或對社會的高度關懷。對於一些普遍性的觀念，如陰陽衝突、常與變的劃分、內部結構的分化作用，兩派的理論大致是相同的，雖然有些人強調變的絕對性和普遍性，以及社會的進化作用。不過兩派在氣、理、道、器解釋上的差異性相當大，例如，朱熹認為，理是不變的道，氣為可變的器，理是抽象的形而上，氣是具體的形而下，而理在氣先；王夫之則認為，道不離器，理在氣中，器為不變的實體，道是可變的規律，社會文化越變就越有進步。朱熹有退化論的傾向，王夫之則有進化論的傾向。明清的自然變化論者，如劉基、羅欽順、戴震、章學誠，大致跟王夫之的說法相近，相當有別於程、朱這一派，這是因為他們對這些概念本身的涵義就不完全一致。

　　從這一角度去瞭解，並用現在的概念去分析他們的變遷觀念，大致可以獲得下列的解釋：

　　㈠自然和社會為兩個獨立的體系，都存在著盛衰循環或陰陽對立的變化現象，即一方面凸顯時，另一方面就隱晦，它們是一種關聯性的相互克制或延續；這種變化現象，因內部結構的不斷分化而產生改變，改變來自不同力量的衝突，因而從現象上可以看得出某種規律性，有的經常在變，有的似乎不變。這種變化現象，有人解釋為自然和社會是一致的，有人解釋為各自獨立的，這要看他們對客觀事物所持的態度而定，互為影響還是各自行動。

　　㈡不管用什麼方式去界定變與不變的現象，氣或理、道或器，原則上可以區分為三種事實：一種可以視為比較具有包容性和穩定性的結構，似乎可以假定為不變或少變的常數；另一種是變化很大又很快的東西，也可能產生新的結果或現象；最後一種是表現變化的規律性，也可

以説是過程，經常可以從現象上觀察得出來。簡單的説，也許就是客觀的結構、變化的現象，以及變遷的過程。這就是説，變遷是從一個既存的結構或客觀事實中，因行動的衝突或對立而引起變化的現象，經過一定的規律或過程，即呈現新的結果，而形成新的結構。

㈢兩個變遷理論的簡化模式是：天人合一或天人感應説以盛衰的循環變化爲基本結構，造成變化的動力爲陰陽五行，無論相制或相續、對立或整合，天人變化的結果或目標是一致的，就是秩序的和諧；天人分立或自然變化説以自然與人類的變化各自獨立，各有不同的變化規律爲基本原則，不變的和可變的自然、社會現象，多半是由於物質的對立或運動所造成的結果，而氣爲造成一切變化的根本或來源，經由這樣的變化，自然界和社會就會出現新的形勢。

事實上，兩派理論都沒有真正考慮社會現象的解釋變數，所謂變化，最多僅暗示兩個事實：一是政治上的治亂循環，即代表政權轉移的朝代的替換；另一是風俗的好壞，即社會風氣如政風、道德之類的現象。他們把社會的既存事實，如君主專制、階層結構、官僚體系、親屬組織、生產方式等，都視爲當然的客觀實體、人類社會的必然現象，而不加以分析或解釋。究竟是天維持或破壞了既有結構，還是人維持或破壞了既有結構？結構改變了人，還是人改變了結構？他們也不加解釋。於是整個理論就成爲自然和人類兩個變項的相關模式，這可能就是他們對變遷觀念簡化的結果，因而形成了天人互動和天人獨立的兩派理論，即天人感應説和自然變化説，來解釋中國的社會文化現象，乃至宇宙間的自然現象。

第三編

中國歷史上的
行為與結構分析

第九章　道德與富貴：

中國人的價值衝突

一　中國人的價值與文化

　　爲了説明價值與文化的衝突性，我們以自由與平等兩種價值爲例，作一説明。依據一項研究的結果指出，社會主義者在自由、平等兩方面的價值等級都較高；法西斯主義者在兩方面都較低；共產主義者的平等價值較高，自由較低；資本主義者的平等價值較低，自由則較高。這個研究在取材方面雖然還有可議之處①，但從我們觀察實際社會現象所得，各種主義所強調的價值未必都付諸行動，或者説，價值與行爲間都還有一段距離。例如共產主義者強調平等，幹部跟人民卻產生了封建式的極端不平等；資本主義者強調自由，真正的自由卻掌握在資本家手裡。不過，就價值觀念而論，共產主義忽略自由，資本主義忽略平等，倒是實際的理論基調，可見價值本身有它的一致性和衝突性存在。一致性是指排斥與價值體系不相融合的部分，以求得體系內的整合；衝突性是指原有價值的分化，或外來價值的介入，與原有價值體系難以整合，而產生矛盾或衝突現象。事實上，每一個社會的價值體系，都是在整合和衝突

---

① Rokeach 在論文中有相當多的討論。價值觀念是從 Fromm, Goldwater, Lenin, Hilter 等 8 人的文章中抽離出來的，至少有某種程度的代表性。

的過程中調整。價值本身並不具有衝突的特質，只有在整體運作的價值體系中，或與制度性價值相互抵觸時，衝突才會凸顯出來。

以上述的事實爲例，從前的蘇聯、東歐以及現在的中共，他們從制度上要求人民，犧牲個人的自由，以達到集體及個人的平等。這就是用制度作爲手段，把自由與平等兩種價值對立起來，好像犧牲或放棄自由，就可以達成平等的目的。其實，在所有的共產國家，自由固然沒有了，平等也沒有做到。在一個貧乏的經濟環境中，用無產階級專政，也許還能起一些號召的作用，在一種均貧的狀況下，大家都沒有錢花，不見所欲，也可能相安無事。等到全世界的人都在企盼經濟成長，過一些自由舒服的生活時，共產黨的教條就顯得無能爲力了。這時，自由與平等，兩個本來互補的觀念，在共產社會就起了很大的衝突。如果既沒有平等，又失去了自由，這種統治者與被統治者間的衝突，是不是會更大呢？這就需要更深入的觀察和研究。

這只是一個例子，一個自由、平等的價值觀，在不同的社會制度下發展的例子。對中國人而言，這兩種價值觀都是外來貨，與中國原來的文化結構，都有相當高的衝突，不僅難以跟原有文化融合，和民主一樣，甚至遭到排斥的命運。也有人認爲，中國人已經很自由，自由得像一盤散沙，天高皇帝遠，誰也管不了誰。這是不實在的。從嚴格的封建社會解體的過程來說，中國人的確很早就脫離了農奴的羈絆，可是後來的二千多年，仍然是在具有絕對的皇權下過日子，並沒有獲得真正的自由，一直到今天。這些年來，我們看到中國大陸主張新權威主義，臺灣要求鞏固領導中心，都是過慣了在皇權下生活的人民，不知道如何自主。平等，對中國人尤其陌生，幾千年來，我們有職業上的仕、士、農、工、商的不平等，有經濟上地主與農民的不平等，在政治上有統治者與被統治者的不平等。一直到今天，企業家與工人爭執，官員與人民爭執，在觀念上還是擺出一副不平等的姿態。公職人員也只有在投票時拜託一下

選民，當選後便又擺出官僚的樣子。這就是外來的價值觀與原來的文化結構有不一致的現象，彼此有相當程度的排斥。儘管我們在強調現代化，卻仍然出現了矛盾。這種矛盾也不是不能改變，但需要時間和努力。如果我們在教育（包括家庭、學校、社會教育）上還想維護既有的價值，不積極推廣自由、平等之類的觀念，則改變就難得多。目前，我們正面臨這種困境。

　　要說中國文化會有很大的問題，或中國人的價值觀念有很大的問題，也不見得。中國文化是一種龐雜的產物，一直在擴大、調適中持續下來。這群人在這個有限的地區塑造文化，反過來，這種文化又約束我們的思考和行為方式。價值體系是其中的一種。價值顯然與我們所生存的社會文化結構有不可分割的關係。有人認為，價值是社會結構和性格間的連結概念，即社會位置影響價值，價值影響心理狀況或行為②。那就是，價值成為結構和行為間的中介變項。如果我們把價值當作「行動的選擇標準」③來看，則以社會文化環境作為刺激價值體系和個人行動的前置變項，而價值體系又作為個人行動的選擇或習慣依據④，則行動無疑是社會文化結構和價值下的產物。這就形成結構與行動間的互動關係，價值只是一個干擾變項，作為行動的選擇標準⑤。價值的重要性就要看，在結構與行動的互動過程中，能產生多大的影響力。也許我們可以這樣說，人用行動創造了社會文化結構，既存的社會文化結構又塑造人的行動方式，價值則在其間扮演了一種調適的角色。特別是在外來價值加入原有結構運作時，它可能使社會完全整合，也可能引起衝突。這就要看，新的價值是要融合於原有結構之中，還是要創造新的價值。一般而言，

---

② Bengtson & Lovejoy（1973：880-912）用了 2044 個樣本，作過實徵研究。

③ Williams, Jr.（1979：16）認為價值是一種「喜好的標準」。

④ Hutcheon（1922：172-187）提出了一個類似的分析架構。

⑤ 這是結構論、行動論、形象論之間具有相當不同的解釋方式，這裡自然不必作這樣的討論。

融合的整合性較大，創造則衝突性較高。但是，另一方面，由於社會文化結構的改變或分裂，原有價值同樣會產生整合或衝突的問題，就成為一種新的適應過程。

中國，已經有幾千年的歷史，它的社會文化是個什麼樣子，大家都應該看得很清楚。我在這裡要提出來說明的，是它跟價值之間，以及價值與行動之間的一些可能關係。我們可以這樣說，中國人的價值觀念，是在一個相當嚴格區隔的階級社會中塑造出來的。這種階級距離可能是從兩方面開始：一方面是政治上的統治者對被統治者，早期是貴族對平民，後來是皇室加官僚對老百姓；另一方面是經濟上的地主對農民，不管是貴族地主，還是仕紳、商人地主，貧苦農民總是次等人民。這種階級結構，無論在早期的封建社會，或後來的官僚組織統治下的社會，都沒有太大的差異。這樣的社會所呈現的價值觀，自然會具有強烈的階級意識。我們現在無法肯定，究竟是階級意識塑造了中國的階級社會，還是階級社會塑造了中國的階級意識。可是，自春秋戰國以來，幾種支配中國社會文化發展的主要思想，如儒家、法家、陰陽家卻都是強調尊卑、貴賤的階級社會。一旦貴賤、尊卑的上下等級分明，社會的階級性必然凸顯出來，衡量事物和行為的價值觀也就具備了階級屬性。儒家倫理的階級性，可能就是在這種社會文化環境中形成的，或者反映了當時的社會文化背景。

儒家倫理的五倫結構，君臣、父子、兄弟、夫婦、朋友，是從封建政治和宗法社會的體系中導引出來的。在後來的宗族社會中，族長和家長的絕對權力，幾乎比擬於君主，就是一種尊卑的階級意識。這種尊卑觀念，與政治經濟上富貴貧賤的階級體系是一致的。這就是官僚政治上的貴與賤，地主經濟上的富與貧，家族社會上的尊與卑，階級區隔可能有重疊的地方，階級關係卻相當一致。建立在階級結構上的社會規範，就不免也有階級差異，例如官吏、地主所受到的法律制裁，不同於平民、

賤民；在日常禮儀上，仕紳不同於一般老百姓；甚至在道德規範上，也有不同的行爲方式，最明顯的如官吏與庶人孝行的差別待遇（孝經），君子與小人德行的不同容忍度（論語、孟子）。我們在這裡要强調的一點是，這種階級社會所形成的文化，難免不表現若干階級色彩。倫理的階級性正好表現了某些道德規範的特質，這就是我們所要討論的，階級結構下的價值觀，或者説，受到階級影響的價值觀。

我們要研究道德與財富（富）、權力（貴）三種價值間的整合或衝突，就必須瞭解它所賴以存在的社會文化環境。事實上，這個環境是鼓勵升官、發財的，有時候也鼓勵做好事。行爲的結果究竟是什麼，在一種匱乏的經濟條件和專制的官僚政治下，很難預料。有人説靠命運，有人説靠機緣，其實就是表示，僅靠努力，不一定有把握；在同樣的條件下，也不見得有同樣的結果。原因很簡單，財富和權力都是有限的，而爭取的人太多，特別是廣大的農民階級。道德也許沒有界線，但在階級結構中，仍然有它的局限性——對道德的評價產生差異。

二　中國人對道德與富貴的態度

一般而言，中國人對道德、權力、財富，不僅完全採取接納的態度，而且通常還加以贊揚，例如表彰孝子的孝行，爲獲得功名的仕紳或發大財的人喝采，表示對道德、富、貴的重視。傳統社會讀書人所強調的三不朽的事業，立德、立功、立言[6]，德指道德，功指事業。在世俗社會中，中國人認爲最大的事業就是升官、發財。從這樣的角度來看，人生

---

⑥　這個典故出現得很早，左傳襄公廿四年説：「大上有立德，其次有立功，其次有立言。雖久不廢，此之謂不朽。」

努力奮鬥的目標，其實就是企望獲得較多的財富、較大的權力，或做一個道德高尚的人。但知識人的立德標準，多半停留在士紳階級，一般人充其量只在忠孝節義，或勤儉持家一類的德行中，接受部分教條。這還要看家族力量的大小而定，如果沒有家族組織，影響力就更小了。

　　中國的農民，一直過著貧苦的日子。在土地公有的時代，農民依附於貴族而生活，生活得像奴隸；土地自由買賣以後，土地集中在地主手裡，依附於地主而生活，生活得仍舊像奴隸。一直到晚清，這種生活狀況改變得不多⑦。地主的成分很複雜，從皇室到官吏，到士紳，到商人，到以耕種起家的農民都有。這是一個異質性很高的集體。地主成分雖然很複雜，但任何人一旦進入地主階級，他就顯現地主的意識形態。最明顯的就是靠地租謀生，乃至過著很好的生活；並立刻與農民拉開距離；有時候還謀求另一階段的成就，送家人讀書，獵取功名，以獲得更多的特權⑧。在中國這樣成熟的農業社會裡，最大的資源都集中在兩個領域，官僚與地主。官僚是政治權力，統治的來源，土地是主要的財富來源。因而，每個人的行動目標，不是官員，便是地主，或兩者兼而有之。選擇性非常有限。至於道德，雖然儒家倫理非常強調，但觀念層次與行動層次的距離相當大。不要說一般農民，知識人也差不多。這只要看看歷代政治上的權力鬥爭，就不難瞭解，那裡有多少仁義道德？不把對方打入大牢，已經算很有同情心了。

　　根據觀察歷史現象所得，中國社會的兩種特質是很明顯存在的：一種是政治上的統治者與被統治者，經濟上的地主與農民，社會上的仕紳與庶人，形成不同類型的階級關係。階級距離的確存在，但階級間的流

---

⑦　例如清代徽州的佃僕，不僅吃不飽、穿不暖，過著奴僕的生活，而且不能改變身分（葉顯恩，1983：250，268）。歷代類似的記載很多。

⑧　關於官僚階級和地主階級的特權，討論者甚多。可參閱瞿同祖（民73a），從日常生活到法律，都有特權。

動並沒有阻塞，越到後來，流動性越高。這也許緩和了歷史上階級間的衝突。儘管地主、官吏大多是來自農民階級，但進入了地主、官僚體系，便忘卻了農民的貧苦。另一種就是一心一意盼望升官、發財。農業社會的資源本來有限，又分配不均，更驅使人民向升官、發財兩條路去努力。做了地主，有地主的特權；做了官吏，有官吏的特權。一個人既然無力推翻現有的制度，無論這個制度有多不合理，只要能獲得利益，大部分的人還是會從制度上去爭取個人的權利。

財富和權力都是稀有資源，在不易增加的狀況下，有些人拿得太多，另一些人就必然太少，甚至一無所有。這樣的分配不均，顯然容易引起緊張和衝突。因而，如何去調整財富和權力的合理分配，經常是政治制度上的大事。這樣，對於財富、權力、道德三者的態度，就變得十分重要。照 Durkheim 的說法，「每個社會都是一個道德社會」（Durkheim, 1964：228）的話來衡量，中國無疑更是一個以道德為中心的社會。道德教條之多，自孔孟以來，已經到了泛道德化的地步，總是想藉用道德，作為安定社會的工具，也許就是所謂儒家的「秩序情結」（張德勝，民 78）吧。對於社會秩序的憂慮，可能過於從道德方面著眼，政治的腐化與經濟的貧困，才是根本原因所在。一方面社會貧困，另一方面特權泛濫，這就更誘導大家都向升官發財的路上前進，競爭不免激烈起來。做官除了提升社會地位外，是不是也有別的好處？最大的好處可能還是有發財的機會，這是單純富人比不過的地方。有人說：「夫貴者必富，而富者未必貴也。故士之欲貴，乃為官也；然欲富者，非為貴也。從是觀之，富，人之所極願也」⑨。發財似乎是每個中國人的欲望。正如孔子說的，「富與貴，是人之所欲也」（論語里仁）⑩。孔夫子都這樣重視，

---

⑨　淵鑑類函 20 冊卷 286 引初學記，頁 4989。
⑩　孔子在這句話後面還有個附帶條件，下面會討論。

別人還逃得過嗎？管子是贊成富國富民的大將，這是盡人皆知的事。其他如易繫辭：「崇高莫大乎富貴。」莊子至樂：「天下之所尊者，富貴也。」商君書賞刑：「民之欲富貴也，共闔棺而後止。」看樣子，儒法道的學者，都主張升官、發財，有了錢就好辦事，日子就好過些。因而，呂氏春秋說：「民之於利也，犯流矢、蹈血刃、涉血墊（抽）肝以求之」（節喪）。淮南子說：「貪祿者，見利不顧身」（齊俗訓）。這正好解釋了商鞅的話，升官發財是一輩子的事，死而後已。中國歷史上這一類的故事，多得不得了，最典型的當然是蘇秦富貴而歸故鄉，與嫂嫂的對話，蘇秦笑她「前倨後恭」，她卻說「見季子位高金多也」⑪，一點不加掩飾。真把富貴的好處描寫得淋漓盡致。另一個活靈活現的故事，是儒林外史范進中舉後的風光，彷彿只要取得功名，榮華富貴就享受不盡⑫。這就難怪社會上的人只看見錢和權了。

大家都喜歡富貴，可見安貧樂道是不得已的事。宋代的張載說過：「人多言安於貧賤，其實只是計窮、力屈、才短，不能營畫耳。若稍動得，恐未肯安之。須是識知義理之樂於利欲也，乃能」⑬。這種觀察相當深入，的確合乎中國人的富貴觀，其實也即是中國人的人生觀。醒世姻緣尤暢說：「聖賢千言萬語，叫讀書人安貧樂道……我想，說這話的聖賢畢竟自己處的地位也還挨得過的日子……連稀粥湯也沒得一口呷在肚裡，那討蔬食簞瓢」（錢鍾書，1978：388）。錢鍾書認爲，「崇勢利而羞貧賤」，或「輕仁義而羞貧賤」，根本就是當時（漢代）的社會風氣（錢

---

⑪　史記卷 69 蘇秦列傳：蘇秦過雒陽，「昆弟妻嫂側目不敢仰視，俯伏侍取食。蘇秦笑謂其嫂曰：『何前倨而後恭也？』嫂委地蒲服，以面捲地而謝曰：『見季子位高金多也。』蘇秦喟然歎曰：『此一人之身，富貴則親戚畏懼之，貧賤則輕易之，況衆人乎？』」（臺北：鼎文，頁 2262）

⑫　范進中舉以後，「有送田產的，有送店房的……」（臺北：三民，頁 22-24）。王太守說：「三年清知府，十萬白花銀。」（同上，頁 57）

⑬　朱熹，近思錄卷 7。

鍾書，1978：382-3)。事實上不僅漢代，以後也是如此。俗語說：「貧
居鬧市無人問，富在深山有遠親。」農業社會如此，工業社會又何嘗不然？
大家都想升官、發財，而官位、財源有限，有些人抓不到就算了，自甘
於貧賤的生活，另有些人可能不就此罷休，難免不擇手段，以期獲得所
需要的財富或權力，這就牽涉到道德問題了。

　　這個問題可能很早就已提出來討論。自從西周的封建貴族政治解體，
到了春秋戰國的學術思想自由、土地自由買賣以後，貴族已無力操縱財
富和權力。平民不但可以在市場上尋找財富，也可以培養讀書人去謀求
官爵，一旦獲得國君賞識，貴富便都到手了⑭。因為有些人為了財富不
擇手段，財富與道德之間的衝突便日益明顯。當時幾乎各派學者都提出
了他們的看法，有的說財富與道德可以並存，有時還可以互補，這派言
論，認為財富與道德或仁義有一致的理念，我們叫它為「仁富相容說」；
有的認為財富與道德是互相衝突或矛盾的兩個概念，為了發財，就會不
擇手段，不管仁義道德，這派言論，我們叫它為「仁富衝突說」；但是
也有人在言論中，有時候說仁富相容，有時候又說仁富衝突，這種人不
多，卻也出現過⑮。可以叫做混合說。

　　莊子是明顯的持有兩種不同的意見，雖然他對道德富貴一向持批評
的態度。一則說，「愛利出於仁義，捐仁義者寡，利仁義者眾」（徐无鬼
第 24）；再則說，「無恥者富，多信者顯，夫名利之大者，幾在無恥而
信」（盜跖第 29）⑯。前者認為利益與仁義可以相容；後者又認為兩者
不能相容，所謂「富則多事……非所以養德也」（天地篇）⑰。兩種意

---

⑭　當時的遊說之風，也許還帶有點個人的理想，多半與權力、財富有關，蘇秦、
　　張儀是最好的代表，孔孟也未能免俗。
⑮　這裡所說的仁義道德，是廣義的意思，不特指某種德行；富也是廣義的意思，
　　凡是富貴利益均屬財富。以下所討論的，都只是舉例，並非全部歷史人物。
⑯　兩例均屬莊子雜篇。(清) 郭慶藩，莊子集釋，頁 372，433。
⑰　同上，頁 188。實際指的三種世俗所好的事，均非養德的行為。

見間的衝突相當大，似乎不應該是一個人的意見，也許這裡正可以證實莊子非出於一人的著作，尤其是雜篇諸文⑱。不過，以現有莊子來説，這方面的矛盾是存在的。從老子的思想傳統而言，即使莊子完全否定道德、富貴，也不足爲奇；倒是這種容納相反的説法，令人不易解釋。

從儒家傳統來説，禮記是明顯的對富貴與道德存有相容與衝突兩種説法，既説「富貴而知好禮，則不驕不淫」，又説「仁者以財發身，不仁者以身發財」⑲。不過我們知道，禮記也是一部編輯而成的書，這種事在所難免。後來也有人同時持有兩種態度，如王符，既認爲「禮義生於富足」，又認爲「爲富不仁」；如程伊川（頤），既認爲「德善日積，則福祿日增」，又認爲「義與利，只是個公與私也」⑳。這些説法均屬儒家的價值觀。綜合來看，他們都同時把道德與富貴當作目的和工具使用，用不仁去發財，或發財後知禮。

第二類爲仁富相容説，也就是道德與富貴可以同時共存。升官、發財與個人的道德情操不相干，有道德的人可以是富貴人，富貴人也可以是有道德的人。這種説法可能是孔子開其端，後儒跟著説。孔子基本上是接受富貴的生活方式，他不但到處尋求官職，以期一展抱負，而且認爲「富而可求也，雖執鞭之士，吾亦爲之」（論語述而）。不過，這種富與貴，必須不違反道德價值，「不義而富且貴，於我如浮雲」（述而）；「富與貴是人之所欲也，不以其道得之，不處也」（里仁）。做官與賺錢，他認爲都要維持一個基本原則，就是「富而好禮」（學而）㉑。這種對

⑱ 説法很多，大致多認爲莊子外、雜篇問題不少。孫次舟，1963：81-82；羅根澤，1958：282-309。

⑲ 見表紀第 32，曲禮上第 1，頁 916，16。

⑳ 潛夫論敍錄第 36：「爲仁不富，爲富不仁」（頁 194）。愛日第 18：「禮義生於富足，盜賊起於貧窮」（頁 88）。前者承襲孟子，後者承襲管仲。程頤的意見，均見朱熹編，近思錄，卷 7，12，頁 156，178。

㉑ 分別見論語頁 61，62，36，8。里仁也説過「君子喻於義，小人喻於利」（頁 37）的話，那是階級差別，無關富與德。

富貴與道德相容的積極價值觀，對社會發展是有利的，至少可以鼓勵人的積極和正面的行動。但不知爲什麼，後期儒家並沒有把這種觀念加以發揮，也許是官僚制度的後遺症。

　　大戴禮記以「富而不知道則恥之」和史記的「人富而仁義附焉」㉒與論語的理論相當一致，只是沒有什麼進一步的討論與發展。像胡宏那樣的看法，「富可以厚恩，貴可以廣德」㉓，仍只是承襲前人之說。另一方面，管子一書對於富貴與道德的認知，卻與論語很接近，它不僅强調富國、富民的重要，也强調「倉廩實則知禮節，衣食足則知榮辱」㉔。這跟孔子的富而好禮，或墨子的富貴人可以爲義㉕，國語的富貴不能忘禮義㉖是一樣的意思。後來民間流傳的諺語，衣食足而知榮辱；禮義生於富足；或君子愛財，取之有道，都是從上述之類的古典文籍中流傳下來的。這也表示民間對學術界意見的認同，不過，這種諺語不多。至於易、左傳、國語所有義、利之辨㉗，均屬一般利益的説法，非特指富貴和道德的問題。

　　相容説所討論的富貴和道德的關係，可得出兩個結果：一個是論語和大戴禮的意見，要以道德手段獲得富貴，否則就是可恥或不應接受。這顯然是把獲取的「富貴」當做目的，「道」是做爲獲取的工具。另一端，富貴以後可以做些道德的行爲，如好禮、行義、知榮辱之類，則是升官、發財之後的行爲，論語、墨子、管子、國語、晉語、史記的意見是一致的。這是把升官、發財當作實踐道德的手段，實踐「道德」才是真正的

㉒　見曾子制言上，頁 57 及貨殖列傳，頁 3255。

㉓　宋，胡子，知言，頁 29。

㉔　牧民第一，頁 1。

㉕　尚賢第八：國之富貴人聞之，皆退而謀曰：「……今上舉義……我不可不爲義。」
　　（墨子引得，1986：8）

㉖　卷 14 晉語八：今子貴而忘義，富而忘禮，吾懼不免。頁 339。

㉗　易乾卦：利者，義之和。利物足以和義。左傳、國語大致均是這些話説來説去，
　　是指義和利益之間的調節。

目的。從這裡可以看得出來，工具和目的，有時候是可以互相轉換的。
或者用另一種方式來說，取得富貴，要用合理而道德的方法；取得之後，
仍然要繼續以往的道德實踐。不過，在他們的概念中，都沒做這樣連續
性的討論與解釋。

第三類為仁富衝突說，也就是道德與富貴不能共存。升官、發財的
人不會講道德，講道德就升不了官、發不了財，兩者互為衝突，不能相
容。主張這一說最力的人，當然是孟子㉘，孟子說：「為富不仁矣，為
仁不富矣。」趙岐在注中說：「富者好聚，仁者好施」㉙。其實未必如此。
孟子生當戰國中期，正是政治混亂、土地兼併、商業利益最厲害的時候，
富貴與貧賤兩個階級的對立，非常明顯。孟子直截了當，把正反兩面的
現象都指陳出來，說明了當時問題的嚴重性與尖銳性。可能的確有不少
人，為了發財不擇手段，而道德高尚一點的人就發不了財。「為富不仁」
就成了後世中國人的口頭禪，而後世中國的這種階級結構也改變不大，
頗能說明一些現象。

在儒家學派裡，董仲舒是另一個堅決把富貴與道德對立起來的人。
他在春秋繁露度制第 27 中說：「富者愈貪利而不肯為義，貧者日犯禁
而不可得止，是世所以難治也」㉚。他把社會的動亂原因，也推給
「貪利忘義」的富人。在這一方面，董仲舒相當程度的發揮了孟子精
神，跟其他方面一樣，繼承了孟子所代表的儒家傳統。稍後有桓寬和揚
雄。桓寬認為，「君子能修身以假道者，不能枉道而假財也……君子求義，
非苟富也」；揚雄則認為「聖人重其道而輕其祿，眾人重其祿而輕

㉘　荀子也說過「依乎仁而蹈利」（仲尼），「先義而後利者榮」（榮辱）之類的話；
　　淮南子也說過「知者不以利害義」（人間訓）；韓非子也說過「百姓餓而奸吏
　　富也」（外儲說右下），但語意不十分明顯，故暫不加以討論。
㉙　這句話是借陽虎說的（頁 91）。孟子的義、利之辨，在中國歷史上很有名，所
　　謂「仁義而已矣，何必曰利」一類的話，就是把財富與道德對立。
㉚　類似的意見不少，詳見其他各篇。

其道」㉛。兩個人都把道德和富貴分離，有其一，便不能有其二。後期儒家，大抵都受到孔孟兩個觀點的影響，即孟子「為富不仁」與孔子的「君子喻於義，小人喻於利」。前者有故意貶抑富貴的意思㉜，後者是把人分成上下兩個階級來看，後來就演變成為仕紳階級與農民階級㉝的差別。例如劉晝引申孟子的話，「為仁則不利，為利則不仁。故販粟者欲歲之饑，售藥者欲人之疾」㉞。每一個時代，這種人大概不少，糧食店盼望米漲價，藥店盼望病人多。這就加深了別人的印象，發財多半要利用不正當或不道德的手段，所謂「人無橫財不富，馬無夜草不肥」。這就是完全落實了「為富不仁」的概念。這有點像朱熹所說，「世之志利欲與志理義之人，自是不干事。志利欲者便如禽獸之徑，志理義者便是趨正路」㉟。人是不是可以用這樣單純的二分法，恐怕大有問題，可能還是受了君子、小人二階級的影響。張伯行也說過類似的話，「今人之志，徒在富貴耳。志在富貴，則自家氣節與國家大利大害，一切丟置，只曉爭名逐利，患得患失」㊱。到了這樣的解釋，已經把「為富不仁」這一觀點，逼到了死角，富貴與道德成為勢不兩立的兩種行為模式：有錢就沒有道德，有道德就沒有錢。社會上也喊出，「錢財如糞土，仁義值千金」；「慈不掌兵，義不舉財」。這樣的話說多了，說久了，容易造成一種刻板印象：凡是謀求升官、發財的，都是沒有道德的、沒有良心的。於是大家都相信，「有錢能使鬼推磨」；「人有良心，狗不吃糞」。

㉛ 桓寬，鹽鐵論貧富 17，頁 20；揚雄，法言五百，頁 22。
㉜ 韋政通認為，傳統思想家承認富貴為人之所欲，但採貶抑的態度。(1977：141)
㉝ 最早的君子、小人指的是貴族、平民，或統治階級、被統治階級，後來就變為仕紳階級、農民階級（也包含城市小市民等）。漢以來就有這樣的解釋。把君子喻為賢人或有道德的人，是一種意義的轉變。這一點，左傳說得最清楚。
㉞ 北齊人，見劉子，言菀，頁 78。但筆記小說大觀三編 2 冊指為梁劉勰的劉子新編。內容完全相同。待考。
㉟ 續近思錄卷 2，張伯行集解，叢書集成新編 22 冊，頁 244。
㊱ 張為清人。朱熹編，近思錄卷 7，張伯行集解，同上，頁 157。注解程伊川的話。

這幾乎成了中國文化中，行動的座右銘。

由於官吏、富人給社會人士的印象太壞，有的人憤慨一點，便把所有的壞事都推到他們頭上，例如司馬光說：「自古亂臣賊子，未有不出於好富貴者也」㊲。亂臣賊子，當然沒有道德，這是把升官、發財看作最低賤的行為了。可是，想升官發財的人還是接踵而來，並不因為挨了罵而卻步。簷曝偶談記載一個故事說：「貧士隔壁住著一個富翁，他非常羨慕。有一天跑去問富翁致富之道。富翁認為，發財很不容易，大凡致富之道，當先去其五賊，五賊不除，富不可致。士問那五賊？富翁說：『即今之所謂仁義禮智信是也。』貧士大笑而退」（顧元慶，明：66）。這個故事很可能是事實，在富人看起來，這些書生開口、閉口仁義道德，還能發什麼財？顧元慶（簷曝偶談的作者）自己也說：「名利皆不可好也，然好名者比之好利者差勝。好名則有所不為，好利則無所不為也」（同上，頁80）。一個人如果真的到了無所不為的地步，自然顧不得仁義禮智信了。這樣看起來，富貴與道德似乎必然勢不兩立了。

這十幾種關於道德與富貴的衝突關係，自從孟子把它分割為為富不仁與為仁不富兩種範疇後，有五個例子陳述為仁不富，即以仁為目的的行動，包括孟子、桓寬、揚雄、劉晝、俗諺；有九個例子陳述為富不仁，即以富貴為目的的行動，包括孟子、董仲舒、揚雄、司馬光、朱熹、劉晝、顧元慶、張伯行、俗諺。其中有三人涉及兩類。可見多數人較注意「為富不仁」的問題。

綜合上述三類人對於道德與財富、權力的評價，主張相容又衝突的不多，對後世的影響也不大；主張仁富相容說的比較多，包括相當多的古典學派，在觀念上影響較大的有論語和管子；主張仁富衝突說的人最多，也包括許多古典學派，最著名的是「為富不仁」，影響也最大。這

㊲　司馬光，迂書求用。轉引自古今圖書集成30冊皇極典用人部，頁593。

種觀念上的差異，沒有學派上的分別，也似乎沒有時間和地域上的分別。
當戰國之時，各學派彼此批判相當激烈，但在這些價值觀念上，卻彼此
關聯。最主要的是，它涉及兩個結構上的因素：一個是君子、小人或官
紳、平民的階級結構，使這些讀書人無法跳出這個圈子去觀察；第二個
是政治和經濟資源的分配，在農業的地主經濟下，因特權和不當手段，
造成分配的極端不均。所以，從知識階級內來看，容易產生「富而好禮」
的聯想，而從階級外來看，就是「爲富不仁」。前面說過，這種階級結
構和政治、經濟資源分配狀況，自漢一直到民國初年，改變不大，甚至
本質上不但沒有什麼改變，還有惡化的趨勢，即財富、權力集中的情形，
越來越嚴重。新興的官僚地主階級和商業地主階級更加速了農業經濟結
構的解體㊳，升官、發財的途徑增加了，目標也更多了，但手段並沒有
獲得改善，甚至比以前更壞。原因是傳統的價值觀念和道德規範已經遭
到破壞，新的卻還沒有機會建立（文崇一，民 78）。人的行爲，好像脫
韁的野馬，爲所欲爲。立德的標準沒有了，立業就單純的爲了升官、發
財，根本不必有道德的顧慮。近幾十年來，臺灣的工業化結果，發財似
乎成了人生的第一目標，升官只是一個附屬的條件。職業的多元化以後，
每一種職業都可能找到發財的機會，真是行行出狀元。然而，應該如何
去發財？職業道德是什麼？似乎沒有人理會㊴，因而詐欺、仿冒、勒索、
搶劫許多不道德的事，層出不窮。大至官商勾結，利益輸送，小至貪瀆
舞弊，幾乎每天都在傳播媒體上出現。看來何只「爲富不仁」，簡直是
不擇手段到出賣國家社會資源。

㊳　費孝通（1987）認爲中國的農村問題，根本就是人民的飢餓問題。
㊴　黃光國，民 79；文崇一，民 79；Merton（1967：132-157）認爲，這是文化
　　價值目標與制度化手段出了問題。

三　行動與價值衝突

我們討論了許多富貴與道德之間，一些關聯性的思考，雖然有三種類型，基本上只有兩個模式，即道德與富貴相容說及道德與富貴衝突說。同時承認兩說的人，只是擁有兩說而已。相容說有兩種方式：一種是富而好禮或衣食足而知榮辱，發了財仍可以做些仁義道德的事；另一種是取財以義，要用合乎道德的方法去發財。這兩種方式可以簡化如下的形式：

從仁 ⟶ 到富㊵　　仁是工具或手段，富是目的。

從富 ⟶ 到仁　　　富是工具或手段，仁是目的。

很明顯的，相容說者對工具價值和目標價值，並沒有清楚的界線，可以要求達官、富人行善，也可以用行善去升官、發財。這兩種理論假設，都著眼於富貴與道德的良性互動，社會上也的確有些這樣的事實，用道德允許的合理方法去謀求官職、財富，或升官、發財後做些善事，但它的解釋力究有多大，即有多少人這樣做，頗令人懷疑。

衝突說也有兩種方式：一種是爲富不仁，用不道德的手段去發財；另一種是爲仁不富，實踐道德就不會富有。實踐道德或不道德，都是一種手段；富有或貧窮，都是一種結果或目的。可簡化如下的形式：

㊵　仁、富是簡化的用法，指的是道德、富貴。富貴同時具有世俗所說升官、發財的意思。以下同。

從不仁 ——→ 到富　　不仁或詐欺爲工具，富爲目的。

從不富 ——→ 到仁　　不富或貧窮爲工具，仁爲目的。

不仁的廣義説法就是不道德或詐欺之類的行爲，屬於負面的效果；不富當然是貧的意思。這裡的意思很明顯，要升官、發財，就得不擇手段；要做仁人君子，就得忍受貧困。不仁、不富爲工具價值，富、仁爲目標價值。這樣從行動的假設層面，我們可以把前述四個模式調整如下：

$$
\text{相容説}
\begin{cases}
\text{行動 1} \xrightarrow{\text{以仁}} \text{致富} \\
\text{行動 2} \xrightarrow{\text{以富}} \text{行仁}
\end{cases}
$$

$$
\text{衝突説}
\begin{cases}
\text{行動 3} \xrightarrow{\text{以不仁}} \text{致富} \\
\text{行動 4} \xrightarrow{\text{以不富}} \text{行仁}
\end{cases}
$$

圖 9·1　工具價值與目標價值在行動上的關係

從上圖可以明白，相容説的仁與富，互爲工具價值與目標價值，即行仁可以致富，富也可以行仁。兩種行動模式回答了兩個問題，其一是用什麼方法去發財？其二是發了財做些什麼？發了財做什麼，其實也就是爲什麼要發財。從現實的觀點來看，兩個模式都只回答了一部分，即是，發財除了用道德的方法，還有別的方法；發財後可以實踐道德目標，不發財也有可能。所以，相容説只能解釋行爲的部分現象。衝突説正好提供了反面的意義，用不道德的方法去升官、發財，不發財也可以實踐道德。這樣，我們可以把圖一的四個模式變成一個模式：

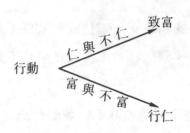

圖 9·2　價值與行動的混合模式

結果成了仁與不仁都可以致富，富與不富都可以行仁。這就是一種常識的說明了，不管用什麼方法都有可能升官、發財，不管在什麼經濟條件下，都有可能實踐道德。我們分析了半天，結果發現，中國自古以來升官、發財的概念與辦法，就這麼簡單；維護社會道德秩序，也不如想像的那麼困難。所有的機會似乎都差不多，不過，這只是一種理念類型，還要看人們如何選擇。

事實上，這些都是歷代讀書人所記下來的主觀原則，或觀察現象所歸納出來的原則。有人認為富而後有仁義，也有人認為無恥者富。而當我們從現實社會去驗證，就會發現，根據圖 9·2 的方式，因富貴而行仁義，或因行仁義而甘願長貧窮的人，實在太少。這就是為什麼，顏回會受到孔子的極端讚揚，那種人不堪其憂的窮苦生活；在後世，像嚴子陵的不攀附光武帝去做官，像陶淵明的不為五斗米折腰，傳為千古佳話，就由於這種人實在太少了④。讀書人以外的農民和市民，除了少數地主，為生活奔忙之不暇，那裡有多少機會去思考道德實踐的問題，充其量只是面對一點家庭事務上的挫折。無論富或不富，顯然沒有必要勉強自己去做善事。

---

④　以歷代隱逸人士而論，中國兩千多年，也不過 272 人。（文崇一，民 78b：91-93）

　　這樣就只剩下一個選擇，多數的人都選擇以仁或不仁去致富，即謀求升官、發財，假如把仁或不仁，如前所說，解釋爲道德或不道德的方式，我們就必須瞭解，從歷史事實去觀察，究竟那種人最容易獲得升官、發財的機會，不必進行任何調查就可以指出，凡是拉關係、走後門、攀親戚、行賄賂的人，比較容易升官；凡是官商勾結、逃稅、販賣僞劣商品的人，比較容易發財。從前如此，現在也是如此。不是説没有人用正當、合理、合法的方式，去經營個人的事業，只是這種人不易取得富貴。於是造成一種印象：爲富不仁——用不道德的手段去升官、發財。這可以説是道德墮落的結果，也可以看作是太重視財富的後果，這正是工具價值與目標價值之間的衝突，所導致的反社會道德現象。

　　假定目標價值爲終極目標或可欲目的的信仰或概念，值得追求；工具價值爲可欲行爲方式的信仰或概念，作爲達到目標的工具㊷，則富貴爲值得追求的可欲目標，仁或不仁爲可欲的行爲方式，這就是把道德作爲工具，把財富與權力作爲目標，富貴成爲終極的或最後的理想，而用道德或不道德的行爲方式去完成它。那麽，獲得富貴以後要做什麽呢？是不是真的就到此爲止，作爲最後或最高的理想境界？除了富而好禮，做點善事以外，似乎想不出更積極的目標。這就回到了我們前面的討論，從不仁而富，可到因富而行仁；因富而更貪得無饜的話，會變成另一種不仁。這樣，就形成兩種衝突：一種是在概念上，道德與富貴不能並存的衝突，多數人捨道義而取富貴，使不道德的感染力越來越大，因爲社會人士不管富貴是怎樣來的，而只尊重富貴；另一種是工具與目標的衝突。仁與富（或不仁與富）同時可以是目標價值，也可以是工具價值，使人在行動上的選擇產生混淆。以不義去發財，或以財行不義；以仁發財，或以財行仁；似乎找不到行動的焦點。

㊷　Rokeach, 1979：48。這樣分類的人不少，但以他作的研究較多。

　　一般而論，我們都把道德視爲目標或終極價值，把財富、權力視爲工具價值㊸。道德不是唯一的目標價值，他如平等、自由、安全、快樂、和諧之類，都是人類追求的目標；權力與財富應該只是用來達到目標價值的工具。可是從我們的歷史過程來看，很難找到多少人用財富、權力去追求自由、平等諸目標。追求道德也不錯，我們卻用不道德去做爲追求富貴的工具或手段。這就是我們所看到或理解到的矛盾與衝突。儘管也有人認爲，兩種價值（即工具價值和目標價值）有時是可以轉換的 (Rokeach, 1973：12)，可是，在一個層面上互爲轉換，終究容易影響行動的方向。行爲除了受到社會環境和結構的影響，同時也受到道德和經濟因素的影響㊹。在我們的變項關係中，其實就是結構與價值對行動的影響。在這項關係中，以政治、經濟所形成的階級結構，以道德、財富、權力所形成價值體系，除了影響行動，彼此也有互動，視互動中力量的強弱，而對行動產生不同的影響力。當財富、權力提升爲目標價值，道德降爲工具價值時，富、貴的力量就必然增強，成爲多數人追求的目標。而我們兩千多年的官僚制度，又加強了個人和集體對這一目標的追求力量。目前，臺灣社會也正朝著這個目標前進，一味的追求權力與財富，所謂向錢看、向權看，就是把權力、財富當作主要的目標價值。怎樣達到這個目標呢？不擇手段。可見，現在錢雖然多了，我們還是沒有擺脫傳統的束縛，依舊是爲富不仁。因而，道德、民主、自由通通成了掩飾爭權奪利行爲的工具，標準的工具價值。

㊸　如管子的衣食足知榮辱，孔子的富而好禮，Rescher (1969：18-19), Muker-jee (1964：67) 也是把道德作爲目標標值。

㊹　Etzioni (1988：64) 認爲經濟與道德也有互動關係。

四　結論

　　從整個分析來看，我們已建立一種中國人升官、發財的行動模式；這個模式受到價值的工具性和目標性，以及結構性的影響很大，而道德與富貴的衝突為一最重要變數。道德通常是一個社會的重要價值，中國曾經是一個泛道德的社會，道德價值尤其重要。但是，中國人一開始，就在知識階級中強調立德、立功、立言，使道德價值與功名事業的富貴價值並列，同為人們追求的理想目標；其後又因「為富不仁」的影響力過大，使道德價值降為追求富貴的工具，社會的大部分人，只見富貴，不見道德。在中國這樣以「道德」為倫理中心的社會㊺，居然在行為上不追求道德，把道德變成追求名利的工具，這對道德本身的傷害相當大，對富貴也有不利的影響。

　　因為君子、小人或官紳、平民的階級距離，這種捨道德而取富貴的價值標準，到了農民階級就成為追求「地主」的唯一目標（文崇一，民78：136-144）。農村社會的政治、經濟資源分配，本來就不平均，在這樣的價值體系中，不均的距離便越拉越大，從「為富不仁」，一變而為「人無橫財不富」。就像現在的臺灣一樣，不管用什麼方法賺錢、升官，只要有機會就行，因為目標就是升官、發財。這是目標變工具，工具變目標的結果，也是在大的結構環境下，給予有利的發展機會。如果在未來，我們這個社會還是以財富、權力作為追求的理想目標，無法把道德價值像民主、自由、安全一樣，提升為終極價值，我們就沒有機會改善未來

㊺　儒家倫理無疑沒有忽視道德的意思，但在實際行為中太過強調富、貴的重要性，及為富不仁的事實，使道德一直不振。Mukerjee 把道德價值當作中心價值之說，是可以理解的（同前文，頁67）。

的社會狀況。即使能調整到以仁致富貴，用道德的手段去謀求升官、發財，也必須在富貴後有其他的理想或終極目標，而不以富貴爲完全的和最後的滿足。

第十章 報恩與復仇：
交換行爲的分析

一 報恩與復仇的基本概念

中國人通常把「恩將仇報」視爲一種反常行爲。正常的行爲是有恩報恩，有仇報仇。所以，報恩或復仇的行動，在歷史上，一般都受到社會人士的鼓勵，甚至是受到法律的保護。這就是禮記曲禮所提出的兩個觀念：「太上貴德，其次務施報」；以及「父之仇弗與共戴天」①。也就是詩大雅抑所説的「無德不報」，及穀梁傳所説的「父母之仇，不共戴天」。恩、仇是兩個不同的範疇，報、復卻是一種同義語。依照這種説法，不管是受人恩惠，或遭人迫害，都必須尋求機會回報，即知恩報恩，有仇復仇。報與復只是一種習慣的用法，實質上沒有什麼差異，可以叫做報恩報仇，也可以叫做復恩復仇。文獻上都曾經使用過。

從孔子主張「以直報怨，以德報德」（論語憲問），周官設置官吏，職司排解②，以及禮記把父母兄弟朋友之仇，分等級報復諸事來看，這類行爲必然起源甚早，以致到了春秋戰國成爲一種風氣。當時的游俠

---

① 差不多同樣的意見，在禮記的檀弓及調人二章也説過。以後還會提到。
② 周禮地官司徒調人，下士二人，史二人，徒十人。下士主治衆人之事，史掌書記，徒爲役、衛之類，見周禮鄭氏注，頁 1-2, 55, 89。秋官司寇朝士也有人主管報仇之事，同書，頁 245。

之士，實際上是代人復仇，或打抱不平而已。孟子曾慨歎的説：「殺人之父者，人亦殺其父；殺人之兄者，人亦殺其兄」（盡心上）。這樣的殺來殺去，就永無了日矣。這種風尚，至少在西漢，甚至更晚的時代，還爲知識界所倡導。例如，劉向説：「夫施德者，貴不德；受恩者，尚必報……君臣相與，以市道接，君懸祿以待之，臣竭力以報之。逮臣有不測之功，則主加之以重賞；如主有超異之恩，則臣必死以復之……夫臣不復君之恩，而尚營其私鬥，禍之原也；君不能報臣之功，而憚行賞者，亦亂之本也。夫禍亂之原，皆由不報恩生矣」（説苑卷六復恩）。另一方面，董仲舒卻強調：「春秋之義，臣不討賊，非臣也；子不復仇，非子也」（春秋繁露王道第六）。無論是報恩或復仇，這裡都明白表示是一種相對的義務。劉向的這一段話，實際包含了君臣間的五對關係或報賞原則。

表 10·1　劉向的報賞原則

君				臣		
施　恩	＋給俸祿	＋大恩	＋　恩	＋大功		＋　功
復　恩	＋努力工作	＋必死	－(不復)	＋重賞		－(不賞)
臣				君		

依照表 10·1 的原則，行爲的報賞牽涉到三個重要層次：(1)所受的恩越大，報賞越厚，所以君施大恩，臣就要準備赴死，所謂以死爲報；臣建大功，君就要重賞。(2)有恩而不復，或有功而不賞，就會引起禍亂，這是不應該的。(3)報的方式可以完全不同於施，但分量上必須相當一致。如俸祿是金錢、名位，努力工作卻屬於事務；大功是事務，重賞卻可能是金錢、官爵；用死去報大恩，更是兩個不同的範疇。這裡牽涉到兩個

基本問題：一是受恩者必須設法報答，或等待機會報答；二是報答必須
實踐相對的優厚條件，或雙方所預期的條件。它的基本精神正如上述曲
禮中所説的，「太上貴德，其次務施報。禮尚往來，往而不來，非禮也；
來而不往，亦非禮也」。楊聯陞先生把這種行爲解釋爲一種社會投資，「每
一個社會中這種交互報償的原則都是被接受的」③。説這種報償原則是
屬於預期的，一點也不爲過，例如劉向在同文（復恩）中敍述趙襄子論
功行賞的故事，足以做爲一個説明：「趙襄子見圍於晉陽，罷圍，賞有
功之臣五人，高赫無功而受上賞，五人皆怒。……襄子曰：『吾在拘厄
之中，不失臣主之禮，唯赫也；子雖有功，皆驕。寡人與赫上賞，不亦
可乎？』仲尼聞之曰：『趙襄子可謂善賞士乎？賞一人而天下之人臣莫敢
失君臣之禮矣』」④。這種預期上的差異，不在於客觀條件的不同，而
在於主觀認知上的標準不一。趙襄子與仲尼把君臣間的禮儀擺在第一優
先，臣子則把實際行動視爲最高成就，於是看起來違背了當時一般的報
賞原則。從這裡也可以瞭解，作爲報賞的物質或非物質條件是可以互換
的，報賞的客觀標準則似乎並不存在，而由一種習慣或雙方某種程度的
默認。大致是：雙方都認爲合適的話，就有機會進行另一次的報恩行動；
如果有一方認爲不合適，則這種行動就不會繼續，甚至引起爭論或禍害。
這種報恩行動的所以會繼續，或至少實行一次，主要是受到一些通俗觀
念的影響。一方面是「善有善報，惡有惡報」⑤，使受恩者不敢不報；
一方面是所謂「施惠勿念，受恩莫忘」⑥，使報賞行爲成爲一種

---

③　楊先生（民 65：349-372）可能是最先廣泛的討論「報」這個問題的學者。他
　　提到報答、報償、報仇、報應等各類問題。
④　説苑卷 6 復恩，叢書集成初編，526：49-50。
⑤　增廣賢文説：善有善報，惡有惡報，不是不報，日子未到。朱介凡也有類似的
　　紀錄，民 53：362。
⑥　朱子治家格言有這樣的説法。朱柏廬（明代人）的書，早期很有影響力。

美德；而佛家又提出三世因果報應之説⑦，使報恩行爲更是勢在必行。

册府元龜把報賞行爲推衍得更廣泛一點，它説：「乃有感寬宥之惠，則爭其死所；蒙推薦之私，則讓彼封爵；或施之甚薄，而報之甚厚；或拔於困辱，而事於榮達」⑧。這種關係，可以約如下表。

表 10·2 施與報的行爲關係

施　　方

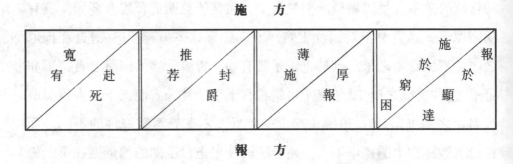

報　　方

從這個表來看，報都比施厚一些，性質也較爲接近而有普遍化的傾向。由於報恩（或德）成爲社會行爲中的一個普遍法則，即接受了恩惠的人，必須在可能範圍或時間內回報，施惠的人也就容易產生一種預期回報的心理，這就形成爲一般原則，所謂「禮尚往來」。儘管有不少人警告自己，施惠勿念，事實上很難做得到；因爲另一面卻在鼓勵人報恩。既然是必報，就必然會產生回報的預期，也即是另一次的交換行爲。正如劉向説的⑨：「唯賢者爲能報恩，不肖者不能」；「夫禽獸昆蟲猶知比假而相有報也，況於士君子之欲興名利於天下者乎？」從這裡推論出去，司馬光就説，「受人恩而不忍負者，其爲子必孝，爲臣必忠」⑩。這樣，報賞行爲不僅是用回報以減輕心理負擔，還與個人的名、利、忠、孝一類

⑦　遁翁，因果的定律，見張曼濤，民 67：201。
⑧　轉引自古今圖書集成卷 116 恩讎部，頁 1144。
⑨　説苑卷 6 復恩，同前，頁 56, 49。
⑩　司馬光，逗書。轉錄自古今圖書集成，同前，42 册，頁 1144。

的實際利益和道德情操有關，無怪乎古人常「一飯之恩，千金以報」。

現在我們瞭解，恩惠不論大小，回報是必需的；回報的方式可以相同，也可以不相同，但價值不應低於所受之恩惠；實際回報的條件越優厚，則越受到贊揚；報恩是 種與名利道德攸關的行為，從社會規範而言，幾乎已經成為一種強迫式的行為，來而不往，非禮也。很明顯的，這是一種有條件的交換行為，雖然沒有明白的把條件提出來。

復仇之說，在中國歷史上的爭論比較多，主要是，一開始，周禮和禮記就把這個問題界定為多種情境，後人各執一端，或更出己意，爭辯就不休了。周禮說⑪：「調人，掌司萬民之難而諧和之。凡過而殺傷人者，以民成（和解）之。鳥獸，亦如之。凡和難，父之讎，辟（避）諸海外；兄弟之讎，辟諸千里之外；從父兄弟之讎，不同國（住）；君之讎，眡（視）父；師長之讎，眡兄弟；主友之讎，眡從父兄弟。弗辟，則與之瑞節（逮捕狀）而以執之。凡殺人有反殺者，使邦國交讎之。凡殺人而義（宜）者，不同國。令勿讎，讎之則死……」。這一段話，有些地方不容易瞭解。我們再來看禮記中曲禮和檀弓的兩段話。曲禮上⑫說：「父之讎，弗與共戴天；兄弟之讎，不反兵；交遊之讎，不同國。」檀弓上⑬說：「子夏問于孔子曰：居父母之仇如之何？夫子曰：寢苦（草）枕干，不仕，弗與共天下也；遇諸市朝，不反兵而鬥。曰：請問居昆弟之仇如之何？曰：仕弗與共國，銜君命而使，雖遇之不鬥。曰：請問居從父昆弟之仇如之何？曰：不為魁（首），主人能，則執兵而陪其後。」這些說法，實際是從消極方向去討論，可以說是受到周官的影響。即是，如果不在某種範圍以內，似乎就不計較了，而且說法並不完全相同。試將上述各種主要復仇的說法表列如下。

⑪ 周禮地官司徒下，見周禮鄭氏注，同前，頁89。
⑫ 禮記曲禮上，同前，頁57。
⑬ 禮記檀弓上，同前，頁133。

表 10·3 不同身分的復仇種類

	不共戴天	避海外	避千里外	不反兵	不同國	協助	不同鄉	不同鄰	說明
周官		父，君	兄弟，師長		從兄弟，主友				
曲禮	父			兄弟	交遊				
檀弓	父母			（父母）	昆弟	從父，昆弟			父母不反兵在前項內
大戴禮	父母				兄弟		朋友	族人	父母爲「不同生」

表中顯示，除了「不共戴天」和「不同國」外，解釋上的差異性相當大。假如以當時的地理環境和觀念加以調整的話，避諸海外一項屬於非同一世界，可以併入不共戴天一項內；不反兵與協助兩項係指技術上的分別；其餘各項只是因親疏而有距離上的長短。

這些話，大抵還是消極的，就是，在這個範圍之外，也就算了。但見了面或知道在某個範圍內，就必須復仇；或者如周官後段所說，不願躲避的話，就可以抓起來，殺了。這種方式，基本的報復形態已經存在了。其實，孟子（盡心上）已經把復仇行爲說得很清楚，「殺人之父者，人亦殺其父；殺人之兄者，人亦殺其兄」。這和公羊傳（定公四年）的說法是一致的，「父不受誅（不當誅），子復仇可也」。公羊傳（莊公四年）甚至強調，如果是國仇，九世、百世（代）猶可也⑭。這幾乎是承認，不管時間如何長久，都可以而且應該復仇。這種強烈的復仇觀念，大概

⑭　參閱公羊傳莊公四年，對於這個問題有詳細而肯定的討論。例如其中說，九世猶可復仇乎？雖百世可也。

在戰國時候已經肯定下來：父母之仇是必須報復的；其次是血親範圍內的兄弟、從兄弟、族人；然後是朋友。顯然是根據血統關係的遠近而加以區別，越是近親，越需報復。

漢初董仲舒表現得尤其強烈，他說：「春秋之義，臣不討賊，非臣也；子不復仇，非子也」（春秋繁露王道）。所以荀悅說：「復讎者，義也」（申鑒時事）。這就把問題幾乎完全推入到道德範疇中去了，而在周官中，我們還可以看得出來，多少有些法律或風俗習慣的成分。以後歷代對這個問題都有過辯論，但總是各執一詞，有的站到法的立場，認為不能私復；有的站到倫理的立場，認為應該復仇，甚至應該表揚復仇行為。

這種復仇方式，算不算交換行為？看來是可以的：第一，復仇的對象主要為兇手，多半不及旁人；第二，少數所謂深仇大恨，株連家族⑮，那表示殺一人不足抵罪的意思；第三，這種仇殺事件，不能用其他方式代替；第四，許多復仇事件，尤其是為父母復仇，受到贊揚和鼓勵。

看起來，無論報恩或復仇都與父母有很大關係，例如把父母之仇形容為不共戴天，非殺死對方不可；一般也把父母養育之恩形容為難以報答，強調極端的孝順作為回報的手段。這實在是一種很特別的交換方式。

二　報恩的事實與方式

恩是一種泛稱，史書所說的德、惠、贈與、招待、救濟等，都可以算是一種恩惠。大至救命之恩，小至一飯之德，在中國歷史或稗官野史上是常見的事。例如，漢時張蒼因事當斬，王陵保赦之。「蒼德王陵，

---

⑮　瞿同祖（民 73a：53）也提到這一點，復仇有時也不止當事人，常株連家族。

及貴，常父事陵」。陵死，蒼爲丞相，常先朝陵夫人上食，然後敢歸家（史記張蒼列傳）。又如，韓信爲楚王，都下邳。「至國，召所從食漂母，賜千金……召辱己之少年令出袴下者，以爲楚中尉」（史記淮陰侯列傳）。這兩個典型的故事，一個是救了生命，一個只不過吃了幾天飯，所報都不可謂不厚。從一些類書、史書、雜記⑯中，我們用了 45 個報恩的故事（參閱附錄一）加以分析⑰，藉以說明一些有關報恩事實、方式、類型等。

表 10·4　施恩者與報恩者身分

	官		吏 平		民	總　　計
	實　數	%	實　數	%		
施恩者	30	67	15	33	45	
報恩者	35	78	10	22	45	

　　表中顯示，施恩者官吏兩倍於平民，報恩者官吏三倍於平民，原因是許多人在發跡以後⑱，才有能力報恩。他們報恩時雖已身爲官吏，然而在受恩時多爲平民，或非常低微的小官吏。一旦顯貴，就找機會報答，例如韓信報漂母，陳平報魏無知⑲，南朝宋高祖報王謐⑳。施恩者和報

⑯　屬於類書的如古今圖書集成、藝文類聚、太平御覽，屬於史書的如史記、漢書等，屬於雜記的如夢溪筆談、越絕書等。

⑰　佛道神仙鬼怪等有關報恩的故事非常多，本文均暫不予討論。彭希涑輯的二十二史感應錄（叢書集成初編 2689）有不少這類故事，佛經尤多。

⑱　在 45 個接受別人恩惠的人中，大約有 25 人是平民出身。

⑲　漢封平爲侯，平辭曰：「此非臣之功也……非魏無知，臣安得進？」陳平因魏無知推荐而得入漢（漢書陳平傳）。

⑳　高祖家貧，常負債無法償還，王謐密代還；當時無人與高祖交，謐交之。後謐因案株連，謐懼逃。高祖迎還，復原職（宋書，高祖本紀）。

恩者都有偏於官吏的傾向，可能由於資料源於正史者爲多的緣故。

在 45 個個案中，除 2 個爲主僱（戰國）、2 個爲母親（三國）、1 個爲叔父（唐代）外，其餘 40 個（89%）均爲其本人報恩，即因自己在某種不得已的狀況下，接受了別人的救助，可以説不得不或不能不設法報答。真的不報答，就叫做忘恩負義。這與前面所提出來的概念是一致的。爲本人報恩，具有兩層重大意義；一是把恩惠回投，以減輕自身的負擔；一是可以獲得社會人士的讚賞，增加聲望。很明顯的是，所謂恩德、恩惠，不只是物質上的支援，同時也是精神上的感受，使人不得不在可能範圍內，設法回報；如果不回報，就會產生一種恥辱感。也許這就是爲什麼，百分之九十的人，都是爲本人報恩，因爲這種壓力對本人最大。儘管有不少人強調施恩不要望報，受恩者則要存必報之心㉑。但是歷史上許多用金錢收買或意圖收買的恩惠，還是累見不鮮，可見，在很多場合，彼此還是瞭解，這是一種行動上的交換方式。例如豫讓報智伯、荊軻報燕太子、韓信報漂母之類，都是事先意存報答。例如，有呂母者，她的兒子犯小罪，爲縣令所殺。她不服，就盡散家財以收拾人心。不久，家少衰。衆人想設法償還她。呂母泣曰：「所以厚諸君者，非欲求利，徒以縣宰不道，枉殺吾子，欲爲報怨耳，諸君寧肯哀之乎？」諸少年壯其意，又素受恩，大家都願意爲她效命㉒。這不是等於指明用金錢交換復仇行動嗎？大家都沒有異言，實際可能就是所謂約定俗成，正如俗話所説：「拿人錢財，與人消災。」可是，有些人不遵守這種俗規，像袁采那樣的人，就要抱怨了，「今人受人恩惠，多不記省；而有所惠於人，雖微物亦歷歷在心」㉓。像這樣的人是要受到批評的。無論如何，我們可以看得出來，默許的交換行爲必然存在。

㉑　如劉向前所説，施德者貴不德，受恩者尚必報。

㉒　細節見後漢書劉盆子傳。

㉓　袁采（宋）（974，頁 41）認爲受恩必須報，以少接受恩惠爲宜。

　　前述的 45 則報恩故事，分別發生在下列各朝代：戰國 8 個，漢代
6 個，三國 8 個，晉 3 個，南朝 4 個，北朝 1 個，唐 5 個，宋 7 個，明
3 個。從這個簡單的資料顯示，大抵戰國至三國以及唐宋間發生的頻率
比較高，其餘各代似乎比較少，但數字太小，究竟無法肯定。其實，現
在的民間還流行「感恩圖報」的觀念，佛教讀物中，尤其渲染得厲害。
我們可以説，至少自戰國以來，知恩報恩是一種正常的交換行爲，不回
報才是反常。現在我們可以從施恩、報恩的內容作進一步瞭解。

表 10·5　施恩方式

1.生活救濟	21(47)*	4.照顧事業	6(13)
2.挽救生命	12(27)	5.撫　養	2(4)
3.贈送女子	2(4)	6.感　德	2(4)

*總數 45，括弧內爲百分比，下同此。

表 10·6　報恩方式

1.挽救生命	10(22)	4.舉官升官	10(22)
2.厚　贈	14(31)	5.效　死	3(7)
3.養　育	5(11)	6.免責等	3(7)

上述表 10·5 及表 10·6 事實上是用勉强的抽象分類，無論施恩或報恩，
都非常瑣碎。如果用上列兩表作比較，施恩行爲集中在生活上的救濟、
挽救生命，和照顧事業。三種照顧對於個人的前途都非常重要，無怪接
受恩惠的人總是耿耿於懷。報恩的人也是集中在前三項：挽救生命、厚
贈，和舉官升官。相對來説，用挽救生命回報救命之恩，用厚贈回報救
濟生活，用升官舉官任官回報事業上的照顧，相當合理而自然，還可以
説是一對一的交換。不過，剛才説過，這是經抽象過的分類概念，實際

並非這樣有條理的交換事物。在 45 個例子中，以相同或差不多相同方式還報的，只有十三例，分配如下。

表 10‧7 以相同方式還報

施			報		
1.糧　　食	1 次		1.糧　　食	1 次	
2.救濟生活	8 次		2.還　　財	8 次	
3.救　　命	3 次		3.救　　命	3 次	
4.薦　　舉	1 次		4.薦　　舉	1 次	

其餘 32 例，施與報幾乎完全不同，例如，其中有 7 次還報為「不殺或免死」，而其施恩只是一些物質、金錢、食物，或其他東西；另有 9 次還報為「薦舉升官或任官」，當時所施也不過救難、贈與、救命、借錢之類。不但如此，當受恩人有能力還報時，施恩者可能已經死了，這時，仍然有法子報償，例如，替施恩者修墓園、撫孤、恤妻子、以其子婿為吏，甚至免其鄉親於難、或免屠殺全城生靈，都可以算作還報。我們可舉兩個典型的例子。例一，魏志鄧艾傳：同事之父憐鄧艾貧，資給甚厚。艾不稱謝。後艾為太守，欲厚贈之，父已死，乃厚贈其母，並舉其子與計吏。例二，夢溪筆談：大將章榮守建州，部將犯罪，法當死。其妻私以銀與之行，得免。後該部將攻建州甚急，章某妻以死進言，全城得免於難。

　　關於報恩行為，有幾點現在似乎可以確定：(1)它是在一種互相瞭解的方式下，進行有報償的行動；(2)這種報償行為同時存在於官吏和平民間，為一種相當普遍的行為法則；(3)報償行為多由個人本身還報，由別人執行者，少之又少；(4)物質的或非物質的報償，可以轉換，實際上以轉換的報償居多，以同樣方式回報的較少；(5)施恩事項集中於生活、生

命、事業諸方面，報恩方式則集中於生命、升官、贈與諸方面；(6)如當事人（施恩者）死亡時，回報其家屬亦爲相當普遍的方式，且爲大衆所接受；(7)這種報恩方式，大約從戰國時代即已相當流行，一直到今天，仍然存在。

三　復仇的事實與方式

　　仇與怨、恨、惡之類的字義很難分辨，大至君父之仇，小至一時之厭惡，都可能產生復仇的觀念或行動。正如周禮地官所說：「愛惡相攻，則忮心生，故有以一日之忿，而爲終身之讎（仇）。睚眦（怒視貌）必報，雖死無恨。」一旦心中存有怨恨之意，那怕很小的事，都會想到報復。所以在歷史上，殺父之仇，固必須復，如徐元慶之爲父仇而殺縣令㉔；就是原來小有過節，也在有勢力後尋求報復，如范雎之「睚眦之怨必報」㉕。這種不斷的報復，有時實在令社會不安，政府就下令禁止，但社會人士有的贊成，有的不贊成，結果仍然是各執一詞。因而，報復行爲還是在社會上流行。最重要的是，有的人在復仇以後，明知犯了禁，就自動往政府投案，官吏不但把他放了，而且加以贊揚，這種例子多得不得了㉖。這就助長了復仇的行爲。有些人甚至認爲，「復讎，因人之至情以立臣子之大義也。讎而不復，則人道滅絕，天理淪亡」㉗。所以，這

㉔　唐徐元慶之父爲縣令所殺，慶潛爲傭保，爲父報讎，手刃縣令，束身歸罪（古今圖書集成，同上，頁1149）。這件事在當時（唐）曾引起陳子昂、柳宗元、韓愈等人很大的爭議（並參閱頁1149-1150）。

㉕　范雎既爲相，「一飯之德必償，睚眦之怨必報」（史記范雎列傳）。

㉖　如南齊朱謙之與族人朱幼方間的連環相殺，最後世祖「悉赦之」（南齊書朱謙之傳）。蘇不韋的循環復仇事件，殺人、戮屍，但郭林宗、陳蕃都很支持（後漢書卷31蘇不韋傳）。

㉗　轉引自古今圖書集成，同上，頁1146，胡寅語。

已經是一種道德上的行爲。於是，復仇似乎包含了兩種意義：一種是，你殺了我們家的什麼人，我就必須把兇手抓來殺了，作爲復仇；另一種是，你既殺了我們家親人，在倫理上我必須也殺死兇手，作爲復仇。我們現在來看看實際的事實。我們以 77 個例子（參閱附錄二）作爲分析的基礎。

表 10·8　結仇者與復仇者身分

	官　　吏	平　　民	總　　計
結仇者	35(45)*	42(55)	77
復仇者	26(34)	51(66)	77

*總數 77，括弧內爲百分比。下同。

結仇者中，平民比官吏稍多，但很接近；復仇者中，平民爲官吏的兩倍。這個現象表示，在當時的社會，可能平民更需要用報復手段達到復仇的目的。就整個而言，官吏與平民都相當程度的接受復仇的觀念和行動方式。也就是說，這種報復行爲與身分沒有什麼關係。如前述呂母糾結少年，引兵破城，執縣宰，諸吏叩頭爲宰請。呂母曰：「吾子犯小罪，不當死而爲宰所殺。殺人當死，又何請乎？」遂斬之，以其首祭子冢（後漢書卷 11 劉盆子列傳）。又如潘岳與孫秀交惡，後秀爲中書令，不忘舊隙，誣岳而夷其三族（晉書卷 55 潘岳列傳）。這顯然不牽涉到倫理問題。官吏與平民對復仇的想法也相當一致。

從這些例子中，進一步去瞭解爲誰復仇，也許對結構的理解會有些幫助。大致是：爲母親復仇 10 次（13%），爲父親 38 次（46%），爲祖父 2 次，爲叔伯 3 次，爲兄弟及從兄弟 11 次（13%），爲族人 2 次，爲本人 10 次（12%），爲朋友 2 次，爲主僱 2 次，爲同事 2 次。共 82 個對象（因爲有些例子牽涉到二人以上）。如果把前五項（母親至兄弟）

加起來，共得 64 次，占總數的 78%；其中父母共 48 次，占 59%。很
明顯，在諸種復仇事件中，爲父母復仇者占絕對多數，爲親屬就更多，
只有四個例子（主僱及同事）是偶然的關係。這很合乎瞿同祖的說法，
「其他社會復仇的責任不外乎血屬……中國的社會關係是五倫，所以復
仇的責任也以五倫爲範圍，而朋友亦在其中」（瞿同祖，民 73a：53）。
我們幾乎可以肯定的指出，如無任何比較密切的關係，尤其是血親關係，
就不可能去復仇。這是否意味著只是倫理的報復主義？可能應從兩個層
面去討論：其一，中國人的人際關係一向劃分特定範圍，範圍內和範圍
外的人具有不同的情感，或休戚與共的感受。復仇多由特定範圍內的人
去執行，別人不會去管閑事，這就是爲什麼絕大部分的例子均在五倫範
圍以內。其二，復仇本身是一種所謂怨怨相報的行爲，道德可能只是一
種鼓勵作用，而不是實踐道德，因爲復仇行動要冒被殺或再被殺的危險。
在許多例子中很明顯的表現出來，結仇者一開始就瞭解有被復仇者殺死
的可能。例如，趙熹從兄爲人所殺，熹往復仇，讎家「悉自縛詣熹」（後
漢書卷 26 趙熹列傳）；又如，孫資爲兄復仇後，「乃將家屬避地河東」
（三國志卷 14 魏書劉放傳）。這都是結仇後自知不免的辦法。原因就是
結仇與復仇已成爲一種盡人皆知的連續行爲，必然產生一種交互作用。

在 77 個例子中，以時間還可以分，計：戰國 5 個，秦 1 個，漢 13
個，三國 3 個，晉 12 個，南朝 15 個，北朝 8 個，隋 1 個，唐 6 個，宋
11 個，時代不明者 2 個。這種分散情形跟報恩相似，大概每個時代都
發生很多，只是被記載下來的很少；各朝代的數字也未必有代表性，元
明清各代沒有數字，不是沒有仇殺事件，只因一時來不及把它找出來。

現在可以進一步探討結仇事實與復仇方式了。

表10·9　結仇事實

1.殺　　人*	58(57)	3.侮　辱　等	11(14)
2.普通仇恨	8(10)		

*包括殺人父母 39(51)，殺近親 9(12)，泛稱殺人 10(13)

表10·10　復仇方式

1.殺人或殺多人	65(84)	3.普通報復	9(12)
2.嚇　　　死	2(3)	4.斥　　責	1(1)

結仇和復仇的模式非常相似，甚至可以説幾乎一致：以殺人爲主要結仇
原因和復仇手段；其次是各式各樣所謂一般的結怨和報復。在內容上比
報恩簡單得多，雙方行爲雖有差異，大致上相當接近。在 77 例中，有
60 次以同樣方式復仇，17 次以不同方式復仇，如下表。

表10·11　結仇與復仇方式比較

(1)方式相同者

結　　仇		復　　仇	
1.殺　　　人	55 例	1.殺　　　人	55 例
2.怨　　　恨	3 例	2.怨　　　恨	3 例
3.侮　　　辱	1 例	3.斥　　　責	1 例
4.破　　　國	1 例	4.假手伐之	1 例

(2)方式不相同者

結　　仇		復　　仇	
1. 母　被　辱	3 例		
2. 母墓被盜	2 例		
3. 怨　　恨	3 例	殺人	共 10 例
4. 撻　　辱	1 例		
5. 斥　　責	1 例		
6. 殺　　人	3 例	願被殺（對方）	
		驚死（對方）	共 2 例
7. 侮　　辱		迫使捐款	
8. 仇　　恨		斬衣以報恨	
9. 處　　罰		誣陷之	
10. 砍　牌　位		報之	

表中顯示，有 55 例是互相砍殺，有 10 例可能是侮辱過甚，也殺死對方以爲復仇，其餘各例，大致都不是什麼大事，有幾例較爲重要的，也都使用了相對的報復手段。可見，復仇方式與結仇原因有關，也就是說，如果對方殺了人，就用殺人以復仇。把這種方式叫做交換行爲，實不爲過。這個原則就是一般所謂「殺人者人恆殺之」。不過，從史實來看，報復行動往往比較偏激，有時也會往復的循環下去。例如，南齊朱謙之之母墓爲族人幼方所焚，謙之殺幼方，幼方子惲殺謙之，謙之兄選之又刺殺惲（南齊書朱謙之傳）。連續三次的暴力報復行爲，可以說是殺成一團。至於使用殘酷手段報復的，如晉潘岳曾撻辱孫秀，及秀爲中書令，不忘舊仇，因事誣之，夷三族（晉書潘岳傳）；又如，宋張藏英舉族爲賊孫居道所害，藏英僅以身免。後逢居道，刺之，不死。未幾又追蹤而得之，嚙其耳，噉之，並擒歸，設父母牌位，陳酒肴，縛居道於前，號泣鞭之，臠其肉，經三日，刳其心以祭。燕薊間

目爲報讎張孝子（宋史張藏英傳）⑳。這種作法實在很殘忍，而民間卻視爲當然，視爲孝子之所當爲。眞有點像欒布説的，「窮困不能辱身，非人也；富貴不能快意，非賢也。於是，嘗有德，厚報之；有怨，必以法滅之」（漢書欒布傳）。看起來，無論是報恩或報仇，都有點「大快人意」的意思。爲什麼把仇人殺了就覺得舒服，就算是孝順呢？這可能就是中國人對於「報」的特有看法：對於天地、祖先，有崇功報德的意思；對於仇人，有罪有應得的意思，也可能由於當時特權過多，不能有效的執行法律。

　　復仇的意義與方式，主要似乎是：⑴復仇是一種報復行爲，有倫理上的意義，也有交換上的意義，這種意義爲結仇者和復仇者所瞭解，也爲社會人士所瞭解；⑵這種復仇行爲，在官吏與平民間同樣流行，觀念也是一致的；⑶復仇行爲的主要執行者爲晚輩，特別是兒子爲父母者最多，大體而言，是在五倫範圍內爲親屬報仇；⑷無論是結仇或復仇，以殺人爲最普遍，因小事而結仇恨者，仍屬少數；⑸因殺人而結仇者，復仇幾乎都是把兇手殺死，甚至連其家人均置之死地，報復的手段多較原來爲殘酷；⑹大約從春秋戰國時開始，一直到今天，復仇的行爲沒有停止，雖然有許多朝代禁止復仇，復仇還是照樣進行，並且常常得到皇帝、官員，或社會人士的贊揚和鼓勵。

四　恩與仇的相互報償

　　從前面的事實看起來，好像什麼事都恩、怨分明，其實並不完全如此。一開始，孔子就曾經討論這個問題，論語憲問：「或曰，以德報怨，

---

⑳　把仇人殺死，再剖心、食肉，這一類的故事甚多。

何如？子曰，何以報德？以直報怨，以德報德」㉙。關於以德報德的問題，在報恩一節中已作過詳細的討論；以怨報怨，也在復仇節中分析過。什麼叫以直報怨呢？袁氏世範有過很好的解釋：「聖人言，以直報怨，最是中道，可以通行。大抵以怨報怨，固不足道，而士大夫欲邀長厚之名者，或因宿讎縱奸邪而不治，皆矯飾不近人情。聖人之所謂直者，其人賢，不以讎而廢之；其人不肖，不以讎而庇之。是非去取，各當其實。以此報怨，必不至遞相酬復無已時也」㉚。楊聯陞先生認爲這個説法完全是維護儒家傳統（楊聯陞，民 65：353），一點也不爲過。可以看得出來，儒家不僅反對以德報怨，贊成以直報怨，而且贊成以怨報怨㉛。這真是儒家現實主義的真精神。但是，在歷史上，還真有些人以德報怨，或以怨報德，儘管儒家傳統的人並不十分贊成㉜。下面是以德報怨、以怨報德，及恩怨都不報的一個總表（參閱附錄三、四、五）。

表 10·12　恩仇反報者的身分

	類　別	官　吏	平　民
1. 以德報怨	結 怨 者 德 報 者 [a]	11(79) 13(93)	3(21) 1(7)
2. 以怨報德	施 德 者 怨 報 者 [b]	1(50) 1(50)	1(50) 1(50)
3. 不　　報	施 恩 者* 不 報 者 [c]	4(57) 7(100)	3(43) 0

*其中 2 人曾施恩，5 人曾結仇，均未獲報。　a. 漢代 1，三國 6，唐 1，宋 6。
b. 唐代 2。　c. 戰國 1，漢 1，宋 4，朝代不明 1。

㉙　楊聯陞不接受理雅各以此批評儒家道德標準不如基督教和老子的説法，而認爲應該從「恕」去理解儒家思想系統（民 65：352）。

㉚　袁采，袁氏世範，頁 42。

㉛　禮記表記：子曰，以德報德，則民有所勸；以怨報怨，則民有所懲。

㉜　禮記表記：子曰，以德報怨，則寬身之仁也；以怨報德，則刑戮之民也。寬，一般訓爲愛，即愛惜自己，不敢以怨報怨。應該是表示不贊成的意思。

　　這些統計數字比較零散，恐怕不容易說明某些現象，但有幾點是可以解釋的：其一，三類總共 23 個例子，均發生在本人身上，完全由自己決定以德報、怨報，還是不報；其二，以怨報德的人究屬少之又少，以德報怨，和不報怨（不報中有 5 例為先結怨）的人還算不少，共有 19 人，可以說他們相當寬厚；其三，這些人絕大部分為官吏，可能還是受了儒家思想的恕道的影響，容易寬恕別人的過錯。現在再來看看，他們究竟做了些什麼。

表 10‧13　恩怨事實與回報方式

	發　生　事　實		回　報　方　式	
1. 以德報怨	(1)詆毀尋事	7	(1)善　待	7
	(2)虐　待	7	(2)薦升官	5
			(3)救生命	2
2. 以怨報德	(1)薦升官	1	(1)詆　毀	1
	(2)使免死	1	(2)殺　戮	1
3. 不　報	(1)救　助	2	(1)不　報	7
	(2)批評侮辱	5		

　　跟復仇比起來，這些事實在不是什麼大事，大概也就是說了些壞話，做了些對不起人的壞事，但回報的不是好得多便是壞得多，或者不予理會。例如，漢代韓安國因事繫獄，獄卒田甲辱之。安國曰：「死灰獨不復燃乎？」甲曰：「燃即溺之。」未幾，安國復起為內史，甲亡。安國曰：「甲不就官，我滅而（汝）宗。」甲肉袒謝。安國笑曰：「公等足與治乎？」卒善遇之（漢書韓安國傳）。韓安國的確有不計較獄吏言語上侮辱的大量，與范睢等人所謂睚眥必報，確可以稱之為以德報怨。又如，三國時吳蔣欽與徐盛有嫌，而欽每稱盛善。孫權曰：「盛前白（短）卿，卿今

舉盛，欲慕祁奚耶？」欽對曰：「臣聞公舉不挾私怨……臣當助國求才，豈敢挾私恨以蔽賢乎？」權嘉之（三國志吳志蔣欽傳）。看起來這是小事，但真要做到不帶一點私嫌，而把自己不喜歡的人才薦舉出來，確非易事。即便在今天，一樣的不容易，這也就是爲什麼中國人一直在懷念藺相如的故事。

另一類事是反面的，以怨報德。例如，唐時宰相李德裕薦白居易從弟敏中，累官至刑部尚書。德裕因事貶，敏中詆之甚力。世斥爲以怨報德（唐書白居易傳）。這種事在宋代黨爭時期更多，一般社會似乎也常有。宋時，王陶貧苦無以爲炊，其友姜愚濟之，又爲娶妻。後陶貴，愚老而喪明，往依陶，意必念舊，陶邈然但出尊酒而已。愚大失望歸，即病死。聞之者益薄陶之爲人（宋史王陶傳）。這裡也給我們一點消息，回報是常規，不報才是反常行爲。不報仇也不多見，如趙汝談篤於倫理而忘讎怨。御史王益祥嘗劾之，談官其鄉，益祥愧不敢見，談數過之，甚相得（宋史趙汝談傳）。這當然也是出人意外，連御史都覺得有點不好意思，可見不是尋常的行徑。

這三種行爲方式，不但不合於一般交換的意義和形式，而且是反交換的，至少不是儒家傳統所預期的行爲類型。這些人也許有意表現自己的寬大，或反映少數人的心地狹窄，實在不是廣大社會羣衆所能完全理解。不過，這類人的行爲的確出現在中國歷史上，人數也不只這些，他們曾經受到過指責或贊揚。

五　結論

上述各種交換關係，包括第一種「以德報德」（報恩），第二種「以怨報怨」（復仇），以及第三種「以德報怨」，第四種「以怨報德」，第五

種恩怨均不報。從交換理論的原則而言，可以說，有些像而又不完全符合。最早，Skinner 把個人行為建立在「獎勵」（reward）和「懲罰」（punishment）兩個基本條件上㉝。Homans 相當程度的承襲此一說法，把獎勵解釋成為「利益」（benefit），把懲罰解釋成為「成本」（cost），理性行為就在於計算這種利益、成本間的得失（Homans, 1961：51-82）。Homans 在交換觀念上的最大成就是把交換對象擴大，他認為物品、聲望、利益、機會……均可用以交換；交換行為的目的就是為了獲得最大的報酬。他把這種交換行為固定在個人對個人的社會行為，而不涉及社會制度和文化傳統（Homans, 1961：4-5, 9, 12-13, 18chs.）。在Homans 的交換概念中，顯然忽略了行為上的兩個重要因素，一是集體行為，它是不是也受報賞律的影響？另一是懲罰行為，遭到懲罰就必然中斷嗎？造成這種趨勢，可能是由於太強調經濟交換原則，以利益為優先的結果。

　　Blau 是一個強烈支持交換理論的人，大致和 Homans 的觀點相同，不過，有兩個較大的修改：其一，他認為社會交換行為具有預期回報的想法，雖然回報是由對方自動的，非強迫的；其二，交換行為可以出現在個人與個人間，也可以出現在大的組織之間（Blau, 1967：14-19, 88-114）。

　　Emerson 的交換概念與上述二人雖無太大差異，但提出了三個突破性觀念，使交換理論有進一步的發展：(1)研究「交換」在於交換者間的「過程」或「關係」，而非「交換者」本身；(2)交換對象可以是個人，也可以是團體、社會，或國家；(3)交換有各種不同的網絡，單一的或多數的均有可能（Emerson, 1976：335-362）。

㉝　Skinner（1971）此種說法，也引起不少人反對，特別是把動物實驗引用來解釋人類行為的層面。

　　從上述三人以及其他的論文或著作（Chadwick-Jones, 1976；Ekeh, 1974；Béfu, 1977；Hamblin, 1977；蔡文輝，民 68：151-179），可以把交換理論大約歸納爲下列幾個重點：

　　㈠強調報賞和代價，而以獲得報賞爲行動的主要原則，無論是物質或精神上的滿足，或社會贊揚。報賞後的回報多半可以預期，並且有連續性。

　　㈡交換行爲不論是個人或羣體，單一或多數，多呈一種網絡關係，彼此有許多關聯。

　　㈢交換者和交換者間的「關係」或「過程」，都是交換行爲的重點所在。

　　從這三個重點來瞭解中國歷史上報恩與復仇的行爲，顯然有些相似和相同的地方，也有許多不同之處。第一，報恩多發生於個人間，有時涉及家人或友人；復仇是以個人間最多，有時涉及家人、族人、友人或國家；不見於其他組織和關係中。第二，報恩和復仇屬於報賞和懲罰行爲，可以獲得物質或精神上的滿足，也可以獲得社會人士的贊許；可以預期回報，卻沒有長期的連續性，即一、二次後就中斷。第三，報賞和懲罰行爲未必與原來行爲一致，它的主要觀念在於性質上的一致性，而非量的相同，即報與罰必須合乎原來行爲方式。第四，行爲者的身分、處境以及行爲的過程，都可能影響報賞和懲罰的採行途徑，即除了殺人償命以外，不容易做到一對一的回報。第五，沒有增强作用，這也許是不符合交換論的基本原則，因爲再大的恩惠或仇殺，多半都止於事件本身，所以只是一種特殊行爲。現在，我們可以瞭解，這跟 Homans 和 Emerson 所提出來的交換原則，均不甚相合（Homans, 1961：51-82；蔡文輝，民 68：170-175）。

　　現在，對於報恩、復仇、以德報怨、以怨報德，及恩怨均不報五種行爲，可以獲得幾點結論：

㈠報恩與復仇的兩個基本原則是：來而不往，非禮也；此仇不報，非君子。得了別人的恩惠，一定要報答，而報賞多半會比原來所得優厚些；有仇，也必須報復，可以同等待遇，也可以增減些。這種交換行為方式，在中國歷史上已取得一般的承認，毋庸置疑。但有時也可能不報，或相反的報復，這就不是一般原則了。

㈡報恩與復仇，跟家有密切關係，個人跟個人或家跟家，有時候也牽涉到國的層次。基本上，報恩以個人本身為多，復仇以下代為多，所以，代間的交換行為並不太多，也就是，這種交換行為，沒有強烈的長期連續性；一代或兩代後便中止了。

㈢報恩與復仇，倫理的觀念甚重，特別是復仇方面，如子復父母之仇，相當強調實踐孝行。假如說復仇強調了孝，則報恩強調了禮，這正是中國傳統社會價值的重要核心之一。可見，這種交換行為，實際是基於道德價值的功能運作，與中國的社會結構本身關係密切。

㈣報恩與復仇通常都是偶發性行為，大恩與大仇也只能增強回報的強度，並不會加強連續性的長期延續，除了少數例外，可能連續三次或四次殺人復仇，多半在回報後即中斷。這種中斷且被視為理所當然之事，社會大眾都不贊成無止境的報復。

㈤報恩與復仇，不論大小，不但獲得社會的承認，而且為社會所贊揚和鼓勵。顯然，它符合中國人以道德為中心的社會價值和規範的要求。反過來，若干以德報怨的交換行為，就得不到中國人的擁護。這正是儒家傳統以德報德、以直報怨的最佳解釋。復仇的另一意義，與當時地方政府執行法律不夠公正，造成有冤無處伸的局面，也不無關係。

附錄一　報恩

發生時代	爲誰報恩	施恩者身分		報恩者身分		施恩方式	報恩方式	主要事實	資料來源
		官吏	平民	官吏	平民				
戰國	主人		×		×	特別俸養	圖報時被殺	豫讓代人復仇以報恩	
戰國	本人		×	×		受施	多金還報	蘇秦遍報賞見德者	史記蘇秦傳
戰國	主人		×		×	放債	報國(送糧)	齊舍人報孟嘗君故事	史記孟嘗君列傳
戰國	本人	×		×		賜袍	不殺	范雎報須賈綈袍之賜	史記范雎列傳
戰國	本人	×		×		救濟	還財	范雎報向所週濟者	史記范雎列傳
戰國	本人	×			×	食馬肉	助取勝	秦穆公賜人馬肉，人助之取勝	呂氏春秋
戰國	本人	×			×	賜壺飱	願效死	中山君敗亡，二人跟隨	戰國策
戰國	本人		×	×		殺人以食	投金於水	伍子胥報食人投金於水	吳越春秋
漢	本人		×	×		飯食，侮辱	賜金錢，官吏	韓信報漂母等	史記淮陰侯列傳
漢	本人		×	×		恩德	厚賞	欒布厚報賞德之者	漢書欒布傳
漢	本人	×		×		推薦	薦於皇帝	陳平爲魏無知薦已言於帝	漢書陳平傳
漢	本人		×	×		保釋	父事之	張蒼父事王陵故事	史記張蒼列傳
漢	本人	×		×		贈侍兒	保釋不殺	袁盎贈從史侍兒，後得不死	漢書袁盎傳
漢	本人	×		×		救難	薦舉官吏	趙岐爲人所救，薦舉升官	後漢書趙岐傳
魏	本人	×		×		救生命	救生命	賈逵與祝公道互救	魏志賈逵傳
魏	母		×	×		救養母親	救生命	孫孔報同郡馬臺救養母親	魏志孫禮傳
魏	本人	×		×		讚才能	遷修墓園	何顒讚荀彧，或報之	魏志荀彧傳
魏	本人	×		×		貧受厚賜	厚贈報	鄧艾報長輩以其子爲吏	魏志鄧艾傳
魏	本人	×		×		受優待	殺敵以報	關羽報曹操優待故事	華陽國志
吳	母	×		×		善待	命子解圍	太史慈奉命解孔融圍	吳志大史慈傳
吳	本人	×		×		勸他圖	保釋	甘寧不忘舊恩	吳志甘寧傳
吳	本人		×	×		炙食	救生命	顧業食炙者，後得免誅	吳志顧業傳
前秦	本人		×	×		一飱之惠	報之	王猛報舊德	前秦錄
晉	本人	×		×		受惠	厚報之	桓沖報羊主之恩	晉書桓彝傳
晉	本人	×			×	給侍婢，免罰	爲疏通、得直	張說爲姚崇所陷，得書生爲疏通	拾異記

宋（南）	本人	×		×		借錢，交往	免死、復職	高宋祖報王謐故事	宋書高祖本紀
宋（南）	本人		×	×		善招待	厚報、授縣令	王鎮惡受惠，厚報之	宋書王鎮惡傳
魏（北）	本人		×		×	牽連而死	結姻親	因案索連他人，令弟婚報之	魏書盧元傳
魏（北）	本人		×		×	施粥	釋其鄉親	房陽因施而使盜釋其鄉親	魏書法壽傳
周（北）	本人		×		×	被盜不承認	服侍左右	宇文測赦盜而使盜感恩圖報	周書宇文測傳
唐	本人	×		×		給馬救命	授官及田宅	張光晟救王恩禮王報爲刺史	唐書張光晟傳
唐	本人	×		×		釋放	授財、加官	被擒獲釋，言於帝，使爲都督	唐書李大亮傳
唐	本人	×		×		馬醫不言	請帝遷爲王	李泌報路應累封爲襄陽郡王	唐書路嗣恭傳
唐	叔	×		×		撫孤	厚報及其家	撫孤，長而貴，厚報之	唐書王珪傳
唐	本人	×		×		施恩	撫其二子	李晟撫恩人二子，使有成就	唐書李晟傳
宋	本人		×	×		施恩	官其子	馮京報恩故事	宋史馮京傳
宋	本人		×	×		救傷	恤其妻、子	楊燧受傷，爲同事所救	宋史楊燧傳
宋	本人	×		×		重用部下	奏官其子	岳飛感張所舊恩，奏官所子以報	宋史岳飛傳
宋	本人	×		×		薦才得上進	論功免責	劉子羽因事罷，得免責	宋史劉子羽傳
宋	本人	×		×		感德	請婚不許	安丙感德，請婚宋德之不許	宋史宋德之傳
宋	本人	×			×	犯罪免死	免全城於難	部將犯死罪，得免；後允不屠城	夢溪筆談
宋	本人	×		×		釋罪	奉養妻、女	元子春受恩於夫人，後迎養	輟耕錄
明	本人	×		×		爲娶妻、教子	厚遺其子	范某施恩，後徐某厚遺其子	江南通志
明	本人	×			×	教以經商	厚還其金	教人以經商之道，富而厚遺之	休寧縣志
明	本人	×		×		贖女貸款	厚養、薦其婿	因貸而發跡，母事其妻，荐其婿	處州府志

附錄二　復仇

發生時代	爲誰復仇	結仇者身分		復仇者身分		結仇方式	復仇方式	主要事實	資料來源
		官吏	平民	官吏	平民				
戰國	父祖	×		×		父祖被殺	鞭屍	伍子胥伐楚，鞭平王屍	越絕書
戰國	主君	×		×		代人報仇	擊衣	豫讓代人報仇，伏劍死	戰國策
戰國	父		×		×	父被害	報仇	報仇被執，令義之，減死刑	列女傳
戰國	父		×		×	父被害	殺之	代兄弟報父仇，殺之自首	列女傳
戰國	夫		×		×	來報仇	燒死	代夫家，被仇人燒死	列女傳
秦	本人		×	×		小怨	報復	范雎發跡後，小怨必報	史記范雎傳
漢	君	×		×		秦破韓	刺秦王	張良求客刺秦王，爲韓報仇	史記留侯世家
漢	本人		×		×	殺人	接受報復	郭解願以身予人報仇	史記郭解列傳
漢	本人	×		×		有怨	繩之法	欒布將結怨者以法滅之	漢書欒布傳
漢	母	×		×		母仇	椎之	淮南王伏闕請罪，帝赦	漢書淮南王傳
漢	母		×		×	小事被殺	殺當事人	其母招人執縣宰，殺之	後漢書劉盆子傳
漢	朋友		×		×	友父被殺	代殺人	憚友病不能復仇，代殺之	後漢書郅惲傳
漢	從兄		×		×	從兄被殺	殺仇人	熹代殺人復仇	後漢書趙熹傳
漢	從兄		×		×	殺人	操兵攻之	兄子殺人，荊自承責任	後漢書許荊傳
漢	兄		×		×	兄被殺	殺人報仇	殺人報仇，後赦歸	後漢書崔瑗傳
漢	兄	×			×	殺人、刑屍	殺家人	兄父爲人所殺，子殺其家人	後漢書蘇不韋傳
漢	母	×			×	母被辱	殺全家	母爲羣吏辱，殺吏及全家，由是知名	後漢書陽球傳
漢	叔		×	×		因事殺人	殺仇人	被殺，無子，其侄爲之復仇	應劭風俗通
？	父		×		×	父被殺	殺仇人	恥爲報仇，友爲之設計而殺之	陸胤廣州先賢傳
漢	母		×		×	母牌被砍	報仇	母木刻被砍，乃報仇，帝嘉之	干寶搜神記
？	父		×		×	父被殺	殺之	殺仇人後被捕，會赦	幽明錄
魏	友	×			×	結怨	殺夫妻	韋爲人報仇，殺當事人及其妻	魏志典韋傳
魏	父	×		×		結怨	殺仇人	爲父兄，殺之祭父墓，由是顯名	魏志韓暨傳
魏	兄		×		×	先被殺	殺之	兄爲人殺，乃殺之報仇	魏志劉放傳
晉	同僚	×		×		搆辱	夷三族	秀爲中書令，藉故夷岳三族	晉書潘岳傳

朝代	對象					起因	結果	事蹟	出處
晉	同僚	×		×		斥遣	禍及子孫	瓘斥遣人，後瓘及子孫皆被殺	晉書衛瓘傳
晉	兄		×		×	仇殺	殺37人	索綝爲兄報仇，時人壯之	晉書索靖傳
晉	父	×			×	逼自殺	食其肉	桓元逼殷自殺，後桓死，殷子食其肉	晉書殷仲堪傳
晉	父	×			×	父被殺	殺其三子	桓溫殺仇人三人，時人稱焉	晉書桓溫傳
晉	父	×			×	父被殺	刺殺未成	爲報殺父之仇，手刃仇人	晉書譙剛之傳
晉	父	×			×	父叔被殺	攻仇人子	力弱不能復仇，假別人爲之	晉書龔壯傳
晉	父	×		×		父被殺	殺之	父爲人所殺，後殺仇人	晉書沈勁傳
晉	父	×			×	父被殺	殺仇黨	殺仇人後請罪，朝廷宥之，由是知名	晉書刁協傳
晉	父	×			×	父被殺	殺仇人	殺仇人，太守義之，後爲太守修墓	晉書王談傳
晉	父	×			×	殺父子	食仇人肝	安孫生食仇人肝	晉書謝安傳
前秦	本人	×	×			結怨	報之	王猛微時受辱，後報之	前秦錄
宋（南）	伯				×	伯父被殺	手刃之	爲孫恩部所殺，擒賊殺之	宋書謝方朋傳
宋（南）	母		×		×	母墓被盜	殺之	族墓爲人所盜，殺之	宋書垣護之傳
齊（南）	父祖	×			×	父祖被殺	殺全家	父祖叔六人被殺，殺全家報仇	南齊書沈約自序
齊（南）	母		×		×	母墓被盜	殺之	母墓被同族人盜，殺之，自首，赦之	南齊書朱謙之傳
齊（南）	父		×		×	殺父	殺之	朱謙之殺幼方，其子惲又殺謙之	南齊書朱謙之傳
齊（南）	兄		×		×	殺兄	殺之	謙之兄又殺惲，有司以爲孝友	南齊書朱謙之傳
齊（南）	父兄	×		×		殺父	誅家族	父兄被殺，殺其弟及家族	南齊書沈文季傳
南梁	本人		×	×		侮辱	苛責	微時受辱，及爲縣令，故意難之	梁書沈瑀傳
南朝	父		×		×	父被殺	殺之	父爲人所殺，殺之，太守以爲隊主	南史宗越傳
南朝	父		×		×	父被殺	殺之	子殺仇人，太守不加罪	南史孫棘傳
南朝	族人	×			×	誅族人	殺仇人	太守既誅族人，聚衆殺太守	南史越跋扈傳
南朝	父	×		×		殺父	殺全家	父爲人所殺，購人殺其全家，帝義之	南史成景儁傳
南朝	父	×			×	殺父	殺仇人	殺仇人祭父墓，帝減租旌孝行	南史張景仁傳
南朝	父		×	×		殺父	殺仇人	投軍手刃仇人，州將義釋之	南史李慶緒傳
南朝	父			×	×	父仇	復仇	年十五復父仇，以孝聞	册府元龜
北魏	父母		×		×	殺父母	殺仇人	幼時父母被殺，及長報仇	魏書吳悉達傳

朝代	關係					原因	報復	說明	出處
北魏	母		×		×	殺母	殺仇人	幼復仇，不逃，帝免其罪	魏書淳于誕傳
北魏	父		×		×	父爲盜害	殺仇人	傾資結客得仇人，殺之	魏書崔挺傳
北魏	本人	×		×		被劾重罰	誣陷之	劾人受重法，後爲官誣陷之	魏書鄭羲傳
北魏	父兄	×			×	殺主人	食其肉	童僕受暴弱，殺主人父子，二子復仇，食其肉	魏書楊播傳
北魏	父	×			×	父被殺	殺仇人	殺仇人後，被告發，爲廷尉打死	魏書孫益德傳
北周	兄	×			×	兄被害	殺仇人	其母鼓勵早復仇，即白日殺之，解肢體	周書杜牧毗傳
北周	父	×		×		父被害	殺仇人	兄爲太守時遭賊害，其子白日手刃之	周書柳慶傳
隋	父	×		×		父被害	破國，飲骨	獻策破仇人國，發塚飲其骨灰水	隋書王頒傳
唐	父		×		×	父被害	殺仇人	父爲人所害，其子殺仇人	唐書張琇傳
唐	父		×		×	父被害	殺仇人	父爲人所害，其子殺仇人	唐書張琇傳
唐	父		×		×	父被害	殺仇人	殺仇人	唐書張琇傳
唐	父	×		×		父被害	殺仇人	殺仇人自首，兄弟二人俱死	唐書張琇傳
唐	父叔		×		×	父叔被殺	殺仇人	殺仇人，刑部判抵死	唐書張琇傳
唐	本人	×				被辱	劾斬之	爲復仇劾而命斬之，帝以功高乃止	册府元龜
宋	本人	×		×		被辱	使出錢	微時受辱，及爲官，使出錢以快意	宋史樊知古傳
宋	舉族	×			×	舉族被害	殺而剮之	判仇人不死，乃鞭而剮其心以祭父	宋史張藏英傳
宋	父		×		×	父被害	取心祭墓	父爲惡少所殺，殺之取心祭父墓	宋史范廷召傳
宋	父等		×		×	殺父、家屬	殺之復仇	手刃仇人而不逃，太祖釋之	宋史李璘傳
宋	母		×		×	母被殺	砍殺仇人	以斧砍殺仇人，太祖嘉之	宋史李璘傳
宋	叔	×		×		叔被殺	請帝誅之	太祖爲誅仇人而赦穎	青箱雜誌
宋	父	×		×		父被毆死	殺仇人	父被毆死，仇人遇赦，又私殺之	宋史刑法志
宋	父		×		×	父被毆死	殺仇祭墓	殺之以首祭父墓，帝矜之	宋史刑法志
宋	母		×		×	母墓被盜	殺仇人	母墓被盜，下獄不死，乃私殺之	齊東野語
宋	本人	×		×		爲毒死	驚死	把人毒死，自己亦驚怖死	宋史李好義傳
宋	本人	×		×		殺對方	驚死	有怨殺對方，自己亦驚死	宋史蕭雷龍傳

附錄三　以德報怨

發生時代	為誰報	施者身分		報者身分		施怨方式	德報方式	主要事實	資料來源
		官吏	平民	官吏	平民				
漢	本人		×	×		虐待	善遇仇者	安國在獄受虐待，不報，且善待之	漢書韓安國傳
魏	本人		×	×		不禮遇	以禮報	蘇則為太守，不報怨	魏志蘇則傳
魏	本人	×		×		毀謗	免其死	修為人毀謗，以事論死，修免之	魏志王修傳
魏	本人	×			×	尋事	禮遇之	人尋事，不報，後仍禮遇之	魏志劉放傳
吳	本人	×		×		批評	荐為太守	蒙為人所短，仍荐舉為太守	吳志呂蒙傳
吳	本人	×		×		有過節	仍稱善	欽每對其有隙者稱善	吳志蔣欽傳
吳	本人	×		×		批黜	救其命	恆黜無行者，後恆因案將死，仍救之	吳志華恆傳
唐	本人	×		×		拷打	薦升官	齊物辱人，後該人荐其升官	唐書李齊物傳
宋	岳父	×		×		繫獄	薦為刺史	荐繫其岳父為刺史	宋史魏仁浦傳
宋	本人	×		×		毀謗	薦舉	有人毀浩，仍荐之	宋史史浩傳
宋	本人	×		×		併家第	不以為意	有人欲併其第，不以為意	宋史魏仁浦傳
宋	本人	×		×		誣	薦其升官	種右誣仁，仁仍薦	宋史范純仁傳
宋	本人	×		×		劾奏降級	稱其功	人劾德之降級，德之仍稱其功	宋史宋德之傳
宋	本人	×		×		不和	為之辯	雖與人不和，仍為之力辯	宋史羅拯傳

附錄四　以怨報德

發生時代	爲誰報	施恩者身分		報恩者身分		施德方式	怨報方式	主要事實	資料來源
		官吏	平民	官吏	平民				
唐	本人	×		×		荐升官	詆毀	李德裕荐白敏中，後白毀之甚力	唐書白居易傳
唐	本人		×		×	使免死	殺戮	大將妻使部卒免死逃，帶敵攻城殺戮	夢溪筆談

附錄五　恩怨均不報

發生時代	爲誰報	施者身分		報者身分		恩怨事實	報復方式	主要事實	資料來源
		官吏	平民	官吏	平民				
戰國	本人	×		×		讎	不報	荆伯柳讎解狐，狐不報	韓詩外傳
?	本人	×		×		讎	不報	爲人所辱，長子死，仍不報	陳館志（見太平御覽）
漢	本人		×	×		養傷	不報	黨與人鬥，受傷歸養，不報	後漢書周黨傳
宋	本人	×		×		言短	不報	言其短遭貶，仍不報	宋史王超傳
宋	本人		×	×		救濟	不報	貧時受救濟，後貴不報	宋史王陶傳
宋	本人	×		×		奏劾	不報	爲人所奏劾，仍不報	宋史趙汝談傳
宋	本人		×	×		慢侮	不報	未貴時爲人慢侮，貴亦不報	宋史李右傳

第十一章 親屬關係與權力關係：結構性分析

一 親屬權力與倫理

相關概念的解釋

從表面上看起來，中國社會是一個極爲龐大而複雜的組織，上下幾千年，縱橫幾十萬平方公里，人口衆多，文化和歷史一樣，曾經過無數次的變革與重塑。要對這樣的社會作較深入的瞭解，的確不是件易事。歷來的研究，自以歷史事件爲最多，然後是文化、社會、政治、經濟、法律之類；有關貴族、世家大族與政治關聯性的研究也不少，但幾乎沒有人把親屬與權力間的關係作爲指標，去分析中國人的行爲，特別是行爲與結構間的關係。

大家都知道，中國社會是以家族（或宗族）①組織爲核心。這有兩種意義：其一爲所有人際關係集中在以血緣爲基礎的網絡上，即以父子、夫婦、兄弟爲中心，再擴大與這個中心有關的人羣，包括宗親和姻親。沒有關係的便排除在外，即所謂外人，具有強烈的排斥性。其二爲有親

---

① 這裡所說的家族其實即一般所說的族或宗族，clan 的意思，是一種一般的說法。

屬關係的人可以互相照顧，利益均沾。這已成爲一種共識，沒有人提出
非議。如果有人想分一杯羹，就必須設法進入親屬圈中，即所謂拉關係，
以擴大原有的包容性。以家族組織爲中心的中國社會，就是在這種包容
性和排斥性的雙重標準下建立起來的。以不計其數的家族單位，在地方
和國家體系中運作。它的自主性相當高，沒有政府，依然可以運作；壓
力增加時，可以秘密運作或停止運作。費孝通（民 62：22-30）所説的
「差序格局」，其實只強調親屬間的親疏、遠近關係；瞿同祖（民 73a）
則比較偏向於以法律和階級分析親屬關係；金觀濤等（1987）雖然提到
了宗族與政治、經濟的可能互動，但並未對權力過程作進一步的分析。
所有有關仕紳階級和世家大族的研究，多半側重在族羣本身與政治職位
之類的討論。

　　本文的分析重點，在於把親屬關係和權力關係作有機的聯繫，以瞭
解地位結構的基礎。在中國社會，特別是傳統中國社會的政治體系中，
親屬和權力表面上是兩個不同的範疇，實際卻是在一個範疇中運作。所
謂一個範疇是指，有時候家族支配權力，有時候又反過來，權力支配家
族。家族與權力間一直是互相支援，形成一種特權。這種特權，通常都
在地位上表現出來。有權的人，除了自己享受特權外，還會把權力分享
給關係密切的家族和姻親，由近及遠；家族和姻親也會聯合起來分享權
力，或要求分享權力。這已經變成一種習俗或社會規範，因爲有些法律
條文也承認這種分贓式的瓜分權力。這種透過家族或姻親關係獲取或保
障既得利益的手段，是權力關係中一種非常奇特的現象，也是中國社會
特有的現象，我們通常把這種情形叫做裙帶關係。中國人做了官或發了
財，如果不給親戚朋友一點好處，那才叫不懂人情世故。一個不懂人情
世故的人，在中國社會是很難立足的，不要説爲自己的事業打天下了。
這就是權力分配在中國社會結構中的關鍵地位，它跟親屬結構有著不可
分割的關聯性。

　　這裡所説的親屬，範圍較廣，最重要的爲父系直系血親及母系、妻系姻親，再及於旁系的堂兄弟和表親，乃至所謂九族②。範圍的大小，有時也要看家庭的大小而定，一個没有分家的大家庭，家庭成員幾十人，所包含的姻親會特別多。不過，以中國習慣而論，凡是做了大官或發了大財的人，依附的親戚便會多起來，本來没有關係的也會拉上關係。有時候真的拉不上關係，還可以製造關係，這有兩種途徑：一種是結成兒女親家，建立新的姻親關係；一種是製造收養關係，養子女或乾子女，變成假的血親關係。不管真假，中國社會都會承認。多的時候，官僚階級可以惠及九族。這也説明，爲什麼犯嚴重罪刑的人要誅九族，因爲好處也可以澤及九族。早期中國人決定親屬範圍，常以五服③爲計算標準，五服之内爲强關係，之外爲弱關係或没有關係。所謂形同陌路或相見如路人，那是指原來有關係的人，因特殊緣故，變得没有關係了。對於没有關係的人，不可能給予照顧，也不會受到照顧，這是中國人的行爲原則或行爲模式。所以有人説，在中國社會辦事，有「關係」就没有關係，没有「關係」就有關係。意思是説，如果有特別關係，就不怕辦不成；没有特別關係，就一定辦不成。因而，拉關係、走門路，不僅是傳統社會的處事鐵則，也是現在海峽兩邊的相同現象。而在所有人際關係中，親屬關係是最重要的一環。依照今文家或芮逸夫所説九族（民 61：726，739-745）的範圍去觀察，每個人的親屬關係都很龐大；但在日常生活中，個人所能照顧的親屬没有那麼多，通常只及於較爲親密的一些人，如父母子女及其相關姻親。用通俗的説法，即自身的直系親屬和兄弟姊妹及

---

② 九族的説法有很多種，芮逸夫（民 61：723-745）認爲是父族四，母族二，妻族二，婦族一。但也有較多的人主張父族四，母族三，妻族二；或上自高祖下至玄孫凡九族。

③ 喪葬以親疏等級爲序，從最親到最疏分五等，即斬衰、齊衰（一等親）、大功（二等親）、小功（三等親）、緦麻（四等親），服喪從三年到三月。

其姻親、母親和妻子的近親等，姑表和姨表也有可能，再遠的就不太能照顧了。不過，就這個範圍來說，每個官員必須應付的親屬已經夠多了，足以構成親屬網絡關係中的相互勾結。

權力的直接意義是對政治資源的控制。權力越大，可以控制的政治資源便越多。政治權力膨脹時，它所涉及的範圍，便不止是政治，也會對財產和法律產生影響，甚至可以直接支配。在傳統中國社會，尤其沒有限制。一個地方政府的主管，如縣令，可以主宰一切，從行政、財稅到教育、司法，都由他完全控制。更高的官吏，可以支配的權力便更大。小官吏也可以互爲奧援，以擴大個人的權力範圍。在傳統中國社會的政治結構中，所謂權威、權力、影響力④一類的概念，是不容易釐清的。大抵有政治職位的人，或曾經有過政治職位的人，對不同的地方事務，都會有不同程度的影響或權力。有時候，即使只是官員的親屬，也可以在一些事務上有影響力。而直接或間接介紹任官，根本就是權力資源的重分配，這可以透過任子或門蔭一類的途徑⑤，使官員的親屬在法定條件下獲得權力。歷代門蔭規定雖有些差異，但做爲世襲父祖職位的意義並沒有改變。最主要的是任子或孫，多時可以到異姓和親屬，這是權力繼承的一個重要管道。從漢至清，一直都在運用，範圍時有大小，維持這種特權的方式則沒有變。這就是操縱權力資源的結構性組織。在這種結構下，一個官吏或退休官吏或官吏的親屬，都有機會干預行政、司法或財政事務，可能插手安排人事、平反案件，也可能從事金錢勾結。這些都是控制資源的重要手段，在一種親屬架構下進行。

所謂親屬關係與權力關係，即係兩者間相互依存的一些條件、過程

---

④　凡是可以影響決策過程或結果的，都可以視爲權力。傳統社會的權威也不同於現代社會，因而只能用廣泛的權力概念去觀察現象（Clark, 1971：57-64；Dahl, 1957：201-5；Weber, 1978：53；文崇一，民78：288-9）。
⑤　古今圖書集成（民53：416-450）對歷代任子或蔭襲有詳細的轉述，大抵以唐宋二代爲最多。

與結果。親屬的網絡關係，從統治者到被統治者，透過宗親與姻親，可以連接成無數個關係中心，用各自的交換方式，去支配各個羣體或個人可以掌握的資源。最大的利益當然是取得政治職位，其次是經濟利益和各種特權，如免稅、免役和加惠親屬。中國在農業時代的兩大稀有資源，爲土地所代表的財富與政治職位所代表的權力。誰能獲得土地和政治職位，誰就有最大的支配力，也有最高的社會聲望。在傳統社會中，聲望通常都象徵了在社區或社會事務上的發言權。而在所有這些權力關係中，政治職位又具有決定性的影響力，它可以取得許多合法和非法上的特權，再行謀取各種利益，包括澤及親屬的利益。

在諸多解釋的假設中，把經濟、政治、意識形態作爲結構的互動關係，以觀察不同的社會現象，是一種相當普遍的模式或想法（Althusser, 1970：229, 253；Craib, 1984：129-130, 139-140；金觀濤、劉青峯, 1987：12）。以這樣的模式去觀察，則中國的封建官僚組織、地主小農經濟、儒家倫理三者間可能產生互相刺激或牽制的作用（金觀濤、劉青峯, 1987：47）。這種互爲因果的假定，可能陷入結構論的化約模式，也可能忽略了個人和集體行動的重要性。行動論者把需要傾向、價值、規範，以及各種體系視爲行爲的動力，認爲行爲都受到這些因素的鼓勵或約束（Parsons, 1966：5-6；Craib, 1986：82），則中國人的行爲便成爲儒家倫理和宗教觀支配下的產物。這種解釋似乎也過分強調了它的控制力量。我們有理由相信，結構本身對行爲有很大的強制力，不管是政治、經濟、意識形態，或歷史文化結構。比如說，中國人對親屬的信任遠高於非親屬，對權威的服從遠大於非權威，就是結構性的力量在發生作用。但是，在長遠的歷史過程中，結構仍然會因某些制度化行動而改變，甚至變成另一種結構。西周的宗法的封建政治和經濟結構，就因春秋戰國的郡縣制度、土地制度和教育制度，而改變了當時整個社會結構，不論這種改變是來自個人或集體的力量。

　　我們瞭解了這樣的結構性和行動性的關聯，就會明白，對於維持或創造一種行爲模式，來自既有結構和個人或集體行爲的力量，都只是部分。任何單獨行爲，都會受到結構性的限制，是無可置疑的事；不過，個人或集體行爲，在某些結構下，仍有突破性的創造，顯然不是結構限制可以完全解釋的。這裡並不是想在結構、行動理論中，尋求一個折衷點，或企圖從兩者中得出一個中庸的理論，在結構中觀察行動，或在行動中瞭解結構。基本上我們認爲，結構只是提供一個行動的架構，這種架構有時候是難以擺脫的，不能不受到約束的，如臺灣政治結構下的民主行動或示威、遊行之類；經濟結構下的自由市場或特權壟斷之類；社會結構下的階級區隔或資本家和勞工的對立之類；這些都是不易突破的結構限制。但是，當民主人士街頭運動的激烈要求，當企業界努力爭取經濟的自由化，當知識界要求放鬆對輿論的控制和言論自由，戒嚴結構受到挑戰，便不得不宣告解體，而向另一個方向發展。歷史上許多人物和團體向既存結構挑戰，也不只一次曾經使原有結構解體，革命只是其中的一種。結構論者基於從量變到質變的過程去解釋結構變遷，有意忽視人和羣體的力量，並不能完全克服解釋上的困境。從這樣的觀點，假設現有結構與行動間的互動，以維持或創造一種新的結構和行動模式，而在衝突、競爭或整合中，達成結構與行動的均衡，或產生另一次的衝突，似乎是在理論的容許範圍之內。以中國社會而論，地位正是象徵行動體系中的結構，不論是權力結構或親屬結構。

結構兩極化與行為的三角關係

　　在中國傳統社會中，有幾種社會組織一直表現得很特殊，並且長期存在，乃至左右個人和集體行爲，這些組織包括地主的小農經濟、官僚政治、血緣與地緣關係、儒家倫理、祖先和泛神信仰，都是經歷二、三

千年而少變，有的甚至沒有變。這種文化的長期持續現象，在其他文化中很少發現。也許我們要問，究竟是什麼東西在支持這種行為和結構的不變體系？

從社會的角度來看，家族組織一直是中國社會的核心，任何其他集體行為，都無法跟它比較，特別是以家庭為單位的時候。假如我們把傳統中國社會的集體行為分為幾個領域：區域性的地緣組織，如同鄉會；職業性的同業公會，如工會、商會；聯誼性的同學會；興趣性的神明會或兄弟會，如各種結拜團體，甚至包括現在的黨派、同事與同學組織、俱樂部一類的社團。這類組織，通常都有或大或小的內聚力，特別是同鄉會、政黨一類，可以號召許多人參與集體行動。但是，在利益或情感上與家族和家庭產生衝突時，就面臨考驗，往往是以家族，尤其是家庭為優先考慮的對象。傳統社會更有這種傾向，這就是家族的力量大於別的集體。

古代貴族政治下的宗法制度和封建體系，其實就是把家族和政治混合在一起的政治組織，用宗法和封建兩個指標，以決定政治地位的高低，或尊卑的從屬關係。家族關係是這種組織的基本單位。加強的方式可以從姻親和祖先崇拜看得出來。姻親是擴大家族的範圍，使有血緣關係的人都能獲得利益；祖先崇拜則可以延伸家族的生命。前者是同時代橫的家族擴展，後者是異時代縱的家族擴展。又由於農業社會的長期定居特性，姻親關係也經常會轉變成為一種地緣關係，或從地緣關係轉變為姻親關係。這就使具有家族特質的親屬關係，一方面產生了質的變異，另方面也產生了量的增加。秦漢以後，政治上的封建關係，雖僅在皇室和功臣中的爵位上予以維持，沒有實質的權力意義，但對於聯繫家族和姻親的血緣關係，並沒有受到影響，甚至在不同方式下，產生更強大的力量，例如後世的世族或士族組織。

在周代，宗法和封建所形成的結構，為家族與政治的二位一體。秦

漢以後地方的郡縣政治，在形式上的確把家族趕出了政治圈；就是在中央，封建也只是勳爵上的象徵，無實際的統治權。這就是中國官僚制度或封建官僚制度⑥的統治方式。皇帝有絕對的權力和特權⑦，所有中央和地方的官吏，都在皇帝的指揮下進行統治工作。這種官僚組織，事實上只是皇帝的統治工具，完全没有決策能力。我們説没有決策能力，主要是當與皇帝的意見發生衝突時，官僚體系便完全没有抗拒的力量。因而官僚組織中的人員，尤其是重要大臣，如宰輔之類，總是順著或揣摩皇帝的意旨去工作；不然，性命且不保，還有什麼機會去工作或改革？中國歷史上許多重要改革的不能成功，如吳起、商鞅、王安石、梁啟超等，都由於統治者搖擺不定或昧於現實，説停就停，説殺就殺。官僚體系在抵抗皇權上的毫無力量，由此可見一斑。反過來看，也有些成功的例子，如管仲、李斯、董仲舒、魏徵等，則多半是與皇帝的意見一致或接近，自然就容易推行。拒絕與接受之間，顯然以皇帝的意見爲依歸，幾乎没有討論的餘地。不過，無論如何，官權與皇權總是結合爲一體，以統治全國人民。

這兩種結構，親屬組織和官僚組織，其實是表現結構的兩個面向，即社會面向和政治面向。政治的統治力量，不管是做爲官僚體系中或皇室中的一員，都握有幾乎是絕對的權力，被統治的人民，完全没有反抗的能力，只有服從。統治者把官僚組織塑造成爲一個權威體系，不允許任何人表示懷疑。這種方式，在高行政效率的時候，可能爲被統治者所接受，尤其在農業社會時代；否則，也可能引發暴動。這也是中國歷史上改變權力關係的一種特殊途徑，或稱之爲農民暴動。改變的結果，並没有改善農民的生活，只是開始另一個權力循環，這就是中國的政治循

---

⑥　有時候視爲封建官僚制度，乃由於中央仍保留各種封爵制度以爲尊寵，雖然没有實際權力運作的意義。

⑦　特權包含兩類：一是合法特權；一是非法特權。

環論。差不多相同的政治體系，一直是中國政治文化中的重要成分。

社會面向的親屬關係，則以不同的形式，支配國家權力的運作。不論早期的貴族、世族、士族，或晚期的家族、宗族，莫不以親屬關係作為選擇的依據。家族參與政治，不僅控制政治權力，也獲得財產上的特權。他們都有機會從政治上獲得經濟上的利益。這樣的利益，沒有人願意放棄，除非有一次革命，徹底改變了原有的社會結構。但中國歷史上從來沒有出現過這樣的革命，因而親屬關係一直操縱權力關係。我們可以這樣說，對一般人民或被統治者而言，政治是絕對的獨裁，有權力的親屬關係則長期依附政治，而取得政治和財產上的優勢，甚至絕對的支配權。這種結構上的兩極化現象，在本質上卻是相當一致，沒有分化的趨勢。

可以這樣說，政治特權和經濟特權加強了親屬關係，而親屬關係又反過來鞏固了他們的利益，這就表現在親屬組織和官僚組織的互相依賴上，也就是，權力關係的主要線索一直沒有脫離親屬關係。以官僚組織為主體，以不同形式出現的各種親屬組織，總是有效控制重要的政治、經濟資源。要達到這種行為的目的，大致有三種條件作為運作的工具：一是法律。用法律規定人民的等級關係、親屬的尊卑、統治者與被統治者的隸屬體系，以及父權的不可侵犯和權威性。高等級的人犯了罪可以減刑，低等級的不但不能減，有時還要加重處罰。高等級可以享受的生活，低等級的不能享受。這是用法律作為區隔官僚組織中，上下等級的手段。在親屬體系中，則用尊卑的家長式權威，以處理上下等級差別。二是倫理。倫理主要是以儒家的道德教條為基礎，如忠、孝、仁、義、誠、恕之類。道德的實踐，則以五倫，即君臣、父子、夫婦、兄弟、朋友為主要範圍。這種範圍也界定了它的等級性，在政治體系中的忠，與在家族體系中的孝，其本質是一致的。在尊卑體系上，家長權威跟君主權威也是若相彷彿。三是禮儀。禮儀是一種行為規範。中國的五禮，吉、

凶、軍、賓、嘉，是貴族階級，特別是皇室的行爲典範，不能有所違反。
官吏有官吏的行爲方式，平民有平民的行爲方式，都必須照規矩行動，
不能踰越。刑不上大夫，禮不下庶人，就是一種不易的等級條件。法律、
倫理、禮儀三者是在一個層面，即社會規範上支持既有的結構秩序。

　　親屬組織和政治組織的結構層面，兩者互相影響，也互相依賴；法
律、倫理和禮儀屬於行爲層面，即規範行爲的若干準則，直接和間接都
對結構產生影響。它們的關係可簡化如下圖。

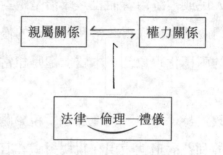

圖 11·1　親屬與權力的結構關係

上圖的結構關係，是以「地位」爲基礎。中國社會所強調的地位，可以
從政治、經濟、知識、道德、聲望、親屬等幾方面去理解，但以政治地
位所控制的權力和特權，以及親屬地位所控制的人際關係爲最重要。前
者表現在貴賤的政治特權，多半兼有法律、經濟、知識特權；後者表現
在尊卑的社會特權，多半與官僚階級結合，以取得資源上的優勢。兩者
互爲影響又互爲依賴，以產生支配社會的力量。所謂權力，就是利用官
僚組織的特權，控制政治、經濟資源，並用法律去維持特權的合法性。
親屬就是官僚組織中的人力分配，以親屬網絡爲中心，彼此互相支援，
以達到瓜分權力資源的目的。這種結構的形成，外表看起來也受到國家、
社會的法律、倫理和禮儀的影響或支配，可是這些行爲規範，是官僚統
治階級制訂的，對統治階級攫取權力、財產有利，是一種特殊的行爲規

範，用以維持官僚階級的掠奪行爲，甚至是保護這類行爲的合理性和正當性。

利用這種概念，可以對中國社會作一初步的分析，以瞭解各時代不同的狀況。我們對殷代的地位結構雖不十分清楚，但對西周的社會已比較瞭解，可以從宗法、政治、家族的歷史過程，做一些基本的分析和討論；其次是把地位結構中的權力關係和親屬關係作分期的討論，即(1)貴族控制政治，西周至春秋戰國；(2)世族控制政治，秦漢至唐；(3)政治支配家族，宋至清；(4)政治結合家族，民國；最後對這個主題作一總結，以探討結構與行動間的互動及其結果。分期難免不有些勉强，如春秋戰國爲宗法制度的轉型期，已經不完全是西周的形式；唐的中、晚期，世族已相對式微；民初政治對家族的支配力仍相當大。這種情形，將來在各節中還會討論。

二　宗法、家族與政治的歷史過程

宗法與政治

一般所說的宗法制度，大概只能從西周算起。殷代雖有大宗、小宗一類的名稱，但殷人沒有嫡庶之分，也沒有封建的事實（陳夢家，民60：468，630）[8]。周代的宗法制，簡單的說，就是始祖的嫡長子世系爲大宗，其他庶子的世系爲小宗。從封建的關係來說，大宗爲宗周盟主，

---

[8]　王國維認爲殷商無嫡庶長幼之分，李亞農則認爲殷末的宗法制度已經解體（李亞農，1953：432）。王氏的意見，轉引自該書同頁。李氏把周代視爲奴隸社會（李亞農，1953：54），跟我們以之爲封建社會不同。

繼承中央王位、土地和對諸侯（國）的指揮權，這就是所謂「普天之下莫非王土，率土之濱莫非王臣」（孟子萬章上）；小宗爲諸侯國，各有自己的領土，但對王室必須提供納稅和勞役、兵役。宗法是家族中的關係，封建是政治上的關係。從周初的分封方式來看，顯然是以宗法爲主，再根據宗法上的親疏關係，決定封國的重要性。其實，從西周當時的環境來看，一個初期的農業社會，家族成員間的關係，自然最爲重要。姬姓突然以武力獲得黃河流域一大片肥沃的可耕地，自己又直接管理不了這麼遼闊的土地，最容易想到的辦法就是分封親屬和功臣，由他們間接替宗主國統治。依照荀子的說法，周「兼制天下，立七十一國，姬姓獨居五十三人」（儒效篇第八）。假如這個數字是對的，則異姓諸侯有 18 國⑨。這些異姓諸國，雖非姬姓，大抵也是周的功臣和親屬。他們與天子不能用宗法制度上大宗、小宗計算，可是在侯國國內，仍可能使用同樣的方法，以行使政權上的繼承權。這種宗法制度轉換爲家族繼承的方式，可得如下圖⑩。

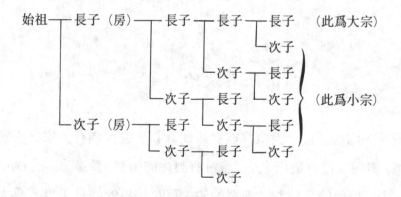

圖 11·2　大宗小宗關係

⑨　另據瞿同祖統計，春秋時仍存在的有 133 國，其中同姓 54，異姓 45，不詳者 34（民 73b：58）。這可能是後來的分化。

⑩　本圖可參閱李亞農（1953：52）、瞿同祖（同上，頁 179）的說法。

　　對大宗（或大房）而言，其餘都是小宗，但諸侯小宗也有嫡長庶幼的次序，其本身仍可能成立大、小宗的關係。其實，這就是家族中長房、次房或長子、次子的關係。權力、領土的繼承，相當於家產的繼承。從親屬關係來說是大宗、小宗的隸屬體系，從政治關係來說是天子、諸侯、卿大夫的指揮體系，這就是以血緣爲基礎的政治關係。所以宗法組織和政治組織根本是一個東西，而宗法被用作控制政治的工具。把宗法轉化爲政治關係，就像下圖的情形。

圖 11·3　封建政治與宗法

封建政治的盟主地位，在大宗一系延續下去；諸侯國的政治地位，則在諸侯國的大宗延續下去，它的小宗就成爲卿大夫；卿大夫之下，便是士官和上庶了。卿、大夫雖是兩個職位，卻是一種位階；士官爲最小的封官；士民就和農工商一樣，爲被統治者了。

　　這個模式也可以改變成如下的簡單模式：

$$\text{官} \qquad\qquad \text{民}$$
$$\text{天子}\text{——}\text{諸侯}\text{——}\text{卿、大夫}\text{——}\text{士官}\text{——}\text{士、農、工、商民}$$

這就是當時社會的一種等級結構，這個等級也相當於一種階級結構。這種結構，從宗法而論，只有同姓與異姓的差別，庶民根本沒有姓氏的問題；從政治而論，則有官與民，即是統治者與被統治者的差別。可見宗

法、政治、社會結構之間，本身有很大的差異。宗法以親屬距離爲原則，政治以職位高低及權力大小爲原則，社會則以關係的尊卑爲原則，特別表現在統治者與被統治者的關係上。不過，無論從那個角度去看，天子對當時的政治、經濟、法律、軍事都有絕對的支配權，只有當它式微，沒有能力指揮時，天子的主宰力量才逐漸瓦解，爲各諸侯國自主權所取代，這就是東周的春秋戰國時代了。

家族與政治

春秋戰國時代的中央盟主，宗周，已經完全無法控制當時的政治局勢，據估計，僅是春秋 250 餘年，各國間就發生了 378 次戰爭（李亞農，1953：127）；到戰國時代，由於併吞的結果，雖然只剩七大國，但仍然混戰不休，次數應該比春秋時還多。經過長久的幾百年的戰爭[11]，西周宗法社會的貴族政治便完全解體。不過，所謂宗法社會，其實就是把家族中的嫡長繼承制度，推衍到政治制度上去，變成家國一體，視家長、族長爲君主，視父權爲君權。這種一體化組織，到戰國末期，由於以知識、戰功、事功的人，往上升的越來越多，占據高位；土地可以自由買賣，使原有分封制度無法維持；貴族勢力沒落，不能掌握國政；政治上地方的郡縣組織又占絕對優勢；於是，所有的國都難以跟家族維持它的一致性。秦統一中國後，政治的繼承權和家族的繼承權便分開了，原來諸侯國的貴族統治，便轉化爲官僚統治，家族和親屬關係則仍留在社會上運作，有時候是家族影響政治，有時候是政治影響家族，有時候則兩者至少有互爲關聯的現象，或視之爲家族結合政治。

---

[11] 一般的紀年均認爲 770～476 B.C. 爲春秋，475～221 B.C. 爲戰國（陸峻嶺、林幹，1980：51，159；楊寬，1986：4-6）。但也有以共和元年（841 B.C.）開始，至 221 B.C. 秦統一爲止，原因是東周政權已經無法主宰諸侯的政治行爲。

家族在失去封建政治的依恃後，並沒有真正脫離政治，只是用另一種方式影響政治的運作，那就是自漢以後，一直到唐代中期的世族。世族就是世家大族，或稱大族、大姓、豪族、豪強之類，累世官宦，享有一般平民所無的許多特權。這些人多半也有點知識，甚至是讀書人，有土地，又是官吏，所以有時也就是一般所說的士族，以別於平民的庶族，士庶之分，也是一種政治上的區隔⑫。漢代，特別是東漢，由於選官方式著重在孝廉，又爲豪族或世家大族所操縱，無論中央官或地方官，均爲世族所包辦，成爲一種世襲的世官，乃至造成「上品無寒門，下品無勢族」的官場文化。世族就是各種有政治勢力的家族。他們利用官僚組織的合法特權，控制政治與經濟資源，世代傳遞；而各族聯合起來勾結，就使原來屬於官僚行政體系中的權力，轉移到各大族手中，明顯的形成家族控制政治，而把官僚組織的指揮系統架空。魏晉以後的九品中正選舉制，以迄唐代中期，這種情勢本質上沒有什麼改變。一直到五代十國，把原有的家族與官僚聯結網加以徹底的破壞，家族支配政治的力量才開始衰落，而建立宋以後政治與家族間的另一種模式。

考試制度雖然在唐代已經奠定基礎，但由於制度上的缺失，仍無法避免大族或著姓，透過特殊關係而作某種程度的操縱，以獲得政治、經濟及功名上的利益。例如懿宗咸通年間（860-873）一次貢舉，登第者三十人，多名臣子弟，並無實才⑬。說明在唐代末期的科舉取士制度，尚無法擺脫那些「勢傾天下」之人的非法干預。直到五代十國期間幾十

---

⑫ 門閥、大族、豪族、世族、士族之類的名稱，爲當時及後世人對累世官宦及地主、士人的稱謂，大抵世族謂累世官宦，士族指地主官僚，庶族則指一般平民。這裡所說的世族或家族，當作權力分配解釋時，已經包括他們的姻親在內，是一種廣義的親屬關係。

⑬ 舊唐書卷 172 令狐楚列傳，頁 4466。這些名臣子弟包括故戶部尚書的孫子、故宰相的兒子、剛卸任宰相的兒子。其實不只這一次，有時擺不平，還有重考的事情發生。

年的混戰，把原來的世家大族打垮，譜系沒有了，原有官僚體系也瓦解了，才造成了鄭樵所說的「取士不問家世，婚姻不問閥閱」(通志 25 氏族序)。不過，宋代考試制度的改進，也是一個重要原因。這是北宋初期的狀況。但是後來，歐陽修、蘇洵等人提倡修族譜，把各族前人的世系延續下來，張載和程頤、程顥更是主張以族中官吏為族長的原則，范仲淹、司馬光等人又極力宣揚宗族的重要性 (朱瑞熙，民 75：113-115；陳其南，民 79：220-221；高達觀，民 67：72-78)。很明顯的，於是把原來用世族或士族的力量去支配政治，轉變為用政治的力量去支配家族。原來家族承襲政治地位的原則沒有了，即所謂士族體系不存在了，新的官僚體系卻透過不同的王朝仍然在運作，官僚的政治力量便很自然的用來支配家族組織。在族譜、族產、祠堂、族長幾種原則之下，就逐漸形成明、清以來，中國的家族與政治間的運作方式，政治支配家族。家庭成員雖然透過蔭補過程，仍可以有限度的繼承政治職位，但無法形成一種家族力量，而僅限於家庭以內。家族的地區化或社區化，已經無法對國家體系形成壓力，而只能從譜系關係去瞭解家族過程。最大差別就在於早期用譜系選官、選婚姻，現在只能用以找家族的來源了。家族分散，考試制度的改善，以及族權的依賴政治職位，顯然都是宋以後家族式微，不得不接受政治支配的重要變數。

政治資源的重要性

事實上，家族與政治的關係，歷經了四個重要階段：

㈠第一階段是貴族控制政治。以宗法為名，實施家國一體的政治化策略，以貴族組織控制政治、經濟資源，以天子控制諸侯的形式，作為權力一元化的模式；天子又是家長，國 (包括天下) 與家也就一元化了。這就是父家長制中家國一體的典型權威結構。在這種結構下，宗統就是

君統，族權、政權、神權成爲三位一體。以家族或親屬關係支配權力關係。

㈡第二階段是世族控制政治。原來的貴族階級解體，因選舉或其他原因取得政治職位的人，形成一種封建官僚組織，與皇室共同分享政治、經濟資源。這個時期，由於官僚體系操縱選舉，形成世家大族控制行政權。政治仍然是家國一體化，但統治權有分散的趨勢，即官吏作爲皇帝的統治工具以行使治權。父家長制的統治方式沒有變，皇帝是天子，也是家長，官吏臣服於天子，一如家族成員爲族長所管轄。政治上雖然是皇帝專制，但統治上已成爲二元統治，皇帝統治世族，世族統治平民，可以視爲世族控制政治。

㈢第三階段是政治支配家族。所有的狀況與第二階段相似，但由於世族組織已遭破壞，完全沒有支配政治的力量；又由於科舉制度比較上軌道，家族失去操縱考試的機會；家族中官吏獲得較高的地位，取得較大的發言權，於是成爲政治支配家族的現象。

㈣第四階段是政治結合家族。民國建立以後，推翻了君主專制，也破壞了原來的考試制度和官僚體系，新的學校制度和官僚組織代替了家國一體的統治方式。但民主選舉制仍然與家族擺脫不了關係，官吏的任選還是會跟親屬關係掛鉤，至少在大陸和臺灣都存在這樣的現象。本質上或觀念上，國與家族是分離了，家族與公職人員也分離了，可是，政治體系仍然與親屬體系有不少關聯，也許這只是一個過渡時期。以下各節所說的貴族與世族、家族，只是就其形式而言，實際指的都是「親屬」的意義，即包括宗親和姻親。

三　親屬關係與權力關係

貴族控制政治

　　西周的封建社會，基本上就是把宗族組織和政治組織合而爲一，但以宗族支配政治。宗族是以皇室爲基礎，因統治的特權而成爲貴族，以統治當時的農奴。貴族是指統治階級的領主，天子、諸侯、卿大夫、武士，或稱爲君子⑭。農奴是指從事耕作及勞役的庶人⑮，又稱民、衆人、小人或夫、農夫、農人（呂振羽，1962：169，175）。不管實際的名稱是什麼，武士以上的人都是官，以下的都是民，官民兩階級，在西周明顯的已經形成。以親屬關係爲基礎的官階級，支配所有的政治、經濟資源，政治資源主要是政治職位上的特權，經濟則以土地資源最爲重要。宗法制度上的大宗、小宗，主要是政治支配權的分配和獨占，依據天子、諸侯等一系列的次序，作等級分配，並規定繼承的順位。所謂「宗法」⑯，就是同宗或同姓中，依據傳統而產生的一些權利、義務的規則，主要是統治權和財產權的繼承和重分配。

　　這些資源包括大小不同的領域管轄權，天子（宗主）的天下、諸侯

---

⑭　君子、小人，原指統治階級與被統治階級，後亦指有道德的人和缺乏道德的人，左傳中兩種意義的史料均有。左襄 9 年：君子勞心，小人勞力；左成 13 年：君子勤禮，小人盡力；左成 9 年：楚囚，君子也。

⑮　李亞農認爲，庶人在西周時爲奴隸，春秋時爲農奴，戰國時爲自由民（1953：1001）。這是他把西周定爲奴隸社會的緣故。

⑯　錢杭（1991：1）認爲宗法一詞創始於北宋的張載（張子全書卷 4 經學理窟宗法），其後即沿襲使用。

的國、卿大夫的家、士的室及其上的土地和人民。這就是左傳桓公二年
所說的「天子建國，諸侯立家，卿置側室，大夫有貳宗」，上一級對下
級的控制權，也可以說是不同等級人員的權力來源。士屬於卿大夫，卿
大夫屬於諸侯，諸侯屬於天子，這是權力上的關係。另一方面，諸侯是
天子的親屬，卿大夫是諸侯的親屬，士是卿大夫的親屬，這是統治階級
的親屬關係。親屬關係爲血緣上世代承續，權力關係則被賦予人爲上的
世代承續，所謂世襲。用血緣的親屬關係去支配人爲的權力關係，塑造
成兩者的一致性，並視爲當然，這就是周代宗法封建制度的理論體系，
使家族和政治產生必然的隸屬關係，建立君統和宗統合一[17]的封建政治
體系，以親屬支配權力。這種制度明顯的是由父系家長制發展出來的，
從家長控制家的模式，擴大爲控制天下、國家，從控制家產擴大爲控制
天下、國家的土地和財產。下圖可以表達這種發展模式。

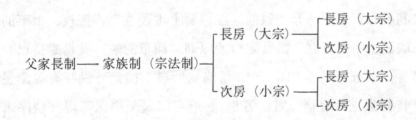

圖 11·4　家長制與宗法制的關係

宗法制表現在政治上就是天子（大宗或宗主）— 諸侯（小宗及其內部
體系的大宗）— 卿大夫（同左）— 士（同左）。表現在土地上是，天

---

[17]　錢杭（1991：57）認爲，宗統一詞最早由晉庾亮所提出，「宗統有常嫡，服宗
有成例」（通典 73 五宗引庚亮語）。但後漢書卷 1 光武帝紀下，頁 65 載官員對
帝奏：「陛下德橫天地，興復宗統，褒德賞勳，親睦九族」。早已有宗統的觀念。
這事發生在建武 15 年（39），比庚亮（289-340）早了二百多年。錢杭所說不確。

子有天下，諸侯有國，卿大夫有采邑，士有祿田，各有各的財產。在家族爲世襲，土地爲世襲，政治上也是世襲。這就是貴族統治的一個簡單的藍圖。

爲了維持這種主宰關係，封建王國逐漸發展了一種所謂「禮」的規範，作爲控制親屬關係和權力關係的法則。這種禮，李亞農認爲不是法律，也不是道德，只是一種數百年來的習慣（李亞農，1953：232）。這是就事實而言，可是從西周的社會組織來說，宗法封建社會的貴族統治，卻完全靠禮來維持社會，經濟，和政治秩序，可以說，既是法律，又是道德。所以禮是當時用作維持社會秩序的一種有效工具。這可以從兩方面來說：積極的一面是維持社會現存的等級、富貧及倫理秩序。如禮記 19 樂記：「禮義立，則貴賤等矣。」禮記 8 文王世子：「正君臣之位，貴賤之等焉，而上下之義行矣」[18]。我們雖不能確定，這些禮的原則就是西周的原則，也不能確定禮記是西周遺留下來的[19]，但這類原則跟西周的宗法制度和階級關係是一致的。在親屬上主張尊卑、親疏、上下的原則，在政治上主張貴賤、富貧定位的原則，簡單的說，就是維持已有的階級關係，各安其位。如荀子 13 禮論篇所說：禮是「貴賤有等，長幼有差，貧富輕重皆有稱（宜）者也。」這可以說是用保障現有秩序來統治社會的一種辦法，爲許多早期社會所常用。從當時打仗、朝聘、婚冠之類的大事，都要祭拜家廟，所謂「國之大事，在祀與戎」（左成 13 年），以及不遵守禮樂制度要受到處罰，這一些現象來看，顯然是把家族、道德、法律合爲一體，以控制社會秩序。這種秩序就是鞏固貴族的支配力量。

---

[18] 禮記中這一類的說法甚多，這種說法經過歷代的引用和解釋，一直影響中國社會的階級結構（文崇一，民 82：71-87；瞿同祖，民 73a：361-368）。

[19] 禮爲一種編輯而成的書，大致已成定論。時間可能很長，從很早一直到春秋戰國時代，乃至漢初。

　　另一方面，禮的消極的作用是防止社會混亂和叛亂。這在禮記 30
坊記中有很詳細的討論，李亞農（1953：233-4）把它歸納成十點：(1)
防止民族成員不和睦；(2)防止爭利忘義；(3)防止族中淫亂；(4)防止同姓
婚姻；(5)防止人子不孝；(6)防止不敬老；(7)防止階級間混亂；(8)防止以
下犯上；(9)防止叛變；(10)防止弒君。這十點其實可以化約成三類：一爲
防止家族成員間違反人倫的行爲，包括(1)(3)(4)(5)(6)各點；二爲防止階級
間的越軌行爲，包括(7)(8)(9)(10)各點；三爲防止不道德的爭取私人利益，
只有第(2)點，這可能發生在成員間，也可能發生在階級間。最重要的爲
一、二兩類，前者防止家族成員的脫序行爲，後者防止國家成員的叛亂
行爲。家族不變，階級不變，統治權就穩定了。這就是當時貴族階級所
設計出來的一套統治方式，讓政權一直掌握在以西周爲宗主的家族手裡。

　　到了春秋戰國，這種宗主關係就漸漸沒落了，周天子再也無法利用
原有的宗法制度號令天下。諸侯國不但不聽宗周中央的節制，更是互相
殘殺，爭戰不已。在戰爭的過程中，有的國家分裂，有的國家併吞，也
有許多新興國家突然竄起，所以春秋時代已經發展爲 140 多個國家[20]。
這個時候領土比較大的是晉、楚二國，其餘各國如齊、魯，所轄領地也
不過三、五百里，或一、二百里，更小的就只有幾十里了，東周王室統
治洛陽地區，大約僅有一百多里。春秋時代的五霸，齊桓公、晉文公、
楚莊王、宋襄公、秦穆公，便是在這種軍事競爭下崛起的。各大國的勢
力遠比王室強得多，支持王室的禮、樂，也無人理會了，這就是一般所
謂「禮廢樂壞」的年代。王室對各國已經完全失去軍事、政治、經濟的
支配力量，雖然各國依舊沿襲貴族統治的方式，在同姓或同族間實行政
經權力的轉移。

---

[20]　李亞農（1953：127）、林劍鳴（1988：39）都認爲是 140 餘國，瞿同祖（民 73b：
　　　58）計算的結果，只得 133 國。這種數字很難說得清楚，因爲有些小國可能從
　　　未出現在文獻上。

到了戰國時代，經過兩百多年殺戮、兼併的結果，最後只剩七個國家，即所謂的「七雄」，齊、楚、燕、趙、韓、魏、秦，在最後大約 10 年（230B.C.～221B.C.）時間，爲秦國統一㉑，而結束了戰國的混亂局面。戰國雖仍在維持貴族統治的封建世襲制度，可是許多方面都出現了更激烈的變化，不利於貴族統治，而不得不轉移政權。首先是貴族賴以維生的土地制度遭到破壞，從公有逐漸轉化爲私有。在當時的農業社會，土地是財產的重要或唯一來源，貴族出售土地，和土地買賣的合法化㉒，使貴族失去掌握經濟資源的優勢。另一種對貴族的打擊來自設立郡縣的行政體系，徹底破壞了原有的封建組織，使小封建領主的政治、經濟資源越來越受到限制，甚至沒有了。還有一種挑戰貴族階級的力量是知識開放，新興地主階級興起，以及城市商人勢力的擴張，士人、地主、商人交通王侯，使王侯不得不接受這些人的壓力，而用政治特權交換，乃至交出特權。在諸多因素交相影響之下，經過秦國的統一過程，貴族統治的封建組織終至於瓦解了。

世族控制政治

貴族政治的幾個主要特徵是，貴族支配一切政治資源、統治權世襲、土地爲統治者私有、階級間不能流通、族權和君權具有絕對優勢、用習慣法（禮）作爲統治的工具。這些政治、經濟上的現象，到戰國末期，已經所剩無幾。等到秦代統一六國，實行新的政治制度，就差不多完全摧毀了西周以來 900 年（1122～221 B.C.）的貴族統治了。

㉑ 秦國統一的戰爭打了許多年，依次於始皇 17 年（230 B.C.）滅韓，19 年滅趙，22 年滅魏，24 年滅楚，25 年滅燕，26 年滅齊（221 B.C.），六國貴族也就完了。

㉒ 這是指商鞅改革政策中的土地可以自由買賣而言。關於若干春秋、戰國時的相關問題，可參閱童書業（1962）和楊寬（1986）的書。

　　所謂摧毀，也只是形式上的説法。如果把貴族轉換到家族的本質，則秦漢以後至隋唐的一千一百多年（221 B.C.～907 A.D.），仍是由家族控制政治，不過，這時的家族已沒有貴族的特質，而演變成另外一些特權現象，在政治、經濟上運作。作爲父權、家長統治的特性，則仍然留在社會、政治體系中產生支配性的力量。這個時期的家族、政治特性，其實也不完全一致，而有某些程度上的差異。大致而言，秦漢爲一個階段，晉南朝爲一個階段，隋唐則爲另一個階段。每一階段中也還是有些變異，由於時間過長，可分析的變數實在太多。

　　在戰國期間，士的大量出現，是打破貴族壟斷資源，特別是壟斷知識資源的一重大力量。當時許多遊説之士，往來各國君主之間，取得信任和高官，從事軍事或政治改革，以增加國家的聲望或擴張領土，使各國原來貴族的地位，越來越失去其重要性。另一方面，貴族爲了擴大自己的勢力，也不得不養士以自重，以達到維持貴族地位的目的。這就使本來不屬貴族的民間上人，發展的空間日益加大，逐漸形成一個有力量的集團了。吳起，衛人，爲楚令尹（相）；商鞅，也是衛人，相秦；申不害，鄭人，相韓；蘇秦、張儀、鄒衍之類的人，則是到處遊説，取相位。這些人都是以利害説服國君，而使自己的意願得以實現，並提高了士人的社會、政治地位。即使是在養士中的士人，也有機會表現個人的智慧和能力，並凸顯士的地位㉓。另有些宣揚學説的士人，也在各國遊説，希望自己的主張獲得實踐的機會，孔子是春秋末期一個著名的例子，戰國時的孟子，以及其他各派人士，也在做同樣的努力，這就造成了百

㉓　當時貴族積弱，養士爲己用的情形非常普遍，呂不韋、孟嘗君、信陵君、春申君、平原君是幾個比較著名的例子，事實上許多大小貴族都在養士，以增加自己的應變能力。秦孝公元年（362 B.C.）下令曰：「賓客羣臣有能出奇計强秦者，吾且尊官，與之分土」（史記卷 5 秦本紀，頁 202）。這是一個比較極端的做法。賈誼就列出了二十多人（史記卷 6 秦始皇本紀，頁 279），都是名士。

家爭鳴的士人現象。

六國的知識人、武士、商人所創出來的社會環境，如知識的開放，因知識、事功、軍功而爲國家重臣，許多大小地主的出現，商人操縱經濟或因解決政府財政困難而入主政治決策，都在秦漢之際建立了重要的政治、經濟地位㉔。這對後期的政治運作影響很大。秦國的封建體系本就比較弱，漢興於南方，也不是封建勢力很強的地區，這時，七國的家族勢力也許已經微不足道，新興的封建王侯、官僚、地主、商人階級卻成爲社會的支配者了。這些人經過長期的經營，便控制了政治、經濟資源的大部分，農工大衆便淪爲另一種形式的農奴，這就是秦漢以後至唐代的社會形態。這些人就是各種勢力所形成的豪族，他們在政府部門控制政治資源，在社會上控制土地資源，並且在世代間延續操縱，雖非制度化的世襲，卻是實質上的世襲。平民上升的機會雖沒有受到法律的限制，事實上卻非常困難，也非常少。

秦始皇懲封建之弊，決定廢除這種各霸一方的辦法，而建立郡縣的地方行政體系。但亡國更快，可見問題並不完全出在這裡。漢代則一反秦代的方式，大封王、侯，以保障王朝的安全。當時許多官僚家族，靠著皇帝的賞賜，自己的強取豪奪，和個人的積極經營（何茲全，1991：269-270），使豪族的優勢地位得以維持。像漢代初期的這些封建王侯以及其他諸多高官厚爵的官僚，也許並沒有長久霸占權力和財富的企圖，但某些制度性的不當管理，反而使特權得以持續下去。其中最重要的就是早期鄉舉里選的選官制，後期的九品中正制，以及官員可以占有土地的辦法。自劉邦、劉徹開始的選舉賢良、方正、秀才、孝廉之類，本意

㉔ 史記對這些人有很詳細的描述，但在漢代繼續發展新興地主階級利益的人，則是新的王侯，各種功臣，以及皇室的外戚，他們擁有許多政治、土地的特權，並任意兼併。西漢就封了 38 個王，799 個侯。蕭何的家族承襲了 9 世，曹參 11 世。官吏強占田宅、強買民田的事則多的是。

都是在選拔人才，到後來卻變成「舉秀才不知書，察孝廉父別居」的局面；九品中正也是一種選拔人才的辦法，最後卻成爲「上品無寒門，下品無勢（世）族」的局面。這些都是負面操作的結果。

再好的制度，一旦爲部分人士所操縱，以私人利益爲取向，這個制度就成爲製造特權組織的工具，把非法的利益，透過政府機構，使它合法化。由於中國有宗法制度的傳統，這種特權組織就爲當時的家族所取代；家族的世代連續性，就是我們通常所說的世族，他們歷代讀書、做官，雖非法定世襲，卻是實質上世代爲官，支配主要的官吏和土地這些珍貴稀有資源。爲了維持這種特殊的關係，他們便運用了一些特殊的方法，以加強家族團體內在的凝聚力，這就是鄭樵說的：「自隋唐而上，官有簿狀，家有譜系。官之選舉，必由於簿狀；家之婚姻，必由於譜系……使貴有常尊，賤有等威者也」（通志 25 氏族序）。這種注重官員履歷和家族譜牒爲選擇官吏與婚姻的標準，由政府派官主管，自秦漢以至隋唐而不變，使尊者常尊，賤者常賤，顯然是一種統一的辦法。譜系是把不同地區或分散的家族，以地望再結合起來；官僚系統就是通過特別的家族組織而產生的（侯外廬，1979：103）。簿狀則是把歷代世系、官職都記載得清清楚楚，作爲選官的依據。這種族羣也可以叫做官族或世族，世代爲官，壟斷政治、經濟資源㉕。根據這樣的原則，就把不能做官的族羣排除在外。

當時這些累世官宦，有權、有錢、有勢所形成的豪族，是一種怎樣的狀況呢？王符和仲長統說得最爲清楚，舉士「以族爲德，以位爲賢」（潛夫論論榮第四），「貢荐則必閥閱爲前」（潛夫論交際第三十），「選

㉕　事見新唐書卷 199 柳沖列傳，頁 5676-80。說明自周以來，官僚階級嬗遞之跡，話是柳芳說的。最重要的說明九品中正所造成的世族勢力的膨脹，並在各種民族志中固定下來。這就是爲什麼簿狀很重要。西漢稱豪傑名家、豪猾、強宗豪右、大姓、豪傑大姓、強宗大族、強宗右姓、族姓、豪右、豪強等，東漢多稱著姓、強豪之族、豪人等。

士而論族姓閥閱」（昌言意林）。族望、職位是構成門閥政治的必要條件，取士純以閥閱，就成為必然趨勢。閥閱就是豪族、右姓、大族、世族的同義語。在三國時代，他們也是「使豪強擅恣，親戚兼併」（三國志卷1武帝紀引魏書，頁26）。到了兩晉南北朝，這種豪族控制政治、經濟資源的情形就更普遍了，晉書48段灼傳說：「據上品者，非公侯之子孫，則當塗之昆弟也」（頁1347）。劉毅傳也說：「上品無寒門，下品無勢族」（晉書卷45，頁1274）。從這裡不僅可以看出豪族人數衆多，也可以看出勢力非常龐大。豪門互相援引、請託、賄賂的結果，就成為葛樸所說的社會現象，「舉秀才，不知書；察孝廉，父別居；寒族清白濁如泥，高第良將怯如雞」（抱朴子審舉）。最後導致所謂「平流進取，望至公卿」（南齊書卷23褚淵王倫傳論，頁438），或「生髮未燥，已拜列侯，身未離襁褓，業被冠戴」㉖。到了唐代，雖已用科舉取士，但由於考試不公，請託、援引、賄賂之風仍然沒有停止，所以社會還是為強宗豪族所控制。陸贄說得最清楚，他說：「今制度弛紊，……富者兼地數萬畝，貧者無容足之居。依托豪強，以為私屬。貸其種食，賃其田廬，終年服勞，無日休息。」這就跟蘇冕的說法可以連接起來，蘇說：「創業君臣，俱是貴族，三代以後，無如我唐」㉗。從這一些事實來看，自漢至唐，這一長達約一千一百年的時間，我國社會都是處在家族支配政治的環境下，由皇族和豪族專權。大致是，西漢為豪族壟斷的初期，唐為壟斷的末期，最嚴重的時期為自東漢至南北朝，約五百多年。皇族和豪族都享有政治權力和土地資源上的特權，所以王亞南認為是一種官僚貴族化的

㉖　類似的說法，見於後漢書、晉書者甚多，例如後漢書26章彪傳，頁918：「士宜以才行為先，不可純以閥閱」。顯示當時選士以豪強為優先考慮對象。又如晉書61左雄傳論，頁2042：「自是竊名偽服，浸以流競。權門貴仕，請謁繁興。」都是指的豪族主宰當時的社會。

㉗　唐代科舉顯然尚未擺脫早期選舉習慣，只能說已經定期考試了，豪強攬權之風未改，史書記載甚多。

現象（民 76：73），即在以血緣、家世、門第、爵祿、蔭任爲任官的條
件下，封建官僚已經和早期的貴族沒有太多的差別了。豪族獲得政治職
位的機會，除了皇帝的公開徵召、察舉外，還有類似世襲的門蔭（任子）、
私人的辟除、用錢買（貲選）、軍功等，在這種狀況下，豪族取得政治
特權的優勢，實在太多了。

兩漢豪族支配政治的狀況，前面已有相當多的描述，可知家族在豪
族中所占的重要地位，而豪族是以家族爲組成成分，或根本就是一體的
兩面；不過家族以姓爲依據，豪族以地方或全國爲依據，一般所指豪族
可能包含許多個不同的家族。士族、世族、大姓、小姓等許多不同的名
稱㉘，都可能係豪族，即各種家族。目前，我們對兩漢豪族出任官員的
比例，尚無統計，據兩漢之際豪傑起事比例來看，則豪族約占 68%，
一般平民非常少，主要是後來王莽的變法改革計畫，危害了這些人的利
益（余英時，1956：225）㉙。這時顯然以出身豪族的家族占絕對優勢。
自三國至唐，這種趨勢不但沒有改善，還越來越嚴重。三國後期，平民
出身的官吏平均約占 16%，其餘（84%）爲豪強；兩晉南北朝的尚書，
出身於寒素（平民）約占 6.5%，其餘爲豪強（93.5%），而五品以上官吏，
寒素約占 15%，豪強占 85%；唐代五品以上官吏，則寒素約占 21.5%，
豪強占 78.5%（毛漢光，民 63：15, 20, 23；民 55：121；民 57：35）㉚。
各種數字，雖然所用的指標不同，但趨勢是一致的，即從三國到南北朝
時，平民進入官僚組織的越來越少，豪強則越來越多；到唐代，又漸漸
成反比例增加／減少，平民的機會又好一些，不過，仍以豪強家族爲主

㉘ 這類名稱，前面已經提到，有時士族是指累世官宦，小姓則包括地方大姓、豪
族等，寒素則指一般平民（毛漢光，民 65：367-8）。

㉙ 依照該文的分類，我把士族 11 人、大姓 38 人、宗室 10 人歸納爲豪強，一般
人則包括饑民 6 人、官吏 3 人、不詳 19 人。不詳中可能還有豪族。

㉚ 三文均以士族、小姓、寒素爲分類標準，依照這個標準，小姓中可能有小部分
非屬豪族，但絕大部分仍可以支持家族傾向。我把它重新歸類。

要的支配者。王亞南（民 76：73-4）把這種封建官僚體系現象認爲是官僚貴族化，許多特質都與早期的貴族相同或相似。特別明顯的是，世代承襲官職、利用特權占領土地、享受法律優待、減免賦稅及勞役等。

自漢以來的「以族舉賢」、「以閥閱爲選」的選舉風氣，一直延伸到唐代。例如袁紹這一支，從袁安到袁紹的兒子，已經是第 6 代爲顯官了，高官多至太僕、太傅、丞相之類，真是累世公卿；曹參的後代襲爵 11 世，蕭何 9 世，丙猜、楊喜各 8 世，這些都是漢代初年的功臣，襲爵三、四代的就更多了；班超是大家熟悉的歷史人物，到他的孫子已經 10 代爲官，不過這個家族的官沒有袁家那麼顯要，雖然班超也是侯爵；鄧晨前後 8 代，來歙前後 7 代爲高官，李膺到他孫子是 5 代爲官，崔駰到他的孫子是 7 代，楊喜的後代不僅在後漢累世官宦，到了唐代還是延續下去，一門進士十餘人；南朝褚秀之，從他的五世祖到唐代褚遂良，有 13 代連續爲高官；唐代李德裕一家 5 世爲官，白居易到他自己已經是 8 代爲官，牛僧儒是 9 代，杜佑是 7 代，張延賞是 5 代而連續三代爲宰相，李密雖只 4 代而俱爲國公㉛。這種事例多不勝舉，可見家族宰制社會的普遍性了。這樣做的基本動機，當然還是爲了控制政治、經濟資源，無論早期的鄉舉里選，或後期的九品中正制度，莫不以有利於家族承襲特權爲優先條件。

所謂特權，主要表現在三方面：一是政治上的，如職位的繼承（門蔭），家族間互爲援引、荐舉、辟除，規定某些職官僅有世家大族才能充任；二是經濟上的，合法占領土地、規劃莊園，減免租稅、勞役，庇蔭佃戶，有的人占地數百頃或萬頃，有的一門百室萬戶，農民則利用這

㉛ 唐宰相 369 人，凡 98 族（新唐書 75 下宰相世系，頁 3465），據估計，出身士族地主約占三分之一，他們把持朝政，壟斷仕途（關履權，1984：52）。南史、北史諸主要人物列傳，最能觀察政治職位承襲情形。東漢鄧氏一家，封侯 29 人，大將軍、將軍 13 人，校尉 22 人，中央長官 14 人，州牧、郡守 48 人（柏錚，1989：259）。

種方法逃稅，於是「天下戶口，幾亡其半」；三是法律上的，皇室及官吏多享有免刑、減刑的特權，還有一些特許的優待，如不得拘捕，對官吏家族也有優待。這類事件，在許多論文中都有過討論（侯外廬，1979：89-92；何茲全，1991：256-282，371-404；李亞農，1953：333-5；王仲犖，1979：398-404；瞿同祖，民73a：275-84），此處只說明它的重點，其實在社會、婚姻、禮儀的世俗事務中，這類官吏豪族或家族，也有不同程度的特權，可以說，這是一個特權的貴族化封建官僚社會㉜。

為了爭奪資源，不僅豪強間有衝突，皇族跟豪族間可能有更大的矛盾和衝突。在周代的封建貴族，由於在宗主的遙控下分地而治，一般諸侯國都不會受到太多的干預，除了後期各國的互相戰爭、兼併，平時的衝突反而不高。到了秦漢以後，以地域統治封官設吏，皇族本身有不少矛盾，豪族更有太多的矛盾，不管是為了利益，還是為了統治權。這就形成皇族間、豪族間，或皇族與豪族間，無窮盡的衝突和鬥爭；有的在宮庭內，有的在宮庭外，嚴重的時候，就演變成改朝換代的流血戰爭。權力的鬥爭，可以說明如下圖。

圖 11·5　皇族與豪族的權力衝突

㉜　每一個地方都顯示社會的等級成分，特權階級除了官吏還包括有功名的士人和退休官吏。平民則要負擔更多的稅賦和勞役。晉書26食貨志說，一品官可占田50頃，依次減至九品官占田10頃（頁790）。但實際上自漢以來，官吏豪強常用不法手段強迫兼併，造成「富者兼地數萬畝，貧者無容足之居」。他們逃避的租稅極多，庇蔭戶也極多。

皇族與豪族可能爲任何事件產生衝突，但最主要的是，當皇族干涉豪權，或豪族干涉皇權的時候，問題就會十分嚴重，這就是歷史上常見的皇帝濫殺大臣，以及臣民反叛。中國秦漢以後的歷史，差不多就是皇權與豪權或族權間權力鬥爭的結果。故事一再重演，社會結構甚至完全没有改變，改變的只是一塊王朝的招牌，劉記或曹記而已。家族控制政治的局面也没有改變。實際上是皇族，特別是皇帝的皇權，與豪族的豪權，在政治舞臺上角力，當皇權強大的時候，豪權便難以發揮，只能守成；當皇帝軟弱的時候，豪權便大肆擴張，甚至推翻原來的政權，取而代之，中國歷史上禪讓的故事，大悉如此。

豪族（包括外戚、宦官、地方豪強各類家族）也不是隨時有推翻前朝的機會，因爲有許多規則限制官僚豪族的行動。法律是一種最大懲罰，叛國要誅九族，超越等級或階級的行爲也要受罰；禮是另一種規範，不但有傳統性，也有階級性，不能踰越；道德則是從意識上界定君與臣、統治者和被統治者間的關係，同樣具有某種程度的階級性。從皇權的立場而言，豪族也是被統治者；從豪權的立場而言，豪族多爲官吏，參與統治的工作，也可算是半統治者或統治的工具；只有一般平民，才是真正的被統治者。這些人都受到法律、禮俗、道德的約束，以維持既有的社會秩序，無論公平或不公平。

政治支配家族

在貴族控制政治和世族控制政治的兩個階段中，我們看得出來，所有的政治資源幾乎都由貴族或世家大族支配，一般人完全被排除在權力中心之外。在貴族末期或世族時期，雖然也有部分平民升遷至權力階層，但一旦長期掌權，他們又成爲另一個累世官宦的家族，不論這些官員來

自選舉或考試㉝，來自高官或低官。他們的差別只在於貴族爲永遠世襲，世族有流通機會，儘管機會不太大。這樣的差別也使後期世族的沒落和上升，對政治和社會產生不同程度的影響，而形成唐代的政治生態，即是世族或士族控制政治運作的力量越來越難以維持獨霸的局面，許多寒族（平民）因考試、功績、武功、買官而升至統治階層，並取得對社會和家族的發言權。

歷史上的大亂，特別是爭奪統治權的長期混戰，往往使社會秩序或社會結構產生變化，如春秋戰國的長期戰爭，使貴族組織和封建政治解體；漢末的長期戰爭，使選舉制度不得不改弦更張；唐末及五代的戰爭，則不僅瓦解了漢以來的門閥政治，也使家族組織發生了許多重要的變化，最主要的就是擺脫了晉以來的譜系關係，而產生了以族長、族譜、族產、族規、祠堂爲重心的家族制度（朱瑞熙，民 75：111-117；左之鵬，1964：97）。這種轉變，固然與五代之亂時，對當時士族的强大打擊有關，所謂「貴不如賤，富不如貧，智不如愚，仕不如閑」㉞。而歐陽修、蘇洵、蘇軾、張載、程頤、程顥、范仲淹等人的極力提倡修族譜，置族產，及以官員爲族長，更有極大的關係（龔鵬程，民 74：61-64；盛清沂，民 74：109-130；朱瑞熙，民 75：113-117；徐揚杰，1980：108）。强調族長的選擇以官職爲條件，顯然是宋以後考試制度所產生的結果，因爲制度的公平性增加，平民出頭的機會也就相對增加。譜系的世襲條件已經不存在了，官吏自然就是最好的候補者。

㉝ 選舉、考試制度，可能自戰國以後一直在實行，前期（秦漢至南北朝）以選舉爲主，考試爲輔；後期（隋唐至清）以考試爲主，選舉爲輔。史記卷 8 高祖本紀，頁 342：劉邦「及壯，試爲吏，爲泗水亭長」；史記 121 儒林列傳，頁 3119：公孫弘建議博士弟子「一歲皆輒試，能通一藝以上者，補文學掌故缺」。這樣的方式，以後一直在進行。

㉞ 趙令畤，侯鯖錄卷 8。此處轉引自朱瑞熙，民 75：29。鄭樵所説的「取士不問家世，婚姻不問閥閱」（通志 25 氏族序），也是説明同樣社會風氣的轉變。

這是一種最大的轉變，原來以家族地位承襲官職，現在卻是因官職而掌握家族權力，表示族權在官權之下，家族依附政治而存在。族譜就成爲凝聚同族情感和力量最重要的工具。族譜的意義在於分別親疏、遠近，而非找世族源流（朱瑞熙，民75：121-122）。它包括姓氏源流、郡望、家傳、族墓、家訓等（陳捷先，民78：643）。這一傳統，一直維持到近代。我們後來一般所說的家族或家族組織，都是指宋以後這種聚族而居，有族長、族譜、族產、祠堂一類的形式，族權便是依附這種形式而存在。久而久之，族權便成爲官紳地主統治族人的工具，甚至有人主張給以授權，「專司化導約束之事」（左之鵬，1964：107-115）。這顯然是正式用官權支持族權，使家族變相的成爲一種基層的教化機構，這就是中國歷史上有名的紳權論，即政府透過士紳階級的人，發揮統治的功效，無論是化解衝突或加強整合。也有人說，這是紳權的中介作用，族人信任士紳，士紳爲政府及人民間作適當的調解（Chow, 1966：76-79）。由於族權在某種程度內得到政府的認可，許多家族內部便形成一個自治單位，族長指揮一切，統治這個「小朝廷」，家法、家規、義倉之類，便是用來作爲統治的另一種工具。犯規的接受處罰，貧窮的接受救濟，例如吳氏家族規定：「族中子弟……令有恆業可以糊口，勿使遊手好閒，致生禍患」㉟。用族產培養青年尋求功名、官職，然後回來統治族人。近代徽州的族長權就仍有主持祭祀、管理族產、執行族規等權力（葉顯恩，1983：166-169）。

宋以後的族，已經不是唐以前那種累世官宦的族。一個家中，三代中有高官者已經不多，超過三代就更少了。例如晚唐的宰相，來自世家大族的占80%，北宋就只占17%。另一方面，晚唐宰相出自寒族的占7%，

㉟　休寧縣茗州吳氏家典卷1家規。此處轉引自葉顯恩，1983：318。事實上，不僅清代如此，民國時的大陸家族，多有以族產支持族中窮人及讀書人。

北宋卻高達 42%（孫國棟，1959：283）。另一個研究指出，北宋 211
宰輔中，出身高官（一至三品）家的僅 51 人，占 24%；出身布衣的
卻有 112 人，占 53%（陳義彥，民 66：19-22）。這些所謂高官，除了
極少數外，也並非幾代高官。到南宋時，高官家庭出身的宰相約 7 人，
占 11%，非官家出身的約 42 人，占 68%。官宦家庭所占比例實在很低，
可以說比任何一個時代都可能偏低，這說明家族勢力的式微。而官吏
對平民的統治作用，並未比前代爲弱，這就助長官吏對家族的支配權，
也就是政治對家族的支配權。這種支配包括任命族長、對族內外的發
言權、處理族產、以及其他有關事務。所謂宋以前的族長以姓氏、門
第高下論，宋則以族中官僚之地位、才能、財產爲對象（朱瑞熙，民
75：114）。事實上不只是宋，宋以後歷代的族長條件，也都有這種傾
向。原因很簡單，譜系上的高低既不存在，事實上掌握政治、經濟資
源的多寡，便成爲重要條件。一個又貴又富的人，不僅族內的發言權
相對提高，調解糾紛的能力也大得多，至少在農村社會中占有絕對優
勢。

　　宋代以後，考試雖然相對的較爲公平，因考試而進入官僚組織的也
相對提高，但以其他途徑進入官僚系統的還是相當多，如徵召、保舉、
辟除、門蔭、捐納等（柏錚，1989：193-199；文崇一，民 82：86-87）。
徵召是皇帝主動找人，不管是什麼動機，親屬，才能，或品德；保舉多
半是中央大員向皇帝推荐，人才或派系均有；辟除多是地方官用的僚屬，
這種吏掾人數相當多；門蔭是因父祖的功績而承襲爵位或官職，但多的
時候，可以擴及旁系及一些有關係的人，不但人數衆多，而且非常浮濫；
捐納又稱納貲，就是用錢買官、爵，漢代已開始，歷代都没有真正停止
過，賣官鬻爵，變成皇室經常收入的一部分。漢文帝用晁錯的建議，賣
爵減賦，據說曾經建立一個「民大富樂」的社會。那時候便提出公定價
格，六百石就可以買一個二等爵（上造），後來漲價了，壹萬二千石

只能買一個十八等爵（大庶長）㊱。以後歷代皇帝都在賣官鬻爵，以供皇室無度的揮霍，一直到清代的捐監納貢，都是用錢去買功名，以遂個人私欲。這種官吏在地方政府尤其多。另一種地方官多的就是辟除，只要主管任用，不需任何條件，就可以進官僚體系。這種官吏雖多爲幕僚，最後還是可以變成正式官員。這些人由於多爲地方官，正史無統計，很難提出正確的數字，但爲數可能更多，因爲無論中央或地方官員，在可允許的範圍內，都可以辟除，即聘請臨時僱員。至於門蔭（任子或承襲），則多寡不一。除了偶爾短暫的停止外，歷代都在做，這是皇帝收買心腹的一種手段，把他的恩惠延續到下一代，一種變相的世襲。宋代的門蔭制度雖然限制較嚴，但還是相當浮濫，例如每三歲一親郊，大小官皆得蔭子，有時年任子四千人，十年即萬二千，而寒士有三十年不得選者（宋史 159 選舉志：3733）。官越大，可蔭的範圍便更大，大官可蔭及子、孫、近親、遠親、異姓親、門客、乃至醫生。從宋史選舉志來看，可蔭補的官員、皇親，真是多得難以數計（卷 159：3724-34）。直到明、清兩代，這種門蔭的任官方式，並沒有獲得改善，而清代由於旗、漢族羣關係，門蔭一途變得更複雜。

另一種進入官僚組織的重要途徑，自然是考試。考試在宋代有各種防弊的辦法，這是進步的一面。以此進入仕途的人比前代爲多。北宋官吏，以進士身分入仕者，占 88%（陳義彥，民 66：101）。此僅爲宋史中列傳人物，未包括中央無傳官員及地方官吏，可能只是眾多官員中的一小部分。據估計，北宋開科 69 次，取進士 19,147 人，官員則有 48,000 多人；南宋官吏，以進士身分入仕者 389 人，占 63%，這也是

㊱ 漢書 24 上食貨志，頁 113-115，有很詳細的記載。景帝（本紀，頁 152）則跌爲 10 萬或 4 萬就可以買一個官。靈帝（後漢書本紀，頁 342）時賣得更凶，公千萬，卿五百萬。注引説，二千石二千萬，四百石四千萬。當時的二千石是最高的官（除三公外），包括九卿太守之類；四百石爲低官，如尚書左、右丞、縣令。漢末士君子恥列爲公卿，因爲公卿已無復廉恥了（侯外廬，1979：121）。

列傳中有資料可查的百分比，實際的情形可能仍只是一個少數。據前述
估計，南宋官員有 10 萬人。如果連吏合計，兩宋官吏約有 57 萬人（黃
留珠，1989：268；葛承緒，1992：177-178）。元代約有官員 2.7 萬人，
明代約 2.5 萬人或 10 萬人。依上例類推，則官吏總數應在 50 萬以上，
因爲元以後的統治範圍遠比兩宋爲大。清代的情況，大致相似。如果以
累進的方式計算，北宋比東漢官員增加 5 倍，明代增加 12 倍，則元、明、
清的增加倍數必然更龐大，也許是 15 倍到 20 幾倍不等。東漢的官，據
估計約在 0.75 萬到 1.3 萬人之間（葛承緒，1992：177-178；周谷城，
民 19：133）。以這樣龐大的官僚組織來說，考試或進士所占的比例實
在很小。這批官吏，特別是官員的僚屬，顯然多數是以辟除，即私人任
用的方式，進入官僚體系；次多的可能就是門蔭。這兩種幕僚都不需任
何資歷，只要主官認可即能任用，最容易把親屬引進官僚組織。

　　考試、徵召、保舉、捐納爲官吏的固然是散戶，門蔭、辟除也多是
以家而非以族爲延續官吏職位的對象，即一個家的子、孫和遠、近親。
這些人主要是以個人所獲得的特權，掌握較多的政治、經濟資源，和較
高的社會地位，在族中和地方上取得較大的發言權和社會聲望，以官吏
身分成爲家族和地方的縉紳或紳士。宋以後至清，乃至民國時代，都是
這樣的結構，從紳士到族人或地方人士，一直是一種這樣的權力不平等
的垂直結構。最重要的原因，在於官吏或紳士都享有許多特權，這些特
權不僅幫助他們獲得權力、財富，而且獲得信賴和支持。官吏的主要特
權可以歸納爲幾方面：一是享有俸祿和賞賜，這兩項在一個貧窮的農業
社會，都是非常重要的資源；二是享有門蔭和封贈，即對父母子女職位
的承襲權，這是一大恩惠；三是享有法律上的減刑、免刑罪，同樣的犯
罪行爲，除了叛亂，可獲得許多減、免機會；四是享有免賦、免役、逃
稅的保障，退休後還可以領薪俸；五是享有利用政治特權侵占財產、擴
充勢力的優勢，這是歷代官吏都在不停和毫無禁忌進行的劣行。紳士雖

然没有這樣多實質上的特權，但也享有不少優待，如免役、減稅、減刑、禮遇等（葛承緒，1992：177-178；吳辰伯，1986：98-99）。就是這些特權，使官吏在社會上成爲一種特殊人物，用特權鞏固他們在社會上和家族中的地位。在强調官吏特權的過程中，也使二千多年來的社會菁英，普遍地集中注意力在官吏的路上，成爲最高和唯一的事業，也是中國封建官僚組織得以維持的最重要原因。袁安曾經很坦白的說：「凡學仕者，高則望宰相，下則希牧守」（後漢書卷 45 袁安列傳：1518）。這說出了中國讀書人的肺腑之言，雖然說話的時間是在西元 71 年（後漢明帝永平 14 年），但以後也未曾變過。宋代的加强考試取仕制度，實際就是讓讀書人死心塌地的往求官的路上走，無暇他顧，自然就没有人造反了。南宋的王栐說：宋代「廣開科舉之門，使人人皆有覬覦之心，不忍自棄於盜賊奸宄」。用各種方法籠絡讀書人，使「覬覦一官，老死不止」（見燕翼貽謀錄卷 1）。宋太宗在位 22 年，進士一科就錄取了近萬人；仁宗在位 41 年，用宰相 23 人，進士出身者 22 人，制科 1 人（金諍，1990：106-107）。事實上這是歷代皇朝一貫的手法，就像唐太宗看到那些進士高高興興的去朝拜時所說的，「天下英雄盡入吾彀中」一樣。這些人的榮耀，也帶給他去統治家族的榮耀，這就是爲什麼，象徵榮耀的東西，都要擺在祠堂裡（匾額）、祠堂前（桅桿）。

政治結合家族

辛亥革命成功以後，標榜的是「主權在民」的觀念，按理，權力的重分配應該擺脫傳統的羈絆，以新的制度加以安排。事實並非如此，早期是軍閥混戰時代，各自爲政，誰也管不了誰；後期雖是統一了，許多制度也逐漸建立，可是，換湯不換藥，全國性的權力和財富，在各種巧立名目之下，仍然掌握在少數幾個家族手裡，這些家族多半具有親屬關

係。在各自爲政的軍閥政治體系下，中國傳統的官僚組織已經遭到破壞。所謂的中央政府，根本沒有指揮的能力，也沒有授權的合法地位，地方政府則完全由各地軍閥操縱，爲所欲爲。它的官僚，大致來自早期官僚的後裔，軍閥的親屬，或地主土豪的子弟。可以用關係拉攏，也可以用錢買，可以買縣長，也可以買厘金（關稅）局長（周谷城，1986：347-8）㊲。這種情形，官吏的名稱、組織雖然變了，過程也有些變了，但它的結構沒有變，官員仍然是來自親戚、軍人、土豪，以及用錢買來的職位。

後來新的中央、地方議會慢慢成立，各種機構的官吏、議員，多半由所謂法定的管道任命或選舉而來，但整個國家的權力和財富，幾乎均由蔣、宋、孔、陳幾個大家族所支配，他們一方面自己控制資源，另方面又利用間接的管制策略，以其親屬和地方人士，控制不同地區的資源。蔣家控制中國大陸及臺灣政治超過半個世紀，利用獨裁及特權手段，一切的資源均由他的集團和集團體系加以操縱。所有的中央和地方官吏，雖未必均有親屬關係，但主要職務都是透過他和他的黨予以支配，當毫無疑義。這種關係的最大轉變，在於黨機器已替代部分親屬體系在運作。蔣家及其親屬集團所操縱的政治、經濟資源，包括中央各部會首長、各省省主席、各銀行及重要公司負責人、各地產業的負責人。這樣，除了原有的土地資源外，全國主要的政治、經濟機構，差不多全在蔣氏的掌握之中；軍事，更是由他個人直接控制；黨務，則由他的親信，陳氏兄弟直接指揮；宋家管理行政體系（行政院）；孔家管理財務。一張由蔣家掌控的親屬網，便網羅了全國的政治、經濟、軍事資源。從北伐後一直到臺灣的最近年代，唯一的變化，只在於資源由四大家族分享到蔣氏一家獨享，以及地方官吏的由中央安排到以選舉安排。

㊲ 許多人都認爲軍閥是一種地域主義者（張玉法，民 66：174；Chesneaux，1977：72），這跟傳統文化也有關係，傳統的家族就是地區化的形式。

　　據一項估計，抗戰時期，中國官員要人在美國的存款有 10 至 20 億
美元。四大家族在金融、商業、工業、地產諸方面所獨占的財產，以及
在國外的存款和產業值，粗略估計，當在 200 億美元左右。而當時國民
年總收入大約是 100 億或 80 多億美元（陳伯達，1991：166-167）。如
果估計屬實，則他們所掌握的財富實在可觀，全國兩年收入都在他們手
中。國家建設自然無法進行，甚至使人民陷入飢餓的困境中。這種收入，
只比和珅的貪污略低㊳。

　　我們可以想像，在君主時代，皇室也掌握了絕大部分的財富，甚至
把天下的人民、土地都視爲皇帝個人私產，把任官視爲皇帝個人私恩，
這也是無可奈何的事。可是，到了民國時代，還是把全國權力、財富集
於一人及其親屬之身，就未免過於獨裁。然而，這卻是事實，在蔣家政
權時期，所有的權力分配和財富分配，幾乎都是按照他個人及其親屬的
意願去處理。幾十年的白色恐怖，除了打擊反對派，就是打擊違反蔣家
集團利益的人或羣體。這種方式，很難分辨究竟是親屬或家族支配政治，
還是政治支配親屬團體，視爲家族和政治的結合，似乎比較合理，因爲
家族／政治的工具性和目標性並不十分穩定。這個時候，中央和地方的
掌權人物，大致不是出身於軍閥或軍人，便是士紳或地主。這些權力人
物，跟傳統社會的官吏，實在沒有什麼兩樣，甚至意識形態也很接近。
例如民初 22 省的都督，有 15 個是軍人，7 個是紳士（陳志讓，1986：
21）。一直到抗戰後的各省主席，也多半是軍人系統出身；各省及中央
參議會，更是充滿了士紳和地主，所謂傳統出身的人，也不在少數（王
樹槐，民 73：156-8；張玉法，民 74：291-7）。事實上，不管出身爲何，
主要官員的權力來源，不是來自中央或地方制度，而是來自蔣氏家族。

㊳　和珅（1750-1799）爲清乾隆時大臣，權傾朝廷，貪贓枉法，嘉慶時伏法抄家，
　　估計財產約 10 億兩，當時全國年收入僅 7 千萬兩，貪污等於 14 年的收入（金
　　石、鄧伊，1991：520；清史稿 319 和珅列傳，頁 10752-7）。

這就是獨裁的本質，從形式上看，總統是間接選舉的，官員也經過任命的程序，地方及中央議會更是透過民選，但所有的過程全是派系黑箱作業，完全由一些親近的團體操縱。官員對蔣家是一種恩侍關係，蔣氏要求徹底效忠，官員保持私人利益，對人民則實施剝削和恐怖統治。即使在臺灣，這個用特殊關係所建構的官僚組織，也只在經濟活動方面給予較大的活動空間，這可能是經濟成長一關鍵性契機。

臺灣的選舉雖然一直在進行，但選出來的公職人員和議會，總是在蔣家及其黨的控制之下運作，毫無自主性。蔣家在臺灣延續了在大陸的統治方式，利用黨、軍、特三種力量統治人民；同時利用政治職位、金錢、恐嚇三種工具作為統治的手段，收買或恐嚇，不聽指揮的就打入大牢。這是鞏固政權的一面。對於經濟，則採取了完全不同的方式，不僅鼓勵發展工商業，而且提供許多優待辦法，允許相當大的自由和自主。終至經濟富裕，而政治獨裁，直到戒嚴體系結束，反對黨成立為止。在這一段期間，蔣家雖沒有放鬆政治管制的意圖，可是有幾件事情是在經濟發展之後產生的，蔣家集團一點也沒有預料到，或在事先加以防止。其一是，知識程度普遍提高，中學生、大學生、留學生逐年增加，大學的自主性也越來越多，使人民對社會、經濟、政治的判斷力不斷提高，對政治自主性的要求也就增加不少。其二是出國留學、旅遊及海外貿易增加，對外面文化有較多的認識，特別是西方的開放式文化，如民主政治、自由社會，加強了國人對現代文明的需求。其三是國外資訊大量流入，無論經濟或政治方面，對社會大眾產生很大衝擊，再不能故步自封，或閉關自守。其四是長久執政的結果，行政體系已無法應付工業社會的需要，而行政人員又多因忠誠而在位，非以能力升遷，當社會大眾要求更多的政治改革時，蔣家政權便難以維持。終至造成反蔣家、反國民黨、反政府的激烈政治運動，而導致解嚴後的比較民主的政黨政治誕生。

選舉是國民黨統治臺灣一種非常重要的工具，既可以補充政治人才

的來源，又可以加强政權的正當性，對蔣家權力運作有很大的功效。可是也因爲選舉，使臺灣社會加速導向地方派系的方向發展。地方派系有大有小，大抵以縣市、鄉鎮、村里爲組織單位，視選舉範圍的大小而定。這種地方派系，不管用什麼名稱，紅派、白派，三重幫、臺南幫，或林派、陳派，實際都因選舉領袖而起，以最早或最有勢力的地方領袖爲派系領袖，然後因歷屆選舉，不論是地方或中央，而沿襲下去，不同派系推出各自的候選人去競爭。這樣的派系在各縣市、鄉鎮都有，少則兩個，多則好幾個（趙永茂，民 67a：50-54）。他們競爭和衝突都很激烈，有時互不相讓就打起來，全是爲了私人利益之爭，這還不計算各級議會中爲了黨派利益而經常打架、爭吵的事。

地方派系基本上是地區性的政治利益，但有時也跳開地區性的區隔，而成爲跨地區的政治、經濟利益集團，如所謂臺南幫、三重幫之類。在臺北市的勢力，特別是經濟、企業的影響力相當大，對選舉和重大財經決策，都可能產生作用。地方派系的組成分子自以地方人士爲主，但同是地方人士，何以產生不同派系？一般認爲地方派系有三種特色：(1)由派閥自己把持地方政權；(2)由派閥親友分配地方政權；(3)提名派內人員分配政治權力（民 67b：143）。這就是說，派系領導人及其親友爲瓜分地方政治資源，不惜與非派系內人士對抗。因而對地方政治有興趣的大族豪戶，便利用家族意識或親屬關係，成爲親自己的集團，或利用親屬關係獲得利益（趙永茂，民 76a：58, 241；民 67b：142；Jacobs, 1980：41-44）。社區事務也常常涉及地方派系和家族關係（文崇一，民 78：iv）。這就是爲什麼，多數的派系都叫做陳派、林派、或劉派之類，許多以地區爲名的派系，如三重幫、臺南幫、鹽水幫之類，其中也以一姓或二、三姓爲主（李達，1987：2-20；趙永茂，民 67a：50-54），然後從親屬、朋友關係擴展出去，成爲一種政治與親屬的結合體。表面看起來是利益均分，但主要的利益以領導集團爲多。例如臺南幫的主要成員，不是鄉

親或宗親，就是姻親、表親的關係；三重幫也是兩個姓的親屬團體共同結合，謀求政治和企業的發展（李達，1987：14-16）。臺灣的地方派系，事實上大都是朝著這個方向組織與發展。這也很合乎中國人的歷史傳統和行為模式，親屬不只是在日常生活中互相依靠，也是比較可以信任的對象。早期的貴族，後來的世族和宗族，都是一些家族的親屬團體，它們一向支配政治，或為政治所支配，現在在臺灣，家族或親屬相互結合起來，是很自然的事。

　　臺灣選舉的一個奇特現象，尤其在後期，就是父母子女、夫婦、兄弟、姊妹，先後當選不同等級的議員或公職人員，有時一家幾人全部都在為「人民服務」，縣市長、立法委員、省市議員；有的家庭，則父母子女、兄弟姊妹輪流參政；如果以家族或親屬計算，則同時參政的人就更多了。這種現象，表面上看，都沒有弊端，既不是貴族式的世襲，也不是世族式的包攬，而是靠選票產生。選票跟派系有相當高的一致性，為什麼候選人總是來自一個家庭？派系中沒有別人可參選，還是不讓別人參選？所有的成員何以聽從一個家的指揮，而放棄參選機會，還是無錢無機會參選？或是根本沒合格的候選人？無論原因在什麼地方，結果是一樣的，是一種變相的世族現象，一家或少數幾家，累世官宦。雖然現在的民意代表和公職人員沒有以前那樣大的權威，但仍有相當多的特權，包括政治上的和經濟上的。這應該是多數人熱衷參選的主要原因。至於為人民服務，說說罷了，真正為人民服務，義工該是最好的選擇。

　　選舉是由甚至不相熟的人投票產生，何以形成家庭壟斷的局面，一家幾個或幾代的議員和公職人員？這就是資源分配的問題。能夠在地方參選，甚至組織地方派系，這個家可能本來就擁有較多的資源，政治職位、錢、人脈、高學歷、或參與黑幫組織。這些資源對參選都有利，何況有的政黨根本就是資源，特別是以財富大小而決定是否提名。一旦當選，不僅原有的資源得以延續和擴大，而且很快會增加新的資源，於是

老的、少的、男的、女的，一個個都當選了。這種情形的確跟魏晉世族社會很相像，不同的是，沒有形成普遍性的家族體系，而僅在較接近的親屬關係中流行。這種政治結合家族的形式，可能還會持續一段相當長的時間，除非能夠改善選舉制度，以及改善政黨的提名辦法。當選人必須酬庸他的競選功臣，以及親戚、朋友，也是無法避免的事；而在中國社會中，願意幫忙的又以親屬關係爲第一優先，這就注定了政治和親屬脫離不了關係，從傳統一直到現代。

親屬關係以情感爲重，在傳統中國社會，就是以這種關係爲基礎，作爲權力、財富分配的標準。越接近權力中心的族羣分得越多，越遠越少，乃至沒有。傳統的天子或皇帝，也自認爲或被認爲有權作這樣的支配，故無論在貴族、世族、家族時代，沒有人懷疑這種獨特的權力支配方式。但現代的選舉有別於傳統，現代的政治也不同於傳統。現代的民主政治，在臺灣雖然尚在起步階段，仍必須講求某種程度的理性、是非、對錯，以法治爲基礎，即非以情感爲基礎。這是一種基本上的價值衝突，即傳統情感價值與現代理性價值的衝突。如果臺灣的民主政治，無法克服傳統情感上的弱點，仍以親屬關係和派系關係去支配權力關係，則將難以建立以法治爲基礎的民主社會。

四　結論

現在我們瞭解，貴族、世族、士族、豪族之類的名稱，只是不同時代所賦予不同的說法，其實質意義都是指的家族與政治的結合。以家長權威號令於家族和政治體系中，實行家國一體化的統治。家長就是政府首長，家族組織擴大爲政府組織，以家族權力分配方式維持政治權力分配，把權力關係建立在親屬關係上，以既有的家族倫理作爲維持政治倫

理的基本原則，這就是父系原則下的家長式權威統治。

貴族社會的特質是以家族控制全社會的政治、經濟資源，父系家長式統治，家國一體化。被統治者爲封建領主的農奴，土地爲貴族共有，政權由一個家族世襲，家族跟國家的倫理規範是一致的，行爲的典範就是風俗習慣，這是西周的典型結構模式，把權力關係建構在親屬關係上。春秋時開始轉變，戰國時變得尤其徹底，演變而爲秦漢的另一種社會。

秦漢以後的豪族或世族社會，與宗法封建的貴族社會作比較，最大的變化有三：一是貴族的統治權轉移到皇族手裡，由取得統治權的家族繼承；二是土地自由買賣，爲地主私有；三是封建官僚組織取代各地封建領主，作爲統治的工具，世族結合士人成爲另一形式的家族權力圈。世族在形式上雖非世襲，但實質上把持中央及地方政治權力，並利用特權霸占土地及免稅、免役，可以說是世族官僚的貴族化，爲另一種形式的貴族。同樣是利用家族控制政治、經濟資源，把權力關係建立在親屬關係上。這種形式一直維持到唐代初期，唐代中、晚期才開始有些轉變，五代十國是一個實際的大破壞期。不過，父家長制的君父體系沒有變，家國一體化的組織也沒有變，統治階級仍然控制一切政治資源，只有部分土地流入到民間的地主手中，所以仍是家族控制政治。

宋以後家族社會的較大轉變，在於原來的世族組織已經解體，譜系關係也無法連續。新的家族組織在官吏的倡導和運作下，成爲聚族而居的地區性家族社會，以祠堂、族長、族產、族譜、族規的形式出現。它已經沒能力支配政治和財富資源，而是由各族官吏或士紳主導。和前兩個時期比較，正好反過來，由政治支配家族，家族關係建立在權力關係上。雖然仍是父家長權威體系，仍是家國一體，仍是由封建官僚組織統治人民。家族體系則相對減弱，使權力關係駕臨家族關係之上，用政治權力維持家族的運作。雖然形式倒轉，但家族關係和權力關係仍是緊密的連在一起，特別可以從門蔭、繼承、特權等的制度上看得出來。

　　民國以來的家族組織和官僚組織間的距離，明顯遠得多了。叮是，由於蔣氏家族的獨裁和臺灣地方派系中的家族關係，當權者和當選者還是擺脫不了家族運作的陰影。所謂政治家族的形式，在早期大陸和近年臺灣的選舉文化中，還是屢見不鮮，不論是父母子女、夫妻、兄弟檔，並沒有完全脫離家族社會的形態。從家族情感與民主理性的角度來看，這對未來政治民主的發展，將構成威脅。這種模式仍然帶有父家長權威體系，及家族關係與權力關係結合的現象，雖然不若早期的嚴重。

　　從上述家族與政治發展的四個階段來看，家族關係與權力關係一直互相依賴而生存，不僅發展空間很大，時間也很長，從西周的宗法貴族，歷世族而至近代的家族，上下三千多年，橫亙整個中國。從階段性而言，宗法的貴族社會，家族性最強烈；世族社會次之；到現代的家族性爲最弱。雖然如此，中國的政治可以說一直是家族政治，家族的特權統治，以壟斷社會的權力和財富。朝代更迭，實際是家族的更換；官僚組織作爲統治的工具，也是以不同家族的興衰爲週期；知識人則在官僚組織中扮演關鍵性的角色，使他們的家族或親屬進入體系中，繼續壟斷資源的工作；不論是家族控制政治，還是政治支配家族，都使家族關係和權力關係結合爲一體，構成一個巨大結構網絡，相當程度的支配人的行爲。有人認爲，自早期至現在，家族文化沒有根本的變革，在政治、經濟、文化、宗教、倫理、道德、教育各方面，發生支配的作用（王滬寧，1992：6），看來有幾分相似。

　　西周的宗法制度，相當程度的保留了早期部落民族社會的組織形態，以親密的親屬關係作爲權力分配的基礎，以土地共有制分配財富，這是一種相當原始的社會組織。這種親屬關係以及它的權利、義務關係，後期雖有不少改變，但那種親密的親屬關係一直沒有變，一直是社會組織中最基本而又重要的因素。乃至在權力關係中產生部落政治的分贓形式，由一羣具有親屬關係的人，瓜分所有政治資源。並利用政治、法律的特

權，主宰財富的分配，造成統治者對被統治者，官對民，兩個階級的對立和衝突。

　　這就是說，西周的宗法制度是利用宗族血緣關係，把同族結合起來，宗族組織和國家政權合而爲一，國家的各級機構實際是宗族組織的擴大。秦漢以後，宗族組織雖與國家政權分離，但與封建制度並存。魏晉六朝的世族，實際是宗法的翻版。宋以後，則以祠堂族長的族權爲特徵（葉顯恩，1983：155）。所以家族關係與權力關係，不論以那種模式出現，它的基本結構模式幾乎没有變，即以家族關係支配權力關係，或以權力關係支配家族關係，家族是這種結構模式的基礎。維持這個模式運作，或與這個模式產生互動關係的，還有許多相關的因素，如以地主／農民爲基礎的小農經濟，形成非常高度的家族經濟自給，不致因地區性的限制而發生恐慌。即使有大的天災、人禍，也多半是地區性的，地主掌握財富，農民只是生產工具。如一元化的君主獨裁政治，以封建官僚組織及知識階級作爲統治的工具，以維持家國一體、父家長制的統治特性；如以宗法倫理或儒家倫理爲階級性統治的規範，製造一連串父家長權威體系統治規則。君臣、官民、父子、男女、尊卑的階級性，五倫、親疏關係的排他性，以維持家族與權力間的穩定關係。有人認爲，家族文化的特徵就在於它的血緣性、聚居性、等級性、禮俗性、農耕性、自給性、封閉性、穩定性（王滬寧，1992：29），大致是對的。

　　顯然，在地主小農經濟上所發展出來的家族關係、封建官僚組織、儒家倫理，以及父家長制的權威體系，使親屬關係和權力關係一直維持一種平衡的穩定狀態。因而所謂改朝換代，只是換一個家族（吳辰伯，1986：66）。所謂治亂循環，也只是家族統治的循環。打天下的人，只要改正朔、易服色，把年號、國號、顏色換換就可以了，不必有任何政策上的大轉變。對原來的結構，事實上也没有什麼影響。新政權的建立，通常就是一個新家族的興起，即所謂易姓而王、而帝。舊政權的瓦解，

就形容爲衆叛親離。中國歷代帝王的皇族、后妃、外戚及其親屬系統，已經說明了以親屬爲基礎的權力關係。這一現象表示，幾千年來，中國人的行動方式，一直在尋求權力和財富，以滿足個人與家族的目的。升官、發財，幾乎已成爲所有中國人的工作目標。達到目標之後，就是與家人或親屬共享。這其實是中國人過於強調以富、貴（財富與權力）爲主的目標價值，而忽略更高的理想性（文崇一，民81：43-47）。這種結構關係從來沒有變過，歷來的政權轉移或政權內的改革，都只改變統治者的族姓，或某些財政、經濟、軍事、考試、任官政策。部分制度的改變，顯然沒有影響到家族與權力間的結構關係。

這種家族與權力間的關係，是早期部落政治的現象。周人把它推廣到當時的封建政治，相當於一個中央部落統治許多小部落，事實上，諸侯國的領土也不大。秦漢以後的中央集權，部落現象已經不存在，家族體系卻依附在封建官僚組織的制度上依舊運作。甚至到了選舉時代，家族與政治間的關聯，還是十分緊密。這就是早期的人羣塑造了一種家族與政治間的運作模式，這個模式到後來就支配這羣人的行動。人羣接受了這種支配的方式，似乎一直沒要改變的意圖，2因爲它直接關係到人羣賴以生活的稀有資源，權力與財富。除非未來的都市化能完全打破家族的界線，這種家族關係與權力關係間的結構緊張，就不會消失，甚至影響未來政治經濟和社會的發展。因爲這只是家族、派系的利益的結合，往往忽略了現代民主社會的理性與法治。

參考文獻

中華書局　民 47，魏晉思想論。臺北：中華。

王　夫　之　清，船山遺書。

王　　充　漢，論衡，諸子集成第一集 5。臺北：世界。

王　安　石　宋，王臨川全集。臺北：中華。

王　仲　犖　1979，魏晉南北朝史。

王　亞　南　民 76，中國官僚政治研究。臺北：谷風。

王　　符　漢，潛夫論，四部叢刊。臺北：世界。

王　夢　鷗　民 65，鄒衍五德終始論的構造，見項維新、劉福增編，中
　　　　　　　國思想史論集（先秦）。臺北：牧童。

王　樹　槐　民 73，中國現代化的區域研究：江蘇省，1860～1916。臺北：
　　　　　　　近史所。

王　滬　寧　1992，當代中國村落家族文化。上海：上海人民出版社。

毛　漢　光　民 55，兩晉南北朝士族政治之研究。臺北：中國學術著作
　　　　　　　獎助委員會。

毛　漢　光　民 57，唐代統治階層社會變動，博士論文，未出版。

毛　漢　光　民 63，三國政權的社會基礎，史語所集刊 46 木第 1 分。

毛　漢　光　民 65，中國中古社會史略論稿。史語所集刊第 47 本第 3 分。

文　崇　一　民 42，漢代匈奴人的社會組織與文化形態。臺北：中華文
　　　　　　　化出版委員會。

文　崇　一　民 51，論司馬遷的思想，大陸雜誌，24 ⑽：25-26。

文　崇　一　民 61，從價值取向談中國國民性，見李亦園、楊國樞編，
　　　　　　中國人的性格。臺北：中研院民族所。

文　崇　一　民 61a，中國傳統價值的穩定與變遷，中研院民族所集刊 33。

文　崇　一　民 61b，價值與國民性，思與言 9：6。

文　崇　一　民 67，社會變遷中的權力人物，中研院民族所集刊 46。

文　崇　一　民 68，地區間的價值差異，陶希聖先生八秩榮慶論文集。
　　　　　　臺北：食貨出版社。

文　崇　一　民 69，當前中國文化所面臨的挑戰，見中國論壇編，挑戰
　　　　　　的時代。臺北：聯經。

文　崇　一　民 70，易傳中的變遷觀念，中研院國際漢學會議論文集。

文　崇　一　民 71，報恩與復仇：交換行為的分析，中研院民族所專刊
　　　　　　乙種 10，楊國樞、文崇一編，社會及行為科學研究的中
　　　　　　國化。

文　崇　一　民 71a，經驗研究與歷史研究：方法和推論的比較，見瞿海
　　　　　　源、蕭新煌編，社會學理論與方法。臺北：中研院民族所。

文　崇　一　民 72，循環論：中國文化中的社會變遷理論，中國社會學
　　　　　　刊 7：1-18。

文　崇　一　民 74，社會學理論的文化差異，見李亦園等編，現代化與
　　　　　　中國化論集。臺北：桂冠。

文　崇　一　民 78a，臺灣的社區權力結構。臺北：東大。

文　崇　一　民 78b，中國知識分子的類型與性格，見中國論壇編，知識
　　　　　　分子與臺灣發展。臺北：聯經。

文　崇　一　民 78c，中國人的價值觀。臺北：東大。

文　崇　一　民 79，工業社會的職業倫理，見蕭全政編，文化與倫理。
　　　　　　臺北：國策中心。

文　崇　一　民 80，中國的社會學：國際化或國家化？中國社會學刊 15：

1-28。

文　崇　一　民 81，道德與富貴：中國人的價值衝突，漢學研究中心編，
　　　　　　中國人的價值觀國際研討會論文集。臺北：中央圖書館。

文　崇　一　民 82，官民階級與階級意識：中國的階級模式，中研院民
　　　　　　族所集刊 72：63-106。

文崇一、張曉春　民 68，職業聲望與職業對社會的實用性，臺灣人力
　　　　　　資源會議論文集。臺北：中央研究院經濟研究所。

文　崇　一等　民 69，農民傳統行為對農業共同經營之影響，中研院民
　　　　　　族所集刊 49。

文崇一、章英華、張苙雲、朱瑞玲　民 78，家庭結構及其相關變項的
　　　　　　分析，見伊慶春、朱瑞玲主編，臺灣社會現象的分析：家
　　　　　　庭、人口、政策與階層。臺北：中研院三民所。

司　馬　光　宋，迂書‧求用，古今圖書集成 30 冊皇極典用人部。臺北：
　　　　　　文星。

左　之　鵬　1964，祠堂、族長、族權的形成及其作用試說，歷史研究 5-6。

左　丘　明　國語‧晉語，史學叢書第二集第一冊。臺北：世界。

朱　介　凡　民 53，中國諺語論。臺北：新興書局。

朱　瑞　熙　民 75，宋代社會研究。臺北：弘文館。

朱　　　熹　民 25a，朱子學歸（鄭端輯），叢書集成初編 640。上海：商
　　　　　　務。

朱　　　熹　民 25b，朱子學的（丘濬編輯），叢書集成初編 639。上海：
　　　　　　商務。

朱　　　熹　民 25c，近思錄，叢書集成初編 630-3。上海：商務；叢書
　　　　　　集成新編 22 冊。臺北：新文豐。

朱　　　熹　民 25d，續近思錄，叢書集成初編 634-6。上海：商務；叢
　　　　　　書集成新編 22 冊。臺北：新文豐。

朱　　熹　民 26，周易參同契考異，叢書集成初編 550。長沙：商務。

朱　謙　之　1984，老子校釋。北京：中華書局。

何　茲　全　1991，中國古代社會。河南：河南人民出版社。

沈　剛　伯　1976，湯恩比的歷史哲學，牧童編，湯恩比與歷史。臺北：牧童。

李達編著　1987，臺灣地方派系。香港：廣角鏡。

李　　覯　宋，直講李先生文集。

李幼蒸等　1986，結構的時代：結構主義論析。臺北：谷風。

李　約　瑟　1971～1975，中國之科學與文明，1～3，5 冊。臺北：商務。

李　亞　農　1953，李亞農史論集。臺北：重印本。

李　鏡　池　民 9，易傳探源，史學年報 2。

李　鏡　池　1963，論易傳著作時代書，古史辨(3)：133-134。香港：太平。

余　永　梁　1963，易卦爻辭的時代及其作品，見古史辨(3)：157-162。香港：太平書局。

余　英　時　1956，東漢政權之建立與士族大姓之關係，新亞學報 1 (2)：209-280。

呂　　柟　民 25，宋四子抄釋，叢書集成初編 613-616。上海：商務。民 25 年。

呂　不　韋　秦，呂氏春秋卷 1～13 十二紀及有始覽。臺北：世界。

呂　振　羽　1962，殷周時代的中國社會。北京：三聯。

吳　　康　民 65a，周濂溪學說研究，見項維新、劉福增編，中國思想史論集（宋明）。臺北：牧童。

吳　　康　民 65b，張橫渠學說，見項維新、劉福增編，中國思想史論集（宋明）。臺北：牧童。

吳　辰　伯　1986，燈下集。臺北：谷風。

金石、鄧伊　1991，中國的清官與貪官。瀋陽：瀋陽出版社。

金　　諍　1990，科舉制度與中國文化。上海：人民。

金 耀 基　1982，社會學的中國化：一個社會學知識論的問題，見楊國
　　　　　　　樞、文崇一編，社會及行爲科學研究的中國化。臺北：中
　　　　　　　研院民族所。

金觀濤、劉青峯　1987，興盛與危機：論中國封建社會的超穩定結構。
　　　　　　　臺北：谷風。

周 谷 城　民 19，中國社會之結構。臺北：文學史料研究會。

周 谷 城　1986，中國社會之變化，臺北：古楓。

周 敦 頤　民 25，太極圖，周濂溪集卷之一，1～30，叢書集成初編
　　　　　　　1890～1892。上海：商務。

河洛圖書公司　民 64，帛書老子。臺北：河洛。

屈 萬 里　民 39，周易卦爻辭成於周武王時考，臺大文史哲學報 1：
　　　　　　　81-100，臺北：臺大文學院。

林 劍 鳴　1988，法與中國社會。長春：吉林文史出版社。

芮 逸 夫　民 61，九族制與爾雅釋親，見中國民族及其文化論稿。臺北：
　　　　　　　藝文。

柏　　鏵　1989，中國古代官制。北京：北京大學出版社。

胡　　宏　宋，胡子·知言，叢書集成新編 22 冊。臺北：新文豐。

胡　　適　1963，論觀象制器的學說書，古史辨(3)：84-87。

胡　　適　民 65，反理學的思想家——戴東原。見項維新、劉福增編，
　　　　　　　中國思想史論集 (清代)。臺北：牧童。

胡　　適　民 65a，記李覯的學說，見項維新、劉福增編，中國思想史
　　　　　　　論集 (宋明)。臺北：牧童。

韋　　伯　1993，社會學的基本概念 (顧忠華譯)。臺北：遠流。

桓　　寬　漢，鹽鐵論，四部備要。臺北：世界。

袁　　采　宋，袁氏世範，叢書集成初編 974 冊。

侯 外 廬　1979，中國封建社會史論。臺北：谷風。

高 達 觀　民 67，中國家族社會之演變。臺北：九思

徐 世 昌　清儒學案卷 8 王夫之船山學案；清儒學案卷 79。臺北：世
　　　　　　界。

徐 道 鄰　民 65，王充論，見項維新、劉福增編，中國思想史論集（西
　　　　　　漢至唐）。臺北：牧童。

徐 揚 杰　1980，宋明以來的封建家族制度述論，中國社會科學 4。北
　　　　　　京：社科院。

徐 復 觀　民 71，陰陽五行及其有關文獻的研究，見中國思想史論集
　　　　　　續編。臺北：時報文化。

孫 次 舟　1963，跋古史辨第四冊並論老子之有無，古史辨(6)。香港：
　　　　　　太平。

孫 星 衍　民 25，周易集解，叢書集成初編 445-453。上海：商務。

孫 廣 德　民 58，先秦兩漢陰陽五行說的政治思想，嘉新叢書 147。臺
　　　　　　北：商務。

孫 國 棟　1959，唐宋之際社會門第之消融：唐宋之際社會轉變研究之
　　　　　　一，新亞學報 4(1)：211-304。九龍：新亞書院。

班 　固 等　民 26，白虎通，叢書集成初編 457。上海：商務。

班 　　固　漢，漢書五行志，天文志。臺北：洪氏。

梁 啟 超　1963，陰陽五行說之來歷，顧頡剛，古史辨(5)下編。香港：
　　　　　　太平書局。

韋 政 通　民 57，王充的批判哲學，見中國哲學思想批判。臺北：水牛。

韋 政 通　1977，中國哲學辭典。臺北：大林。

韋 政 通　民 68，中國思想史（上冊）。臺北：大林。

韋 政 通　民 75，董仲舒。臺北：東大。

容 肇 祖　民 55，向秀郭象的思想，見魏晉的自然主義。臺北：商務。

容　肇　祖　民 65，述何晏王弼的思想，見項維新、劉福增編，中國思
　　　　　　　想史論集（兩漢至唐）。臺北：牧童。

容肇祖等編　民 67，中國哲學史資料（先秦至清）。臺北：九思。

啟明書店編輯部　民 47，中國思想講話。臺北：啟明。

梅　應　運　1971，周易卦爻辭成書時代之考察，新亞書院學術年刊 13：
　　　　　　　201-255。

陸峻岭、林幹　1980，中國歷代各族紀年志。呼和浩特：內蒙古人民出
　　　　　　　版社。

盛　清　沂　民 24，試論宋元族譜學與新宗法之創立，第二屆亞洲族譜
　　　　　　　學術研討會會議紀錄。臺北：聯經。

郭　慶　藩　清，莊子集釋，諸子集成本。臺北：世界。

章　學　誠　清，文史通義。臺北：世界。

張　玉　法　民 66，中國現代史。臺北：東華。

張　玉　法　民 74，民國初年的政黨。臺北：近史所。

張　伯　行　民 26，濂洛關閩書，叢書集成初編 617-20。上海：商務。

張伯行輯訂　民 25，朱子語類輯略，叢書集成初編 644。上海：商務。

張　德　勝　民 78，儒家倫理與秩序情結。臺北：巨流。

陳　志　讓　1986，軍紳政權。臺北：谷風。

陳　伯　達　1991，中國四大家族。臺北：巴比倫出版社。

陳　其　南　民 71，從結構主義的發展談社會科學方法論的一些問題，
　　　　　　　見瞿海源、蕭新煌編，社會學理論與方法。臺北：中研院
　　　　　　　民族所。

陳　其　南　民 79，家族與社會。臺北：聯經。

陳　捷　先　民 78，民國以來的中國族譜學研究略述，近史所編，六十
　　　　　　　年來的中國近代史研究。臺北：中研院近史所。

陳　義　彥　民 66，北宋統治階層社會流動之研究。臺北：嘉新文化基

　　　　　　金會。

陳　夢　家　民 28，五行説之起源，燕京學報 24。

陳　夢　家　民 60，殷虛卜辭綜述，見陳丁編，卜辭綜述。臺北：大通。

陳曉林譯　1975，西方的没落。臺北：華新。

陳曉林譯　1982，歷史研究。臺北：聯經。

遁　　翁　民 67，因果的定律，見張曼濤編，佛教根本問題研究，現
　　　　　　代佛教學術叢刊 54。臺北：大乘文化出版社。

揚　　雄　漢，法言・五百，四部備要。臺北：世界。

惠　　棟　民 26，易漢學，叢書集成初編 457。上海：商務。

童　書　業　1962，春秋史。香港：太平。

費　孝　通　民 62，鄉土中國。臺北：文俠。

費　孝　通　1987，農村經濟。香港：中華。

賀　自　昭　民 65，王安石的哲學思想，見項維新、劉福增編，中國思
　　　　　　想史論集（宋明）。臺北：牧童。

賀　自　昭　民 65。王船山的歷史哲學，見項維新、劉福增編，中國思
　　　　　　想史論集（清代）。臺北：牧童。

馮　　君　民 65，朱熹哲學，見項維新、劉福增編，中國思想史論集（宋
　　　　　　明）。臺北：牧童。

馮　友　蘭　民 36，中國哲學史。上海：商務。

黃　　釗　民 80，帛書老子校注析。臺北：學生書局。

黃　光　國　民 79，臺灣的社會變遷與倫理重建，見蕭全政編，文化與
　　　　　　倫理。臺北：國策中心。

黃　宗　義　明，宋元學案。臺北：世界。

黃　宗　義　明，明儒學案。臺北：世界。

黃　俊　傑　民 70，歷史學與社會學：若干方法學上的省察（S. M. Lip-
　　　　　　set 原著），史學方法論叢 27-66。臺北：學生。

黃 留 珠　1989，中國古代選官制度述略。西安：陝西人民出版社。

董 仲 舒　民47，春秋繁露（上下）。臺北：世界書局。

葛 承 緒　1992，中國古代等級社會。西安：陝西人民。

葉 啟 政　民71，結構、意識與權力：對社會結構概念的探討，見瞿
　　　　　　海源、蕭新煌編，社會學理論與方法。臺北：中研院民族
　　　　　　所。

葉 顯 恩　1983，明清徽州農村社會與佃僕制。安徽：人民。

楊　　寬　1986，戰國史。臺北：谷風。

楊國樞、陳義彥　民67，資料的分析與解釋，楊國樞等編，社會及行
　　　　　　爲科學研究法（下冊）。臺北：東華書局。

楊 聯 陞　民65，報 ── 中國社會關係的一個基礎，見段昌國等譯，中
　　　　　　國思想與制度論集。臺北：聯經。

蒲　　靭　民36，二千年間。上海：開明。

趙 永 茂　民67a，臺灣地方派系與地方建設的關係。高雄：德馨室。

趙 永 茂　民67b，臺灣地方政治與地方建設的展望。高雄：德馨室。

墨　　翟　墨子（墨子引得 1986）。上海：古籍出版社。

蔡 文 輝　民68，社會學理論。臺北：三民。

鄭　　玄　漢，周禮鄭氏注，叢書集成簡編273。臺北：商務。

鄭 誥 輯　民25，朱子學歸，叢書集成初編640-2。上海：商務。

劉　　向　漢，説苑・復恩，叢書集成初編526。

劉　　安　漢，淮南子。臺北：世界。

劉　　晝　北齊，劉子・言苑，叢書集成新編21 冊。臺北：新文豐。

劉　　基　明，誠意伯文集。

劉 伯 堯　民65，湯恩比論世界文化的興衰，湯恩比與歷史。臺北：
　　　　　　牧童。

劉 君 燦　民71，生剋消長──陰陽五行與中國傳統科技；關聯與和

諧——影響科技發展的思想因素。見劉岱編，中國文化新論，科技篇，格物與成器：57-104, 505-540。臺北：聯經。

駱 雪 倫 1976, 湯恩比的歷史研究與歷史，牧童編，湯恩比與歷史。臺北：牧童。

錢　　杭 1991, 周代宗法制度史研究。上海：學林出版社。

錢　　穆 1956, 鄒衍考，先秦諸子繫年（上下冊）。香港：太平。

錢 鍾 書 1978, 管錐集第一冊。臺北：蘭馨室。

謝 扶 亞 民65, 邵雍先天學新釋，見項維新、劉福增編，中國思想史論集（宋明）。臺北：牧童。

蕭　　吉 民28, 五行大義，叢書集成初編695-6。長沙：商務。

蕭 公 權 民65, 董仲舒，見項維新、劉福增編，中國思想史論集（兩漢至唐）。臺北：牧童。

蕭 公 權 民70, 中國政治思想史之起點與分期，見韋政通編，中國思想史方法論文選集。臺北：大林。

蕭 新 煌 民61, 社會學中國化的結構問題，見上楊國樞、文崇一編，社會及行為科學研究的中國化。臺北：中研院民族所。

蕭 新 煌 民74, 低度發展與發展。臺北：巨流。

戴　　震 清, 孟子字義疏證。

戴 君 仁 民50, 談易。臺北：開明（65版）。

戴 君 仁 民65, 陰陽五行說究源，見項維新、劉福增編，中國哲學思想論集（總論）。臺北：牧童。

戴 君 仁 民65a, 新儒與淮南子，見項維新、劉福增編，中國思想史論集（兩漢至唐）。臺北：牧童。

瞿 同 祖 民70, 中國的階層結構及其意識形態，見段昌國等譯，中國思想與制度論集。臺北：聯經。

瞿 同 祖 民73a, 中國法律與中國社會。臺北：里仁。

瞿 同 祖　民 73b，中國封建社會。臺北：里仁。

瞿海源、文崇一　民 64，現代化過程中的價值變遷，思與言 12：5。

魏 伯 陽　民 26，參同契正文，叢書集成初編 550。長沙：商務。

關 履 權　1984，宋代科舉考試制度的變化與地主階級，中國史研究 4。

羅 根 澤　1958，莊子外雜篇探源，見氏著諸子考索。北京：人民出版
　　　　　社。

羅 欽 順　明，困知記，叢書集成初編 653。上海：商務，民 25。

顧 文 慶　明，簷曝偶談，說庫 30 冊。

顧 炎 武　清，日知錄㈣。臺北：商務。

顧 頡 剛　1963a，論易繫辭傳中觀象制器的故事，古史辨 3：45-69。
　　　　　香港：太平書局。

顧 頡 剛　1963b，論易經的比較研究及象傳與象傳的關係書，古史辨
　　　　　(3)：134：139。香港：太平書局。

顧 頡 剛　1963，五德終始說下的政治和歷史，古史辨(5)下編。香港：
　　　　　太平。

龔 鵬 程　民 74，宋代的族譜與理學，第二屆亞洲族譜學術研討會會
　　　　　議紀錄。臺北：聯經。

Abrams, Philips, 1982, *Historical Sociology*, Somerset：Open.

Althusser, L., 1970, *For Marx*. N.Y.：Vintage.

Becker, Howard & H.E. Barnes, 1961, *Social Thought from Lore to
　　　　　Science*, 1-2 Vols. N.Y.：Dover.

Béfu, Harumi, 1977, Social Exchange, in B. J. Siegel, ed., *Annual Re-
　　　　　view of Anthropology*.

Bell, Daniel, National Character Revisited, in E. Norbeck, et al., eds.,
　　　　　The Study of Personality. N.Y.：Holt.

Bengtson, V. L. & M. C. Lovejoy, 1973, Values, Personality, and Social Structure：Intergenerational Analysis, *American Behavioral Scientist* 16(6)：880-912.

Blau, Peter, 1967, *Exchange and Power in Social Life.* N.Y.：John Wiley.

Brough, Charles H., 1965, *The Cycle of Civilization.* Detroit：Harlo.

Burke, Peter, 1980, *Sociology and History.* London：George Allen & Unwin.

Cahnman, W. J. & A. Boskoff, 1964, Sociology and History：Reunion and Rapprochement, in W. L. Cahnman & A. Boskoff, eds., *Sociology and History：Theory and Research.* N.Y.：Free.

Carr, Edward, 1969, *What is History?* New York：Alfred A. Knopf.

Chadwick-Jones, J. K., 1976, *Social Exchange Theory.* London：Academic.

Chang, Chung-li, 1967, *The Chinese Gentry.* Seattle：University of Washington Press.

Chesneaux, J., et al., 1977, *China：From the 1911 Revolution to Liberation.* (唐遠華譯，軍閥時代，見張玉法編，現代中國史，臺北：經世，民 69)。

Chow, Y. T., 1966, *Social Mobility in China.* N.Y.：Atherton.

Clark, T. N., 1971, The Concept of Power, in C. M. Bonjean, T. N. Clark, and R. L. Lineberry, eds., *Community Politics：A Behavioral Approach.* N.Y.：The Free Press.

Collingwood, R. G., 1956, *The Idea of History.* New York：Oxford University Press.

Coser, L. A., 1956, *The Function of Social Conflict.* N.Y.：Free. (孫

立平等譯，1991，社會衝突的功能。臺北：桂冠)

Craib, I., 1984, *Modern Social Theory：From Parsons to Habermas.* Susser：Harvester. (廖立文譯，民75，當代社會理論。臺北：桂冠)

Dahl, R. A., 1957, The Concept of Power, *Behavioral Science 2：*201-205.

Dahrendorf, Ralf, 1959, *Class and Class Conflict in Industrial Society.* Stanford, Calif.：Stanford.

Durkheim, E., 1964, *Division of Labor in Sociology.* N.Y.：Free.

Durkheim, Emile, 1966, *Suicide：A Study in Sociology.* N.Y.：Free.

Ekeh, Peter P., 1974, *Social Exchange Theory：The Two Traditions.* Mass.：Harvard.

Emerson, Richard M., 1976, Social Exchange Theory, in Alex Inkeles, ed., *Annual Review of Sociology.* California：Annual Review Inc.

Eriksson, Ingalill, 1978, Soft Data Sociology, *Acta Sociologica* 21 (2)：103-124.

Etzioni, A., 1988, *The Moral Dimension：Toward a New Economics.* N.Y.：Free.

Gardiner, P., 1959, *Theories of History.* N.Y.：The Free Press.

Garfinkel, H., 1967, *Studies in Ethnomethodology.* N.J.：Prentice-Hall.

Giddens, Anthony, 1982, *Profiles and Critiques in Social Theory.* Burkeley：University of California Press.

Habermas, J., 1971, *Toward a Rational Society.* London：Heinemann.

Hamblin, R. L. & J. H. Kunkel, 1977, *Behavioral Theory in Sociology.*

Hamilton, G. G., 1987, The "New History" in Sociology, *International Journal of Politics, Culture and Societyl* (1)：89—114.

Ho, Ping-ti, 1964, *The Ladder of Success in Imperial China.* N.Y.：John Wiley.

Homans, George, 1961, *Social Behavior：Its Elementary Forms.* N. Y.：Halcoust, Brace & World.

Hutcheon, P. D., 1972, Value Theory：Towards Conceptual Clarification, *The British Journal of Sociology* 23 (2)：172—187.

Jacobs, J. B., 1980, *Local Politics in a Rural Chinese Cultural Setting：A Field Study of Mazu Township,* Taiwan. Canberra：Contemporary China Centre, Australian National University.

Kane, A., 1991, Cultural Analysis in Historical Sociology：The Analytic and Concrete Forms of the Autonomy of Culture, *Sociological Theory* 9(1)：53—69.

Kroeber, Alfred L., 1944, *Configulation of Culture Growth.* Berkelly：University of California Press.

Kuhn, Thomas S., 1970, *The Structure of Scientific Revolutions.* Chicago：The University of Chicago Press.

Lauer, Robert H., 1977, *Perspectives on Social Change* (2nd ed.). Boston：Allyn & Bacon.

Lenski G. E., 1966, *Power and Privilege：A Theory of Social Stratification.* N.Y. McGraw-Hill.

Lipset, S. M., 1967, *The First New Nation*. N.Y.：Doubleday Ancher.

Lloyd, C., 1989, Realism, Strucuerism, and History：Transformative Science of Society, *Theory and Society* 18(4)：451-94.

Maier, Joseph, 1964, Cyclical Theories, in W. J. Cahnman & A. Boskoff, eds., *Sociology and History：Theory and Research*. N.Y.：Collier-MacMillan.

Merton, Robert K., 1968, *Social Theory and Social Structure*. New York：Free Press.

Mills, C. Wright, 1956, *Power Elite*. London：Oxford.

Mills, C. Wright, 1959, *The Sociological Imagination*. London：Oxford University Press.

Moore, Jr., Barrington, 1991, *Social Origins of Dictatorship and Democracy* (拓夫譯・臺北：桂冠)

Moore, W. E., 1965, *Social Change*. N.J.：Prentice-Hall.

Moore, W. E., 1967, *Order and Change：Essays in Comparative Change*. London：John-Wiley.

Mukerjee, R., 1964, *The Dimensions of Values*. London：George Allen & Unwin.

Ogburn, W. F. & M. F. Nimkoff, 1955, *Technology and the Changing Family*. Mass.：Honghton Mifflin.

Parsons, Talcott, 1951, *The Social System*. New York：The Free Press.

Philips, Derek L., 1973, *Abandoning Method：Sociological Studies in Methodology*. San Francisco：Jossey-Bass.

Popper, Karl, 1961, *The Poverty of Historicism*. N.Y.：Harper & Row.

Popper, Karl R., 1968, *The Logic of Scientific Discovery.* New York：Harper & Row.

Rescher, N., 1969, *Introduction to Value Theory.* N.J.：Prentice-Hall.

Rokeach, M., 1973, *The Natues of Human Values.* N.Y.：Free.

Rokeach, M., 1979, From Individual to Institutional Values, in M. Rokeach, ed., *Understanding Human Values：Individual and Societal.* N.Y.：Free.

Ryan, B. F., 1969, *Social and Cultural Change.* N.Y.：Ronald.

Skinner, B. F., 1971, *Science and Human Behavior.* N.Y.：Knopf.

Skocpol, Theda, 1984, *Vision and Method in Historical Sociology.* London：Cambridge.

Smelser, Neil J., 1959 (1967), *Social Change in the Industrial Revolution.* Chicago：University of Chicago Press.

Sorokin, Pitirim, 1957, *Social and Cultural Dynamics.* Boston：Porter Sargent.

Sorokin, P., 1963, *Modern Historical and Social Philosophies.* Canada：General.

Sorokin, Pitirim A., 1965, Sociology of Yesterday, Today and Tomorrow, *American Sociological Review* 30 (6)：833-843.

Spengler, Osward, 1962, *The Decline of the West* (abridged ed.). N.Y.：The Modern.

Tilly, Charles, 1981, *As Sociology Meets History.* N.Y.：Academic.

Timasheff, N. S., 1968, *Sociological Theory：Its Nature and Growth.* N.Y.：Random House.

Tiryakian, E. A., ed. 1967, *Sociological Theory, Values, and Socio-cultural Change : Essays in Honor of Pitirim A. Sorokin.* N.Y : Harper & Row.

Toynbee, Arnold, 1965, *A Study of History* (abridged ed.). N.Y. : Dell.

Turner. J. H. & L. Beeghley, 1981, *The Emergence of Sociological Theory.* Ill. : Dorsey.

Vine, Margaret W., 1959, *An Introduction to Sociological Theory.* N.Y. : David McKay.

Wallerstein, Immanuel, 1987, World System Analysis, in A. Giddens & J. H. Turner, eds., *Social Theory Today.* Cambridge : Polity.

Weber, Max, 1978, *Economy and Society* (tr. by G. Roth and C. Wittich). Berkeley : University of California Press.

Williams, Jr., R. M. 1979, Change and Stability in Values and Value Systems : A Sociological Perspective, in M. Rokeach, ed., *Understanding Human Values : Individual and Societal.* N.Y. : Free.

現代社會學叢書